שׁוּבִי שׁוּבִי הַשּׁוּלַמִּית

לְמָרָן רַבֵּנוּ הֶחָכָם

יוֹסֵף חַיִּים

מִבַּגְדָּד

הרי"ח הַטּוֹב

ידוע כי אין בר בלי תבן, כך אין ספר בלי טעויות, ועוד יודע אני כי דל ועני אני, **ואין עני אלא בדעה**. לכן מבקש אני בכל לשון של בקשה אם יש לכל אחד שאלות, הערות, הארות, תיקונים, נא לשלוח ל - simchatchaim@yahoo.com והשתדל לענות, ולתקן את הצריך תיקון.

להשיג ספר זה או ספרים אחרים לאינפורמציה
simchatchaim@yahoo.com

מהדורה שנייה תשפ"ד 2024

שׁובִי שׁובִי הַשׁוּלַמִּית

תֹכֶן הַסֵּפֶר

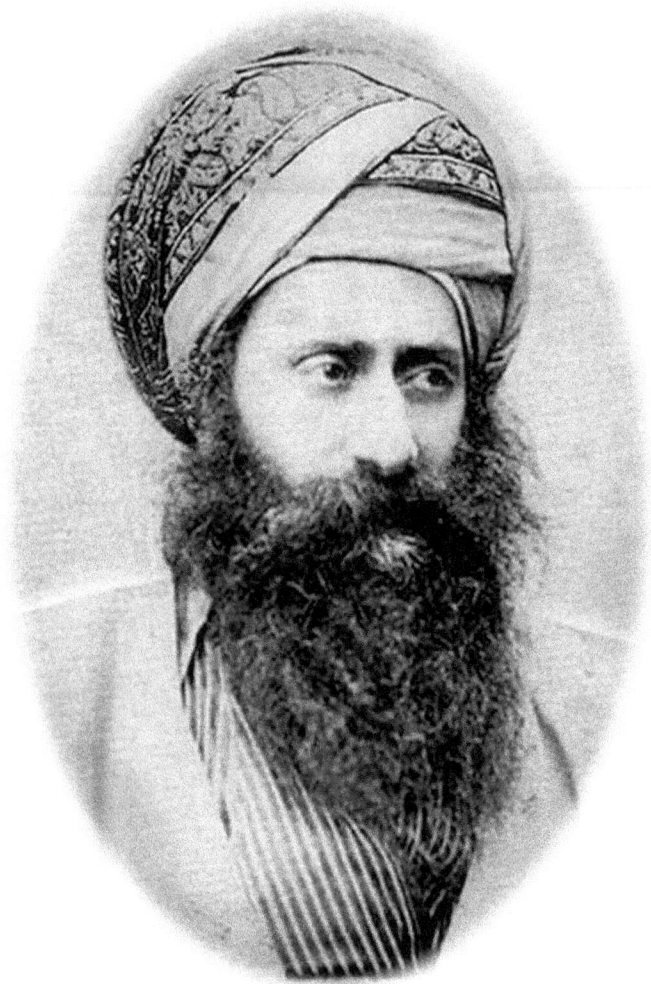

וְהָיוּ עֵינֶיךָ רֹאוֹת אֶת מוֹרֶיךָ
הָרַב יוֹסֵף חַיִּים מִבַּגְדָּד
הַבֵּן אִישׁ חַי

הָרַב יוֹסֵף חַיִּים מִבַּגְדָּד

הָרַב יוֹסֵף חַיִּים מִבַּגְדָּד [הרי"ח, **בֶּן אִישׁ חַי**, כ"ז בְּאָב הַ'תקצ"ה, 2 בְּאוֹגוּסְט 1835 - י"ג בֶּאֱלוּל הַ'תרס"ט, 30 בְּאוֹגוּסְט 1909] הָיָה מְקֻבָּל, דַּרְשָׁן, מַנְהִיג קְהִלָּה, מְחַבֵּר סְפָרִים וְאֶחָד הַפּוֹסְקִים הַבּוֹלְטִים בְּקֶרֶב יַהֲדוּת אַרְצוֹת הָאִסְלָאם. מְכֻנֶּה **הַבֵּן אִישׁ חַי** עַל שֵׁם סִפְרוֹ.

נוֹלַד בְּבַגְדָּד לָרַבָּנִית מַזָּל טוֹב וְלָרַב אֵלִיָּהוּ בֶּן הָרַב מֹשֶׁה חַיִּים, אֲשֶׁר שִׁמֵּשׁ כְּרַבָּהּ הָרָאשִׁי שֶׁל בַּגְדָאד בְּסוֹף הַמֵּאָה הַשְּׁמוֹנֶה עֶשְׂרֵה וּבְרֵאשִׁית הַמֵּאָה הַתְּשַׁע עֶשְׂרֵה. דּוֹדוֹ הָיָה הָרַב עַבְדַאלְלָה בֶּן מֹשֶׁה חַיִּים.

כַּאֲשֶׁר הָיָה כְּבֶן שֶׁבַע נָפַל לְתוֹךְ בְּאֵר עֲמֻקָּה תּוֹךְ כְּדֵי מִשְׂחָק אַךְ נִצַּל. בִּהְיוֹתוֹ בְּבוֹר נֶדַר שֶׁכְּשֶׁיֵּצֵא מֵהַבּוֹר יַקְדִּישׁ אֶת כָּל חַיָּיו לְלִמּוּד תּוֹרָה. אֶת רֵאשִׁית לִמּוּדָיו הִתְחִיל בְּתַלְמוּד תּוֹרָה אֵצֶל דּוֹדוֹ, אֲחִי אִמּוֹ, הָרַב דָּוִד חַי מֵאִיר יוֹסֵף נִסִּים סַלְמָאן מַעְתּוּק.

בְּגִיל 14 הִתְקַבֵּל לְבֵית הַמִּדְרָשׁ לְרַבָּנִים **בֵּית זִלְכָה** בְּרָאשׁוּתוֹ שֶׁל הָרַב עַבְדַאלְלָה סוֹמֵךְ, וְהָיָה לְתַלְמִידוֹ הַמֻּבְהָק. מְסֻפָּר כִּי אָבִיו, הָרַב אֵלִיָּהוּ, הִתְכַּתֵּב בִּשְׁאֵלוֹת הֲלָכָה עִם הָרַב חַיִּים פָּלָאגִ'י, רַבָּהּ הָרָאשִׁי שֶׁל הָאִימְפֶּרְיָה הָעוֹתְמָאנִית. אָבִיו יָדַע עַל גַּדְלוּת בְּנוֹ בַּתּוֹרָה וְהִתְיַעֵץ עִמּוֹ בְּאַחַת הַשְּׁאֵלוֹת שֶׁשָּׁלַח אֵלָיו הָרַב חַיִּים פָּלָאגִ'י. יוֹסֵף חַיִּים הַבֵּן שָׁלַח תְּשׁוּבָה

מְפֹרֶטֶת בִּשְׁמוֹ, וּלְאַחַר מִסְפַּר יָמִים שָׁלַח גַּם אָבִיו תְּשׁוּבָה. הָרַב חַיִּים פָּלָאגִ'י הֵשִׁיב לָרַב אֵלִיָּהוּ שֶׁבָּנוּ הִקְדִּימוֹ כְּבָר וְהוּא עָתִיד לִהְיוֹת עֲנָק בַּתּוֹרָה.

בִּשְׁנַת הַ'תרי"א [1851], בְּגִיל 17 נָשָׂא לְרָחֵל, בִּתּוֹ שֶׁל הָרַב יְהוּדָה סוֹמֵךְ [דּוֹדוֹ שֶׁל רַבִּי עַבְדַּאלְלָה סוֹמֵךְ], וְלָהֶם נוֹלְדוּ בֵּן וּבַת. הִתְפַּרְנֵס מִשֻּׁתָּפוּת עִסְקִית עִם אַרְבַּעַת אֶחָיו. אַף עַל פִּי שֶׁלֹּא הָיָה שֻׁתָּף פָּעִיל בַּנִּהוּל, הִקְפִּיד שֶׁהַשֻּׁתָּפִים הַפְּעִילִים יְנַהֲלוּ עַל פִּי הַהֲלָכָה. סֵרֵב לְקַבֵּל שָׂכָר כְּרַב קְהִלָּה, וּמִמֵּן אֶת הוֹצָאוֹת סְפָרָיו מִכַּסְפּוֹ. מִטַּעֲמֵי צְנִיעוּת, לֹא הֶעֱסִיק בְּבֵיתוֹ מְשָׁרְתוֹת מֵעַל גִּיל 12 וּמִתַּחַת לְגִיל 60 מִשּׁוּם שֶׁלֹּא רָצָה לְהִכָּשֵׁל בְּאִסּוּר - וְלֹא[1] תָתֻרוּ אַחֲרֵי לְבַבְכֶם וְאַחֲרֵי עֵינֵיכֶם.

הָרַב יוֹסֵף חַיִּים הָיָה בְּקֶשֶׁר רָצִיף עִם מְקֻבְּלֵי יְשִׁיבַת הַמְקֻבָּלִים בֵּית אֵל בִּירוּשָׁלַיִם, אִמֵּץ מִמִּנְהֲגֵיהֶם וְהִנְחִיל אוֹתָם לִיהוּדֵי בָּבֶל.

בְּז' בֶּאֱלוּל הַ'תרי"ט (1859) נִפְטַר אָבִיו, וְהָרַב יוֹסֵף חַיִּים, אֲשֶׁר עַד אָז נִמְנַע מִלְּהִתְבַּלֵּט בַּצִּבּוּר, קִבֵּל עָלָיו לְהַנְהִיג אֶת קְהִלַּת בַּגְדָּאד. מַנְהִיגוּתוֹ לֹא הִתְבַּטְּאָה בְּקַבָּלַת מִשְׂרָה רַבָּנִית רִשְׁמִית, אֶלָּא בְּכָךְ שֶׁכָּל הַשְּׁאֵלוֹת הַקָּשׁוֹת בַּהֲלָכָה הָיוּ מוּבָאוֹת אֵלָיו וּבְכָךְ שֶׁהָיָה דּוֹרֵשׁ בִּפְנֵי הַצִּבּוּר. אֶת דְּרָשָׁתוֹ הָרִאשׁוֹנָה נָשָׂא בְּיוֹם י"ג בֶּאֱלוּל, בְּתֹם הַשִּׁבְעָה עַל אָבִיו, וּמֵאָז הִנְהִיג אֶת קְהִלַּת בַּגְדָּאד בְּמֶשֶׁךְ חֲמִשִּׁים

---

[1] במדבר טו לט

שָׁנָה עַד יוֹם מוֹתוֹ. הוּא הָיָה דּוֹרֵשׁ מִדֵּי שַׁבָּת לְאַחַר תְּפִלַּת מִנְחָה לִפְנֵי אַלְפֵי אֲנָשִׁים.

רַבֵּנוּ יוֹסֵף חַיִּים פָּעַל לְקֵרוּב הַתּוֹרָה לַצִּבּוּר עַל יְדֵי דְּרָשׁוֹת וְחִבּוּרִים הַמֻּתְאָמִים לְאֹפִי הַצִּבּוּר. הַשְׁפָּעָתוֹ הָיְתָה רַבָּה בְּקֶרֶב יְהוּדֵי עִירָאק, הֹדּוּ, פָּרַס וִיהוּדִים סְפָרַדִּים בְּאֶרֶץ יִשְׂרָאֵל.

הָרַב הִזְכִּיר תָּדִיר אֶת אֶרֶץ הַקֹּדֶשׁ בִּדְרָשׁוֹתָיו, וְדַאֲגָתוֹ לִשְׁלוֹמָם שֶׁל הַיּוֹשְׁבִים בָּהּ הָיְתָה רַבָּה. וְלֹא רַק בְּדִבּוּרִים בָּאָה לִידֵי בִּטּוּי אַהֲבָה זוֹ אֶלָּא גַּם בְּמַעֲשִׂים. הָרַב יוֹסֵף חַיִּים נָהַג לִשְׁלֹחַ אֶת סְפָרָיו לִדְפוּס בִּירוּשָׁלַיִם וּבְכָךְ לַעֲזֹר בְּפַרְנָסַת אַנְשֵׁי יְרוּשָׁלַיִם וּלְהַבִּיעַ אֶת מַעֲלָתָהּ וּקְדֻשָּׁתָהּ שֶׁל אֶרֶץ יִשְׂרָאֵל בְּעֵינָיו. כְּמוֹ כֵן הִקְפִּיד כִּי כָּל הַכְּסָפִים אֲשֶׁר נֶאֶסְפוּ בְּקֻפּוֹת אֶרֶץ יִשְׂרָאֵל אָכֵן יַגִּיעוּ לִיַעֲדָם עַל יְדֵי שד"ר [שְׁלוּחֵי דְּרַבָּנַן מֵאֶרֶץ יִשְׂרָאֵל], וְתָמַךְ רַבּוֹת מִכַּסְפּוֹ וְאַף שִׁדֵּל נְדִיבִים מִבְּנֵי קְהִלָּתוֹ לִבְנוֹת בְּאֶרֶץ יִשְׂרָאֵל. בְּהַשְׁפָּעָתוֹ תָּרַם הַגְּבִיר יוֹסֵף אַבְרָהָם שָׁלוֹם מְכַּלְכּוּתָא אֶת כָּל הוֹנוֹ לַהֲקָמַת יְשִׁיבַת פּוֹרַת יוֹסֵף בָּעִיר הָעַתִּיקָה בִּירוּשָׁלַיִם, וְזֹאת לְאַחַר שֶׁשִּׁכְנֵעַ אוֹתוֹ רַבֵּנוּ הרי"ח כִּי עָדִיף לְהַשְׁקִיעַ בְּדָבָר לְטוֹבַת הַנְּשָׁמָה הַיְּהוּדִית מֵאֲשֶׁר לְגוּף [בִּמְקוֹר רָצָה הַגְּבִיר לְהָקִים בֵּית חוֹלִים]. הרי"ח רָכַשׁ בַּיִת וָכֶרֶם בְּחֶבְרוֹן שֶׁבְּאֶרֶץ יִשְׂרָאֵל, כְּדֵי לְקַיֵּם בָּהּ מִצְוֹות הַתְּלוּיוֹת בָּאָרֶץ.

בכ"ה בְּנִיסָן הַ'תרכ"ט [1869], יָצָא הָרַב יוֹסֵף חַיִּים

עִם אָחִיו הָרַב יְחֶזְקֵאל עַל מְנַת לַעֲלוֹת לְרֶגֶל לְאֶרֶץ יִשְׂרָאֵל וּלְהִשְׁתַּטֵּחַ עַל קִבְרֵי הַצַּדִּיקִים שֶׁבָּהּ. בְּיוֹם י"ב בְּאִיָּר הִגִּיעוּ לְדַמֶּשֶׂק וּבָהּ קִבְּלוּ אֶת פְּנֵיהֶם כָּל גְּדוֹלֵי הָעִיר וְלִווּ אוֹתָם בְּדַרְכָּם לְקִבְרֵי הַתַּנָּאִים בַּגָּלִיל. שָׁם יָשַׁב הרי"ח מִסְפַּר יָמִים בְּקֶבֶר בְּנָיָהוּ בֶּן יְהוֹיָדָע. נִתְגַּלּוּ לוֹ שָׁם **סוֹדוֹת רַבִּים וּגְדוֹלִים**, וְאַף **נִשְׁמָתוֹ בָּאָה מִנִּשְׁמָתוֹ שֶׁל בְּנָיָהוּ בֶּן יְהוֹיָדָע**, וְלָכֵן קָרָא לִסְפָרָיו בִּשְׁמוֹת שֶׁל בְּנָיָהוּ בֶּן יְהוֹיָדָע וּבְכִנּוּיָיו. גַּם בְּקִבְרוֹ שֶׁל רַבִּי שִׁמְעוֹן בַּר יוֹחַאי בִּקֵּר, וּבוֹ חִבֵּר אֶת הַפִּיּוּט - **וַאֲמַרְתֶּם כֹּה לֶחָי**. מִשָּׁם הִמְשִׁיכוּ לִירוּשָׁלַיִם, בְּהַגִּיעָם אֵלֶיהָ, לְאַחַר תְּלָאוֹת רַבּוֹת, הִתְקַבְּלוּ בְּכָבוֹד גָּדוֹל עַל יְדֵי כָּל חַכְמֵי וּגְדוֹלֵי יְרוּשָׁלַיִם. אַחַת הַסִּבּוֹת לִנְסִיעָתוֹ שֶׁל הָרַב יוֹסֵף חַיִּים הָיְתָה לִלְמֹד עִם תַּלְמִידֵי יְשִׁיבַת הַמְקֻבָּלִים בֵּית אֵל. לְאַחַר מִכֵּן הִמְשִׁיךְ דָּרוֹמָה לְחֶבְרוֹן, לִפְקֹד אֶת קִבְרֵי הָאָבוֹת בִּמְעָרַת הַמַּכְפֵּלָה וּלְבַקֵּר אֶת גִּיסוֹ הָרַב אֵלִיָּהוּ מָנִי, אֲשֶׁר כִּהֵן בָּהּ כְּרַב רָאשִׁי. הוּא אַף נִסָּה לִקְנוֹת אֶת מְעָרַת הַמַּכְפֵּלָה, בְּסִיּוּעוֹ שֶׁל הַנָּדִיב שְׁמַעְיָה אַנְגֵּל מִדַּמֶּשֶׂק, אַךְ לְלֹא הַצְלָחָה. בְּשׁוּבוֹ לְעִירוֹ הֵבִיא הָרַב חַיִּים מֵאֶרֶץ יִשְׂרָאֵל עָפָר, אוֹתוֹ פִּזֵּר עַל רִצְפַּת בֵּית הַכְּנֶסֶת בּוֹ הִתְפַּלֵּל וְאֶבֶן מִירוּשָׁלַיִם אוֹתָהּ קָבַע בְּרֹאשׁ כֹּתֶל הַמִּזְרָח שֶׁבְּבֵית הַכְּנֶסֶת.

בְּיוֹם ז' בְּאָב הַ'תרמ"ב [1882] נִפְטְרָה אִמּוֹ וּמֵאָז בְּמֶשֶׁךְ שֶׁבַע שָׁנִים לֹא יָצָא מִפֶּתַח בֵּיתוֹ אֲפִלּוּ לִדְרֹשׁ בָּרַבִּים.

בִּשְׁנַת הַ'תרס"ח [1908] נָסַע הָרַב יוֹסֵף חַיִּים לִכְפַר

כְּפִיל שֶׁבְּעִירָאק, לְהִשְׁתַּטֵּחַ עַל קֶבֶר יְחֶזְקֵאל הַנָּבִיא, וְשָׁם חִבֵּר אֶת סִפְרוֹ **מַרְאוֹת יְחֶזְקֵאל**. כַּעֲבֹר יוֹתֵר מִשָּׁנָה יָצָא שׁוּב לְקִבְרוֹ שֶׁל יְחֶזְקֵאל הַנָּבִיא אַךְ לֹא הִגִּיעַ לִמְחוֹז חֶפְצוֹ, בְּדַרְכּוֹ לְיַד הַכְּפָר גֵּץ תְּקָפָה אוֹתוֹ מַחֲלָה, וּבְיוֹם י"ג בֶּאֱלוּל הַ'תרס"ט, נִפְטַר.

אֲרוֹנוֹ הוּבָא בְּמַסָּע בֶּן יוֹמַיִם מֵהַכְּפָר גֵּץ לָעִיר בַּגְדָאד. הָיוּ מִיְּהוּדֵי בָּבֶל שֶׁפָּקְדוּ אֶת קִבְרוֹ בְּכָל יוֹם שִׁשִּׁי.

כִּמְקֻבָּל בְּקֶרֶב הַסְּפָרַדִּים, גַּם רַבִּי יוֹסֵף חַיִּים קִבֵּל אֶת הָעִקָּרוֹן שֶׁיֵּשׁ לָלֶכֶת אַחַר מָרָן הַשֻּׁלְחָן עָרוּךְ. עִם זֹאת, פְּעָמִים רַבּוֹת הִכְרִיעַ שֶׁלֹּא כְּדַעְתּוֹ בְּעִקָּר לְחוּמְרָא עַל פִּי הרמ"א. בְּנוֹסָף, דַּרְכּוֹ שֶׁל הַבֵּן אִישׁ חַי לְהִתְחַשֵּׁב בִּפְסִיקַת הַהֲלָכָה בְּדֵעוֹת הַמְּקֻבָּלִים, וּבִפְסָקָיו מְשַׁלֵּב מִפִּסְקֵי הָאֲרִ"י וְהָרַשַׁ"שׁ, גַּם כַּאֲשֶׁר הֵם מְנֻגָּדִים לְדַעַת הַשֻּׁלְחָן עָרוּךְ וְהָאַחֲרוֹנִים.

הרי"ח עָשָׂה שִׁמּוּשׁ רַב בִּדְרָשָׁה עַל אוֹתִיּוֹת, גִּימַטְרִיָּה וְכַדּוֹמֶה. סִפְרֵי הַפְּסִיקָה שֶׁל הָרַב אֵינָם שִׁיטָתִיִּים, כְּשֻׁלְחָן עָרוּךְ, אֶלָּא מְסֻדָּרִים סְבִיב פָּרָשׁוֹת הַשָּׁבוּעַ עִם קֶשֶׁר מְסֻיָּם לְנוֹשְׂאֵי הַפָּרָשָׁה, בְּדוֹמֶה לְסִפְרֵי דַּרְשָׁנוּת. הִדְגִּישׁ אֶת הַפָּן הַקַּבָּלִי בְּקִיּוּם הַמִּצְווֹת, וְעַל כֵּן הִקְפִּיד עַל בִּצּוּעַ מְדֻיָּק שֶׁלָּהֶן, וְכֵן עַל הֲגִיָּה מְדֻיֶּקֶת שֶׁל הַתְּפִלָּה.

הָרַב עוֹבַדְיָה יוֹסֵף, הַפּוֹסֵק בְּדֶרֶךְ כְּלָל כְּשֻׁלְחָן עָרוּךְ, יָצָא בְּסִפְרוֹ **הֲלִיכוֹת עוֹלָם** נֶגֶד שִׁיטַת הַבֵּן אִישׁ חַי.

לְדַעְתּוֹ הַבֵּן אִישׁ חַי הָיָה בְּגֶדֶר **חַסְדָּאִין מִלֶּיהָ** וְלָכֵן הֶחֱמִיר כְּנֶגֶד הַשֻּׁלְחָן עָרוּךְ. עִם זֹאת, הִתְיַחֵס הָרַב עוֹבַדְיָה יוֹסֵף לְבֵן אִישׁ חַי כְּאֵל - גְּאוֹן עֻזֵּנוּ וְתִפְאַרְתֵּנוּ, רַבָּן שֶׁל כָּל בְּנֵי הַגּוֹלָה, אַבִּיר הָרוֹעִים, סָבָא דְּמִשְׁפָּטִים, מֻפְלָא שֶׁבְּסַנְהֶדְרִין, הַמֵּאִיר לָאָרֶץ וּלְדָרִים, הַגָּאוֹן הַגָּדוֹל מִבְצַר עוֹז וּמִגְדּוֹל.

מֵאִידָךְ, הָרִאשׁוֹן לְצִיּוֹן הָרַב מָרְדְּכַי אֵלִיָּהוּ טָעַן כִּי צָרִיךְ לָלֶכֶת בִּפְסִיקָה בְּשִׁיטַת הַבֵּן אִישׁ חַי, וְכָתַב עָלָיו - זִכָּהוּ הַקָּדוֹשׁ בָּרוּךְ הוּא וְנִתְקַבְּלוּ פְּסָקָיו בְּכָל יִשְׂרָאֵל, עַד שֶׁאָמְרוּ עָלָיו גְּדוֹלֵי הַדּוֹר הַקּוֹדֵם שֶׁהוּא הַפּוֹסֵק הָאַחֲרוֹן וְעַל פִּיו יִשַּׁק בֵּית יִשְׂרָאֵל בֵּין הַפּוֹסְקִים שֶׁאִמְּצוּ רַבּוֹת מִפְּסִיקוֹתָיו - הָרַב יְהוּדָה פְּתַיָּה, הָרַב סַלְמָאן מוּצָפִי, הָרַב יְהוּדָה צְדָקָה [שֶׁאִמּוֹ הִיא בַּת אֲחוֹתוֹ שֶׁל הָרַב יוֹסֵף חַיִּים], הָרַב בֶּן צִיּוֹן אַבָּא שָׁאוּל, הָרַב יַעֲקֹב מֹשֶׁה הִלֵּל, וְהָרַב יַעֲקֹב חַיִּים סוֹפֵר.

חֵלֶק נִכָּר מִפָּעֳלוֹ הַמַּנְהִיגוּתִי שֶׁל הָרַב יוֹסֵף חַיִּים הָיָה בִּדְרָשׁוֹת וְשִׁעוּרִים. בְּכָל יוֹם נָשָׂא שְׁנֵי שִׁעוּרִים - בְּכָל בֹּקֶר לְאַחַר תְּפִלַּת וָתִיקִין, שִׁעוּר בְּשֻׁלְחָן עָרוּךְ, עֵין יַעֲקֹב וְחֹק לְיִשְׂרָאֵל, בְּמֶשֶׁךְ שָׁעָה וָחֵצִי. לְאַחַר תְּפִלַּת מִנְחָה - שִׁעוּר בְּפָרָשַׁת הַשָּׁבוּעַ וְעִנְיְנֵי דְּיוֹמָא בְּמֶשֶׁךְ שָׁעָה. שִׁעוּרִים אֵלּוּ הִתְקַיְּמוּ בְּמוֹעֲדָם וּכְסִדְרָם בְּמֶשֶׁךְ 50 שָׁנָה, וּמִדֵּי אַרְבַּע שָׁנִים, כַּאֲשֶׁר סִיֵּם הָרַב יוֹסֵף חַיִּים לְלַמֵּד אֶת סֵדֶר הִלְכוֹת שֻׁלְחָן עָרוּךְ, הָיָה עוֹרֵךְ סְעוּדַת מִצְוָה רַבַּת מִשְׁתַּתְּפִים.

בְּכָל שַׁבָּת הָיָה הָרַב נוֹשֵׂא אֶת דְּרָשָׁתוֹ בְּבֵית הַכְּנֶסֶת הַקָּטָן שֶׁל בַּגְדָאד **סְלָאת אֶל זְעִ'ירִי**, שֶׁבּוֹ כְּ-1,000 מְקוֹמוֹת יְשִׁיבָה וּבְמֶשֶׁךְ כְּשָׁלוֹשׁ שָׁעוֹת הָיָה דּוֹרֵשׁ בְּעִנְיְנֵי פָּרָשַׁת הַשָּׁבוּעַ, דְּבָרָיו הָיוּ מְתֻבָּלִים תָּדִיר בְּדִבְרֵי הֲלָכָה, הַגָּדָה, מְשָׁלִים, חִידוֹת וְסִפּוּרֵי מַעֲשִׂיּוֹת.

בְּאַרְבַּע שַׁבָּתוֹת בְּשָׁנָה - בְּשַׁבַּת תְּשׁוּבָה, בְּשַׁבַּת זָכוֹר, בְּשַׁבָּת הַגָּדוֹל וּבְשַׁבַּת כַּלָּה [שַׁבָּת שֶׁלִּפְנֵי חַג הַשָּׁבוּעוֹת], הָיוּ מִתְכַּנְּסִים רְבָבוֹת מִיְּהוּדֵי בַּגְדָאד בְּבֵית הַכְּנֶסֶת הַגָּדוֹל בָּעִיר אֲשֶׁר בּוֹ כַּעֲשֶׂרֶת אֲלָפִים מְקוֹמוֹת יְשִׁיבָה, **סְלָאת אֶל כְּבִּירִי** וּמַאֲזִינִים לִדְרָשׁוֹתָיו שֶׁל הָרַב יוֹסֵף חַיִּים.

בִּדְרָשׁוֹתָיו הָיָה הרי"ח מְשַׁלֵּב דִּבְרֵי אַגָּדָה וּמוּסָר, וְאַף בְּהַקְדָּמָה לְסִפְרוֹ **בֶּן אִישׁ חַי** כָּתַב - יָדוּעַ כִּי לִדְרֹשׁ בַּהֲלָכוֹת בִּלְבַד אֵין לֵב הֲמוֹן הָעָם נִמְשָׁךְ אַחֲרֵיהֶם אֶלָּא צָרִיךְ שֶׁיִּהְיֶה הָעִקָּר הַדְּרָשׁ וְרֻבּוֹ בְּדִבְרֵי אַגָּדָה וּמוּסָר...

הרי"ח כִּוֵּן אֶת דְּבָרָיו לְכָל שִׁכְבוֹת הָעָם וְעַל כֵּן הִשְׁתַּמֵּשׁ רַבּוֹת בִּמְשָׁלִים, סִפּוּרֵי מַעֲשִׂיּוֹת וְחִידוֹת אֲשֶׁר מָשְׁכוּ אֶת הַלֵּב לִשְׁמֹעַ דִּבְרֵי תּוֹרָה. גַּדְלוּתוֹ בַּהֲלָכָה וְעֹמֶק מַחְשְׁבוֹתָיו וִידִיעָתוֹ בְּכָל תּוֹרַת הַנִּגְלֶה וְהַנִּסְתָּר קָנוּ לוֹ אֹזֶן קַשֶּׁבֶת גַּם בְּקֶרֶב חַכְמֵי וּמְקֻבְּלֵי בָּבֶל.

הָרַב שִׁמְעוֹן אָגָסִי זצ"ל, תַּלְמִידוֹ שֶׁל הרי"ח הַטּוֹב, מְחַבֵּר סֵפֶר בְּנֵי אַהֲרֹן עַל שַׁעַר הַגִּלְגּוּלִים לְרַבֵּנוּ הָאֲרִ"י זלה"ה, בֵּאֵר אֶת שֹׁרֶשׁ נִשְׁמַת הרי"ח, הִיא נִיצוֹץ יוֹסֵף הַצַּדִּיק, וְכָל מָה שֶׁקָּרָה לְיוֹסֵף הַצַּדִּיק קָרָה לְרַבֵּנוּ יוֹסֵף חַיִּים.

שׁוּבִי שׁוּבִי הַשּׁוּלַמִּית

פְּתִיחָה רִאשׁוֹנָה

אֲצַלָּה מִסְפַּר דַּעַת וּתְבוּנָה לְהָרַב הַגָּאוֹן הַגָּדוֹל בַּעֲנָקִים, אֲרִי בַּמִּסְתָּרִים, רַבָּן שֶׁל כָּל בְּנֵי הַגּוֹלָה, כְּבוֹד מוֹרֵנוּ וְרַבֵּנוּ הָרַב רַבִּי יוֹסֵף חַיִּים זלה"ה, רַב מִבָּבֶל רַבָּתִי, יָגֵן עָלֶיהָ אלהי"ם.

י'שְׁמַע ה'שׁוֹמֵעַ וְ'יָבִין ה'מַשְׂכִּיל אֶת אֲשֶׁר חֲכָמִים, הִגִּידוּ וַאֲשֶׁר הִזְהִירוּ וְהוֹדִיעוּ לְכָל אִישׁ יִשְׂרָאֵל, לָגֶשֶׁת אֶל הַקֹּדֶשׁ, בְּעֵסֶק סוֹדוֹת הַתּוֹרָה הַקְּדוֹשָׁה וְנִסְתָּרָה, עֵץ[1] חַיִּים הִיא לַמַּחֲזִיקִים בָּהּ. וּכְבָר דִּבְּרוּ בְּעִנְיָן זֶה כַּמָּה גְּדוֹלֵי יִשְׂרָאֵל רִאשׁוֹנִים וְאַחֲרוֹנִים, בִּרְאָיוֹת בְּרוּרוֹת וַחֲזָקוֹת בְּחִיּוּב הָעֵסֶק וְהַלִּמּוּד הַקָּדוֹשׁ הַזֶּה, עַל כָּל תַּלְמִיד חָכָם מִיִּשְׂרָאֵל, וְאֵין צֹרֶךְ לְהָבִיא פֹּה כָּל דִּבְרֵיהֶם הֲלֹא הֵמָּה כְּתוּבִים בְּסִפְרֵיהֶם כְּיַד הוי"ה הַטּוֹבָה עֲלֵיהֶם. גַּם רַבֵּנוּ מוֹרֵנוּ הָרַב חַיִּים וִיטָאל זלה"ה בְּהַקְדָּמָתוֹ לְשַׁעַר הַהַקְדָּמוֹת בִּכְתַב יָד, הֶאֱרִיךְ וְהִרְחִיב הַדְּבָרִים בָּזֶה, וְאַעְתִּיק פֹּה לִפְנֵי הַקּוֹרֵא קְצָת מִדְּבָרָיו, אֲשֶׁר הֵבִיא מִדִּבְרֵי רז"ל וְהֵם הָאֶחָד, מָה שֶּׁמְּבֹאָר.

---

[1] משלי ג יח

בְּזֹהַר שִׁיר הַשִּׁירִים עַל פָּסוּק - הַגִּידָה[2] לִּי שֶׁאָהֲבָה נַפְשִׁי אֵיכָה תִרְעֶה אֵיכָה תַּרְבִּיץ בַּצָּהֳרָיִם שַׁלָּמָה אֶהְיֶה כְּעֹטְיָה עַל עֶדְרֵי חֲבֵרֶיךָ. וְזֶה לְשׁוֹנוֹ - זַכָּאִין כָּל אִינוּן דְּמִשְׁתַּדְּלֵי בְּאוֹרַיְיתָא, לְמִנְדַּע בְּחָכְמְתָא דְּמָארֵיהוֹן, וְאִינוּן יָדְעֵי וּמִסְתַּכְּלִין בְּרָזִין עִילָּאִין. בְּגִין דְּכַד בַּר נָשׁ נָפֵיק מֵהַאי עָלְמָא, בְּהָא אִסְתַּלְּקוּ מִנֵּיהּ כָּל דִּינִין דְּעָלְמָא. וְלָא עוֹד, אֶלָּא דְּפָתְחִין לֵיהּ תְּלֵיסַר תַּרְעֵי דְּרָזֵי דַּאֲפַרְסְמוֹנָא דַכְיָא, דְּחָכְמְתָא עִילָּאָה תַּלְיָיא בְּהוּ.

אַשְׁרֵיהֶם כָּל אֵלּוּ שֶׁמִּשְׁתַּדְּלִים בַּתּוֹרָה, לָדַעַת אֶת חָכְמַת רִבּוֹנָם, וְהֵם יוֹדְעִים וּמִסְתַּכְּלִים בַּסּוֹדוֹת הָעֶלְיוֹנִים. מִשּׁוּם שֶׁכְּשֶׁאָדָם יוֹצֵא מִן הָעוֹלָם הַזֶּה, בָּזֶה מִסְתַּלְּקִים מִמֶּנּוּ כָּל דִּינֵי הָעוֹלָם. וְלֹא עוֹד, אֶלָּא שֶׁפּוֹתְחִים לוֹ שְׁלֹשָׁה עָשָׂר שְׁעָרִים שֶׁל סוֹדוֹת אֲפַרְסְמוֹן זַךְ, שֶׁהַחָכְמָה הָעֶלְיוֹנָה תְּלוּיָה בָּהֶם.

וְלָא עוֹד, אֶלָּא דְּקוּדְשָׁא בְּרִיךְ הוּא חָקוּק לֵיהּ בְּהַהוּא פּוּרְפִּירָא, דְּכָל דְּיוֹקְנִין גְּלִיפִין תַּמָּן. וְקוּדְשָׁא בְּרִיךְ הוּא אִשְׁתַּעְשְׁעָא בֵּיהּ בְּגַן עֵדֶן, וְאַחְסִין תְּרֵין עָלְמִין, עַלְמָא דָא וְעַלְמָא דְאָתֵי.

וְלֹא עוֹד, אֶלָּא שֶׁהַקָּדוֹשׁ בָּרוּךְ הוּא חוֹקֵק אוֹתוֹ בְּאוֹתוֹ לְבוּשׁ מַלְכוּת, שֶׁכָּל הַדְּיוֹקְנָאוֹת חֲקוּקִים שָׁם. וְהַקָּדוֹשׁ בָּרוּךְ הוּא מִשְׁתַּעֲשֵׁעַ עִמּוֹ בְּגַן עֵדֶן, וְיוֹרֵשׁ שְׁנֵי עוֹלָמוֹת - הָעוֹלָם הַזֶּה וְהָעוֹלָם הַבָּא.

---

[2] שיר השירים א ז

וְקוּדְשָׁא בְּרִיךְ הוּא אִשְׁתַּעְשְׁעָא בֵּיהּ בְּגַן עֵדֶן, וְאַחְסֵין תְּרֵין עָלְמִין, עַלְמָא דָא וְעַלְמָא דְאָתֵי.

וְהַקָּדוֹשׁ בָּרוּךְ הוּא מִשְׁתַּעֲשֵׁעַ עִמּוֹ בְּגַן עֵדֶן, וְיוֹרֵשׁ שְׁנֵי עוֹלָמוֹת - הָעוֹלָם הַזֶּה וְהָעוֹלָם הַבָּא.

חָכְמְתָא דְאִצְטְרִיךְ לֵיהּ לְבַר נָשׁ. חַד, לְמִנְדַע לְאִסְתַּכָּלָא בְּרָזָא דְמָארֵיהּ. וְחַד, לְמִנְדַע לֵיהּ לְגוּפֵיהּ, וּלְאִשְׁתְּמוֹדָע מַאן אִיהוּ. וְאֵיךְ אִתְבְּרֵי, וּמֵאָן אָתֵי. וּלְאָן יְהַךְ. וְתִיקּוּנָא דְגוּפָא, הֵיאַךְ אִתְתַּקַּן. וְהֵיאַךְ אִיהוּ זַמִּין לְמֵיעַל בְּדִינָא קַמֵּי מַלְכָּא דְכוֹלָּא.

הַחָכְמָה שֶׁצָּרִיךְ לוֹ לָאָדָם, אֶחָד - לָדַעַת לְהִסְתַּכֵּל בְּסוֹד רִבּוֹנוֹ. וְאֶחָד - לָדַעַת וּלְהַכִּיר אֶת גּוּפוֹ, וּלְהִוָּדַע מִי הוּא, וְאֵיךְ נִבְרָא, וּמֵאֵיפֹה בָּא, וּלְאֵיפֹה הוֹלֵךְ. וְהַתִּקּוּן שֶׁל הַגּוּף אֵיךְ מִתְתַּקֵּן, וְאֵיךְ הוּא עָתִיד לְהִכָּנֵס לַדִּין לִפְנֵי הַמֶּלֶךְ שֶׁל הַכֹּל.

וְחַד, לְמִנְדַע וּלְאִסְתַּכָּלָא בְּרָזִין דְּנִשְׁמָתֵיהּ. מַאי הִיא הַאי נֶפֶשׁ דְּבֵיהּ, וּמֵאָן אַתְיָא, וְעַל מָה אָתֵי בְּהַאי גוּפָא טִפָּה סְרוּחָה, דְּהַיּוֹם כָּאן וּמָחָר בַּקֶּבֶר. וְחַד לְאִסְתַּכָּלָא בְּהַאי עָלְמָא, וּלְמִנְדַע עַלְמָא דְּאִיהוּ בֵּיהּ, וְעַל מַה יִתְתַּקַּן. וּלְבָתַר, בְּרָזִין עִילָּאִין דְּעָלְמָא דִלְעֵילָא, לְאִשְׁתְּמוֹדְעָא לְמָארֵיהּ. וְכָל דָּא יִסְתַּכַּל בַּר נָשׁ מִגּוֹ רָזִין דְּאוֹרַיְיתָא.

וְאֶחָד - לָדַעַת וּלְהִסְתַּכֵּל בְּסוֹדוֹת נִשְׁמָתוֹ, מַה הִיא הַנֶּפֶשׁ הַזּוֹ שֶׁבּוֹ, וּמֵאֵיפֹה בָּאָה, וְעַל מָה בָּא בַּגּוּף הַזֶּה שֶׁל טִפָּה סְרוּחָה, שֶׁהַיּוֹם כָּאן

וּמָחָר בַּקֶּבֶר. וְאֶחָד - לְהִסְתַּכֵּל בָּעוֹלָם הַזֶּה, וְלָדַעַת אֶת הָעוֹלָם שֶׁהוּא בּוֹ, וְעַל מָה יִתְתַּקֵּן. וְאַחַר כָּךְ בַּסּוֹדוֹת הָעֶלְיוֹנִים שֶׁל הָעוֹלָם שֶׁלְּמַעְלָה, לְהִוָּדַע לְרִבּוֹנוֹ. וְכָל זֶה יִתְבּוֹנֵן אָדָם מִתּוֹךְ סוֹדוֹת הַתּוֹרָה.

תָּא חֲזֵי, כָּל מַאן דְּאָזִיל לְהַהוּא עָלְמָא בְּלָא יְדִיעָה, אֲפִילּוּ אִית בֵּיהּ עוֹבָדִין טָבִין סַגִּיאִין, מַפְּקִין לֵיהּ מִכָּל תַּרְעֵי דְּהַהוּא עָלְמָא. פּוּק חֲמֵי מַאי כְּתִיב הָכָא, הַגִּידָה לִי, אֵימָא לִי רָזִין דְּחָכְמְתָא עִילָּאָה, אֵיךְ אַנְתְּ רָעֵי וְאַנְהֵיגַת בְּהַהוּא עָלְמָא עִילָּאָה. אוֹלִיף לִי רָזִין דְּחָכְמְתָא, דְּלָא יָדַעְנָא, וְלָא אוֹלִיפְנָא עַד הָכָא. בְּגִין דְּלָא אֱהֵוֵי בְּכִיסּוּפָא, בְּגוֹ אִינּוּן דַּרְגִּין עִילָּאִין, דַּאֲנָא עָאל בֵּינַיְיהוּ, דְּהָא עַד הָכָא לָא אִסְתַּכַּלְנָא בְּהוּ.

בֹּא וּרְאֵה, כָּל מִי שֶׁהוֹלֵךְ לָעוֹלָם הַהוּא בְּלִי יְדִיעָה, אֲפִלּוּ יֵשׁ בּוֹ מַעֲשִׂים טוֹבִים רַבִּים, מוֹצִיאִים אוֹתוֹ מִכָּל הַשְּׁעָרִים שֶׁל הָעוֹלָם הַהוּא. צֵא וּרְאֵה מַה כָּתוּב כָּאן, הַגִּידָה לִּי, אֱמֹר לִי סוֹדוֹת הַחָכְמָה הָעֶלְיוֹנָה, אֵיךְ אַתָּה רוֹעֶה וּמַנְהִיג אֶת אוֹתוֹ הָעוֹלָם הָעֶלְיוֹן, לַמֵּד אוֹתִי סוֹדוֹת הַחָכְמָה שֶׁלֹּא יָדַעְתִּי וְלֹא לָמַדְתִּי עַד כָּאן, כְּדֵי שֶׁלֹּא אֶהְיֶה בְּבוּשָׁה בְּתוֹךְ אוֹתָן הַדְּרָגוֹת הָעֶלְיוֹנוֹת שֶׁאֲנִי נִכְנָס בֵּינֵיהֶם, שֶׁהֲרֵי עַד כָּאן לֹא הִסְתַּכַּלְתִּי בָּהֶם.

תָּא חֲזֵי, מַאי כְּתִיב - אִם[3] לֹא תֵדְעִי לָךְ הַיָּפָה בַּנָּשִׁים. אִם אַנְתְּ אַתְיָא בְּלָא יְדִיעָה, וְלָא אִסְתַּכַּלַת בְּחָכְמְתָא,

---

[3] שיר השירים א ח

עַד דְּלָא תֵּיעוֹל הָכָא, וְלָא יָדַעְתְּ בְּרָזִין דְּעַלְמָא עִילָּאָה, צְאִי לָךְ, לֵית אַנְתְּ כְּדַי לְמֵיעַל הָכָא בְּלָא יְדִיעָה, צְאִי לָךְ בְּעִקְבֵי הַצֹּאן, וֶהֱוֵי יָדַעְתְּ גּוֹ אִינּוּן עִקְבֵי הַצֹּאן, אִלֵּין אִינּוּן דִּבְנֵי נָשָׁא דְּדָשִׁין לוֹ בְּעָקֵב, וְיָדְעִין רָזִין עִילָּאִין דְּמָארֵיהוֹן, וּבְהוֹ תִּנְדַּע לְאִסְתַּכָּלָא וּלְמִנְדַּע.

בֹּא וּרְאֵה מַה כָּתוּב - אִם לֹא תֵדְעִי לָךְ הַיָּפָה בַּנָּשִׁים. אִם אַתָּה בָּא בְּלֹא יְדִיעָה וְלֹא הִסְתַּכַּלְתָּ בַּחָכְמָה, טֶרֶם תִּכָּנֵס לְכָאן, וְלֹא הִכַּרְתָּ אֶת סוֹדוֹת הָעוֹלָם הָעֶלְיוֹן - צְאִי לָךְ, אֵינְךָ כְּדַאי לְהִכָּנֵס לְכָאן בְּלִי יְדִיעָה, צְאִי לָךְ בְּעִקְבֵי הַצֹּאן, וְתִהְיֶה יוֹדֵעַ תּוֹךְ אוֹתָם עִקְבֵי הַצֹּאן, אֵלּוּ הֵם שֶׁבְּנֵי אָדָם דָּשִׁים אוֹתָם בֶּעָקֵב, וְיוֹדְעִים סוֹדוֹת עֶלְיוֹנִים שֶׁל רִבּוֹנָם, וּבָהֶם תֵּדַע לְהִסְתַּכֵּל וְלָדַעַת.

גַּם בְּפָרָשַׁת פְּקוּדֵי דַּף רמ"ז ע"ב וְזֶה לְשׁוֹנוֹ - הַאי חֵיוָתָא קַדִּישָׁא קַיְימָא כַּד נִשְׁמְתָא סַלְקָא וּמָטָאת לְגַבֵּיהּ, כְּדֵין שָׁאַל לָהּ בְּרָזָא דְּחָכְמְתָא דְּמָארֵיהּ, וּכְפוּם הַהִיא חָכְמְתָא דְּרָדִיף אֲבַתְרָהּ וְאַדְבַּק, הָכִי יַהֲבֵי לֵיהּ אַגְרֵיהּ. וְאִי יָכִיל לְאַדְבְּקָא וְלָא אַדְבַּק, דָּחֵי לֵיהּ לְבַר, וְלָא עַיְילָה, וְקַיְימָא תְּחוֹת הַהוּא הֵיכָלָא בְּכִסִיפוּ, וְכַד נַטְלֵי גַּדְפַּיְיהוּ, אִלֵּין שְׂרָפִים דִּתְחוֹתָהּ, כְּדֵין כֻּלְּהוּ בַּטְשֵׁי בְּגַדְפַּיְיהוּ, וְאוֹקְדוּן לָהּ וְאִתּוֹקְדַת וְלָא אִתּוֹקְדַת, וְקַיְימָא וְלָא קַיְימָא, וְהָכִי אִתְּדָנַת בְּכָל יוֹמָא, נְהִירַת וְלָא נְהִירַת. וְאַף עַל גַּב דְּעוֹבָדִין טָבִין אִית לָהּ, בְּגִין דְּלֵית אַגְרָא בְּהַהוּא עָלְמָא, כְּאִינּוּן דְּמִשְׁתַּדְּלֵי בְּחָכְמְתָא, לְאִסְתַּכְּלָא בִּיקָרָא דְּמָארֵיהוֹן,

וְלֵית שִׁיעוּרָא לְאַגְרָא, דְאִינּוּן דְּיַדְעֵי חָכְמְתָא, לְאִסְתַּכְּלָא בִּיקָרָא דְּמָארֵיהוֹן. עד כאן לשונו.

הַחַיָּה הַקְּדוֹשָׁה הַזּוֹ עוֹמֶדֶת כְּשֶׁנְּשָׁמָה עוֹלָה וּמַגִּיעָה אֵלֶיהָ, וְאָז שׁוֹאֶלֶת אוֹתָהּ בְּסוֹד הַחָכְמָה שֶׁל אֲדוֹנוֹ, וּכְפִי אוֹתָהּ הַחָכְמָה שֶׁרָדַף אַחֲרֶיהָ וְהִשִּׂיג - כָּךְ נוֹתְנִים לוֹ שְׂכָרוֹ. וְאִם יָכֹל לְהַשִּׂיג וְלֹא הִשִּׂיג - דּוֹחִים אוֹתוֹ הַחוּצָה, וְלֹא נִכְנֶסֶת, וְעוֹמֶדֶת תַּחַת אוֹתוֹ הַהֵיכָל בְּבוּשָׁה. וּכְשֶׁמְּרִימִים כַּנְפֵיהֶם הַשְּׂרָפִים הַלָּלוּ שֶׁתַּחְתֶּיהָ, אָז כֻּלָּם מַכִּים בְּכַנְפֵיהֶם וְשׂוֹרְפִים אוֹתָהּ, וְנִשְׂרֶפֶת וְלֹא נִשְׂרֶפֶת, וְעוֹמֶדֶת וְלֹא עוֹמֶדֶת, וְכָךְ נִדּוֹנֵית בְּכָל יוֹם, מְאִירָה וְלֹא מְאִירָה. וְאַף עַל גַּב שֶׁיֵּשׁ לָהּ מַעֲשִׂים טוֹבִים, מִשּׁוּם שֶׁאֵין שָׂכָר בְּאוֹתוֹ הָעוֹלָם כְּמוֹ אוֹתָם שֶׁמִּשְׁתַּדְּלִים בַּחָכְמָה לְהִסְתַּכֵּל בִּכְבוֹד רִבּוֹנָם, וְאֵין שִׁעוּר לַשָּׂכָר שֶׁל אוֹתָם שֶׁיּוֹדְעִים הַחָכְמָה לְהִסְתַּכֵּל בִּכְבוֹד רִבּוֹנָם. עד כאן לשונו.

וְאֵין סָפֵק כִּי לִכְאוֹרָה יִשְׁתּוֹמֵם הָאָדָם, בִּרְאוֹתוֹ מָה שֶּׁמְּבֹאָר כִּשְׁנֵי הַמַּאֲמָרִים הַנִּזְכָּרִים, דְּאַף עַל גַּב אֲפִלּוּ אִית בָּהּ עוֹבָדִין טָבִין סַגִּיאִין, מַפְקִין לָהּ מִכָּל תַּרְעֵי דְּהַהוּא עָלְמָא וְאִתְדַּנַת בְּכָל יוֹמָא וְכוּ'.

וְאִלּוּ בָּאתִי לְהַאֲרִיךְ בְּבֵאוּר כָּל הַמַּאֲמָרִים הָאֵלּוּ יִכְלֶה הַזְּמַן, אָכֵן נוּכַל לְהָבִין בְּדֶרֶךְ קְצָרָה כְּפִי הַנִּזְכָּר לְעֵיל, כִּי שְׂכַר מִצְוֹת וְתוֹרָה הַפַּשְׁטָנִית הִיא בָּעוֹלָם הַזֶּה, וּבְגַן עֵדֶן הָאָרֶץ, הָאֻמְנָם לְמֵיעַל לְעָלְמָא עִלָּאָה

אִי אֶפְשָׁר עַד שֶׁיַּעֲסֹק הָאָדָם כְּפִי יְכָלְתּוֹ כְּפִי אֲשֶׁר תַּשִּׂיג יָדוֹ בְּחָכְמַת הַזֹּהַר, וְאִי לֹא, כַּדִּין מְפַקֵּי לָהּ מִכָּל תַּרְעִין דְּעָלְמָא עִלָּאָה. אַף עַל גַּב דְּאִיהִי יָפֶה בְּמִצְוֹת וּבְמַעֲשִׂים טוֹבִים. וְלָכֵן חֵלֶק הַנֶּפֶשׁ וְהָרוּחַ נִשְׁאָרִים לְמַטָּה בְּגַן עֵדֶן הָאָרֶץ, אָמְנָם הַנְּשָׁמָה שֶׁהִיא חֶלְקָהּ בְּסוֹדוֹת הַתּוֹרָה, נֶעֱנֶשֶׁת וְאִתּוֹקֶדֶת לְבַר מֵהֵיכָלִין עִלָּאִין דְּגַן עֵדֶן הָעֶלְיוֹן כַּנִּזְכָּר לְעֵיל, וְזֶה שֶׁמְּבֹאָר - הָאִי חֵיוְתָא קַדִּישָׁא קָיְמָא כַּד נִשְׁמְתָא סָלְקָא וְלָא כַּד נַפְשָׁא אוֹ רוּחָא, וְהָבֵן זֶה.

וְהִנֵּה הָיָה צָרִיךְ הַמַּאֲמָר שֶׁל שִׁיר הַשִּׁירִים הַנִּזְכָּר בֵּאוּר רָחָב, אֲבָל מִי שֶׁיַּעֲסֹק בְּחִבּוּרֵנוּ וּבִפְרָט בְּשַׁעַר הַגִּלְגּוּלִים, יוּכַל לְהָבִין אֶת דְּבָרָיו וְכוּ', בְּאֹפֶן כִּי הָאָדָם צָרִיךְ לְהַשִּׂיג עַל יְדֵי טָרְחוֹ בְּחָכְמָה הַזֹּאת עַד שֶׁיֵּדַע שָׁרְשׁוֹ וַאֲחִיזָתוֹ בְּגוּף הָאָדָם הָעֶלְיוֹן הֵיכָן, וְכֵן בְּנַפְשׁוֹ, וּבְרוּחוֹ, וְנִשְׁמָתוֹ, וְכֵן אֲחִיזָתוֹ בְּמִצְוֹת הַתּוֹרָה בִּפְרָטוּת, הֵיכָן עִקַּר אֲחִיזָתוֹ וְכוּ'.

עוֹד כָּתַב רַבֵּנוּ מוֹרֵנוּ הָרַב חַיִּים וִיטָאל זלה"ה בְּהַקְדָּמָתוֹ הַיְקָרָה הַנִּזְכֶּרֶת וְז"ל - אֵין לוֹ לְהַקָּדוֹשׁ בָּרוּךְ הוּא קוֹרַת רוּחַ בְּעוֹלָמוֹ, אֶלָּא כַּאֲשֶׁר עוֹסְקִים בְּחָכְמָה הַזֹּאת, וּכְמוֹ שֶׁמְּבֹאָר בַּתַּלְמוּד בְּכָל אוֹתָם הַמַּעֲשִׂים שֶׁל רַבִּי יוֹחָנָן בֶּן זַכַּאי, וְשֶׁל רַבִּי אֶלְעָזָר בֶּן עֲרָךְ, וְרַבִּי יוֹסִי הַכֹּהֵן, כְּשֶׁהָיוּ דּוֹרְשִׁים בְּמַעֲשֵׂה מֶרְכָּבָה, יָרְדָה אֵשׁ שְׁכִינָתוֹ יִתְבָּרַךְ וְסִבְּבָה כָּל הָאִילָנוֹת, מָה שֶׁאֵין כֵּן בִּהְיוֹתָם עוֹסְקִים בִּפְשָׁטֶיהָ. וּכְמוֹ שֶׁמְּבֹאָר בְּמִדְרָשׁ מִשְׁלֵי עַל פָּסוּק - לֹא[4] יַרְעִיב

[4] משלי י ג

הוי"ה נֶפֶשׁ צַדִּיק. וְזֶה לְשׁוֹנוֹ - אָמַר רַבִּי יִשְׁמָעֵאל, בּוֹא וּרְאֵה כַּמָּה קָשֶׁה יוֹם הַדִּין וְכוּ', הָיָה רַבִּי יִשְׁמָעֵאל אוֹמֵר אוֹי לָהּ לְאוֹתָהּ בּוּשָׁה, אוֹי לָהּ לְאוֹתָהּ כְּלִמָּה וְכוּ', בָּא מִי שֶׁיֵּשׁ בְּיָדוֹ מִקְרָא, וְאֵין בְּיָדוֹ מִשְׁנָה וְכוּ', בָּא מִי שֶׁיֵּשׁ בְּיָדוֹ ב' סְדָרִים וְכוּ', בָּא מִי שֶׁיֵּשׁ בְּיָדוֹ הֲלָכוֹת וְכוּ'. בָּא מִי שֶׁיֵּשׁ בְּיָדוֹ תּוֹרַת כֹּהֲנִים וְכוּ', בָּא מִי שֶׁיֵּשׁ בְּיָדוֹ חֲמִשָּׁה חֻמְשֵׁי תוֹרָה וְכוּ', בָּא מִי שֶׁיֵּשׁ בְּיָדוֹ אַגָּדָה וְכוּ', בָּא מִי שֶׁיֵּשׁ בְּיָדוֹ תַּלְמוּד וְכוּ', וְהַקָּדוֹשׁ בָּרוּךְ הוּא אוֹמֵר לוֹ - בְּנִי הוֹאִיל וְנִתְעַסַּקְתָּ בַּתַּלְמוּד, צָפִיתָ בְּמֶרְכָּבָה, צְפִיַּת בַּגֵּאוּת שֶׁלִּי, שֶׁאֵין הֲנָאָה לִי בָּעוֹלָם אֶלָּא בְּשָׁעָה שֶׁתַּלְמִידֵי חֲכָמִים יוֹשְׁבִים, וְעוֹסְקִים, וּמַבִּיטִים, וּמְצִיצִים, וְרוֹאִים, וְהוֹגִים הֲמוֹן הַתַּלְמוּד הַזֶּה, כִּסֵּא כְּבוֹדִי הֵיאַךְ עוֹמֵד וְכוּ'. חַשְׁמַל הֵיאַךְ עוֹמֵד וְכוּ', בָּרָק הֵיאַךְ עוֹמֵד וְכוּ', כְּרוּב וְכוּ', וּגְדוֹלָה מִכֻּלָּם וְכוּ', וְכִי לֹא זֶה הוּא הַדָּרִי, זֶהוּ גְּדֻלָּתִי, זֶהוּ הָדָר יָפְיִי, שֶׁבָּנַי מַכִּירִין אֶת כְּבוֹדִי וְכוּ'. הֲרֵי מְבֹאָר בְּפֵרוּשׁ אַף בְּדִבְרֵי הַתַּנָּאִים, שֶׁאֵין הָאָדָם יוֹצֵא יְדֵי חוֹבָתוֹ לְגַמְרֵי בְּעֵסֶק הַמִּקְרָא, וְהַמִּשְׁנָה, וְהָאַגָּדָה, וְהַתַּלְמוּד בִּלְבַד, אֶלָּא הוּא מְחֻיָּב לַעֲסֹק בְּכָל יְכָלְתּוֹ בְּסִתְרֵי תוֹרָה וּבְמַעֲשֵׂה מֶרְכָּבָה, כִּי אֵין הֲנָאָה לְהַקָּדוֹשׁ בָּרוּךְ הוּא מִכָּל מָה שֶׁבָּרָא בְּעוֹלָמוֹ, רַק בִּהְיוֹת בָּנָיו לְמַטָּה עוֹסְקִים בְּרָזֵי הַתּוֹרָה, וּבְסִפּוּרֶיהָ, וּבְדִינֶיהָ, בְּמִלּוּוֹתֶיהָ, כִּי בִּהְיוֹתָם כִּפְשָׁטָם אֵין בָּהֶם שׁוּם הֶכֵּר וִידִיעָה, לָדַעַת אֶת בּוֹרְאָם יִתְבָּרַךְ. וְאַדְּרַבָּה יֵשׁ בָּהֶם מִצְוֹת וְחֻקִּים שֶׁאֵין הַדַּעַת סוֹבַלְתָּם, וְכָל אֻמּוֹת הָעוֹלָם מוֹנִין אֶת יִשְׂרָאֵל, וְאוֹמְרִים לָהֶם - וְכִי מָה הַתּוֹרָה הַזֹּאת אֲשֶׁר צִוָּה אלהיכ"ם אֶתְכֶם, דְּבָרִים שֶׁנִּרְאִין כְּחִידוֹת וּמְשָׁלִים,

לָקַחַת שׁוֹפָר וְלִתְקֹעַ בּוֹ בְּרֹאשׁ הַשָּׁנָה, וְאַתֶּם אוֹמְרִים שֶׁעַל יְדֵי כָּךְ הַשָּׂטָן הָרוּחָנִי הַמְקַטְרֵג הָעֶלְיוֹן מִתְעַרְבֵּב, וְכַיּוֹצֵא בִּדְבָרִים אֵלּוּ, כִּמְעַט רֹב מִצְוַת הַתּוֹרָה, וּבִפְרָט פְּרָטֵי דִּינֵיהֶם אֵין הַשֵּׂכֶל סָבְלָם, וְאִם כֵּן הֵיכָן הוּא הֲדַר הַתּוֹרָה וְיָפְיָהּ, וּגְדֻלָּתָהּ כְּפִי פַּשְׁטוּתָהּ, מָה שֶׁאֵין כֵּן בְּחָכְמַת הָאֱמֶת וְכוּ', עַד כָּאן לְשׁוֹן רַבֵּנוּ מוֹרֵנוּ הָרַב חַיִּים וִיטָאל זַ"ל שָׁם, עַיֵּן שָׁם.

וְהִנֵּה כָּזֹאת וְכָזֹאת תִּמְצָא בְּזֹהַר תְּרוּמָה דַּף קס"א ע"ב וְזֶה לְשׁוֹנוֹ - וַאֲפִילוּ כָּל אִינּוּן בְּנֵי עָלְמָא, עַד לָא יֵיתוּן בְּהַאי עָלְמָא, כֻּלְּהוּ קַיְימִין בְּקִיּוּמַיְיהוּ וּבְתִקּוּנַיְיהוּ כְּגַוְונָא דְּקַיְימִין בְּהַאי עָלְמָא, בְּחַד אוֹצָר דְּתַמָּן כָּל נִשְׁמָתִין דְּעָלְמָא מִתְלַבְּשָׁן בְּדִיוּקְנַיְיהוּ.

וַאֲפִלּוּ כָּל אוֹתָם בְּנֵי הָעוֹלָם, טֶרֶם בּוֹאָם לָעוֹלָם הַזֶּה, כֻּלָּם עוֹמְדִים בְּתִקּוּנָם וְקִיּוּמָם כְּמוֹ שֶׁעוֹמְדִים בָּעוֹלָם הַזֶּה בְּאוֹצָר אֶחָד שֶׁשָּׁם כָּל נִשְׁמוֹת הָעוֹלָם מִתְלַבְּשׁוֹת בִּדְמֻיּוֹתֵיהֶן.

וּבְשַׁעֲתָא דִּזְמִינִין לְנַחְתָּא בְּהַאי עָלְמָא, קָרֵי קוּדְשָׁא בְּרִיךְ הוּא לְחַד מְמַנָּא, דִּי מַנֵּי קוּדְשָׁא בְּרִיךְ הוּא בִּרְשׁוּתֵיהּ כָּל נִשְׁמָתִין דִּזְמִינִין לְנַחְתָּא לְהַאי עָלְמָא, וְאָמַר לֵיהּ, זִיל אַיְיתֵי לִי רוּחַ פְּלוֹנִי. בְּהַהִיא שַׁעֲתָא אַתְיָא הַהִיא נִשְׁמְתָא, מִתְלַבְּשָׁא בְּדִיוּקְנָא דְּהַאי עָלְמָא, וְהַהוּא מְמַנָּא אַחְזֵי לָהּ קָמֵי מַלְכָּא קַדִּישָׁא.

וּבְשָׁעָה שֶׁמְּזֻמָּנִים לָרֶדֶת לָעוֹלָם הַזֶּה, קוֹרֵא הַקָּדוֹשׁ בָּרוּךְ הוּא לִמְמֻנֶּה אֶחָד שֶׁמִּנָּה הַקָּדוֹשׁ בָּרוּךְ הוּא בִּרְשׁוּתוֹ אֶת כָּל הַנְּשָׁמוֹת הָעֲתִידוֹת לָרֶדֶת לָעוֹלָם הַזֶּה, וְאוֹמֵר לוֹ: לֵךְ תָּבִיא לִי

רוּחוֹ שֶׁל פְּלוֹנִי. בְּאוֹתָהּ שָׁעָה בָּאָה אוֹתָהּ נְשָׁמָה מְלֻבֶּשֶׁת בִּדְמוּת שֶׁל הָעוֹלָם הַזֶּה, וְאוֹתוֹ מְמֻנֶּה מַרְאֶה אוֹתָהּ לִפְנֵי הַקָּדוֹשׁ בָּרוּךְ הוּא.

קוּדְשָׁא בְּרִיךְ הוּא אָמַר לָהּ, וְאוֹמֵי לָהּ, דְּכַד תֵּיחוֹת לְהַאי עָלְמָא, דְּתִשְׁתַּדֵּל בְּאוֹרַיְיתָא לְמִנְדַּע לֵיהּ, וּלְמִנְדַּע בְּרָזָא דִּמְהֵימְנוּתָא. דְּכָל מַאן דַּהֲוֵי בְּהַאי עָלְמָא, וְלָא אִשְׁתַּדַּל לְמִנְדַּע לֵיהּ, טָב לֵיהּ דְּלָא יִתְבְּרֵי. בְּגִין כָּךְ אִתְחֲזֵי קָמֵי מַלְכָּא קַדִּישָׁא, לְמִנְדַּע בְּהַאי עָלְמָא, וּלְאִשְׁתַּדְּלָא בֵּיהּ בְּקוּדְשָׁא בְּרִיךְ הוּא, בְּרָזָא דִּמְהֵימְנוּתָא. עיין שם.

הַקָּדוֹשׁ בָּרוּךְ הוּא אוֹמֵר לוֹ וּמַשְׁבִּיעַ אוֹתָהּ, שֶׁכְּשֶׁתֵּרֵד לָעוֹלָם הַזֶּה, שֶׁתִּשְׁתַּדֵּל בַּתּוֹרָה לָדַעַת אוֹתוֹ וְלָדַעַת אֶת סוֹד הָאֱמוּנָה. שֶׁכָּל מִי שֶׁהָיָה בָּעוֹלָם הַזֶּה וְלֹא הִשְׁתַּדֵּל לָדַעַת אוֹתוֹ - טוֹב לוֹ שֶׁלֹּא יִבָּרֵא. מִשּׁוּם כָּךְ נִרְאָה לִפְנֵי הַמֶּלֶךְ הַקָּדוֹשׁ, לָדַעַת אֶת הָעוֹלָם הַזֶּה, וּלְהִשְׁתַּדֵּל בַּקָּדוֹשׁ-בָּרוּךְ-הוּא בְּסוֹד הָאֱמוּנָה.

ועוד תמצא מה שכתוב בתיקונים בהקדמה דף וא"ו ע"א וז"ל - דְּאִי בַּר נַשׁ לָא יָדַע אוֹרַיְיתָא, וְאַגְרָא דִּפְקוּדַיָּא דִּילָהּ, וְעוֹנְשִׁין דִּילָהּ לְמָאן דְּעָבַר עַל פִּקּוּדַיָּא, וּמָאן הוּא דְּבָרָא אוֹרַיְיתָא, וּמָאן הוּא דְּיָהִיב לָהּ לְיִשְׂרָאֵל, אֵיךְ דָּחִיל לֵיהּ וְנָטִיר פִּקּוּדוֹי, וּבְגִין דָּא אָמַר דָּוִד לִשְׁלֹמֹה בְּנוֹ - דַּע[5] אֶת אֱלֹהֵ"י אָבִיךָ וְעָבְדֵהוּ.

שֶׁאִם אָדָם לֹא יוֹדֵעַ אֶת הַתּוֹרָה וּשְׂכַר

[5] דברי הימים-א כח ט

מִצְווֹתֶיהָ, וְעֳנָשִׁים שֶׁלָּהּ לְמִי שֶׁעוֹבֵר עַל הַמִּצְווֹת, וּמִי בָּרָא אֶת הַתּוֹרָה, וּמִיהוּ שֶׁנְּתָנָהּ לְיִשְׂרָאֵל - אֵיךְ יִפְחַד מִמֶּנּוּ וְיִשְׁמֹר מִצְווֹתָיו, וְלָכֵן אָמַר דָּוִד לִשְׁלֹמֹה, דַּע אֶת אֱלֹהֵ"י אָבִיךָ וְעָבְדֵהוּ.

דְּאִי בַּר נַשׁ לָא אִשְׁתְּמוֹדַע הַהוּא דְּיָהִיב לֵיהּ אוֹרַיְיתָא, וּמַנִּי לֵיהּ לְנַטְרָא לָהּ, אֵיךְ דָּחִיל מִנֵּיהּ וְעָבִיד פִּקּוּדוֹי, וּבְגִין דָּא אוּקְמוּהוּ רַבָּנָן וְלֹא[6] עַם הָאָרֶץ חָסִיד, וְאֵין בּוּר יְרֵא חֵטְא. עיין שם.

שֶׁאִם אָדָם לֹא מַכִּיר אֶת אוֹתוֹ שֶׁנָּתַן לוֹ תּוֹרָה וְצִוָּה אוֹתוֹ לְשָׁמְרָהּ, אֵיךְ יִפְחַד מִמֶּנּוּ וְיַעֲשֶׂה מִצְווֹתָיו. וְלָכֵן פֵּרְשׁוּהוּ רַבָּנָן, וְלֹא עַם הָאָרֶץ חָסִיד, וְאֵין בּוּר יְרֵא חֵטְא.

וְאַחַר הָרוֹאֶה בְּכַמָּה מְקוֹמוֹת עוֹד בַּזֹּהַר הַקָּדוֹשׁ, שֶׁמְּדַבְּרִים בְּחִיּוּב הָאָדָם בְּלִמּוּד סוֹדוֹת הַתּוֹרָה, יָדַע שֶׁבֶּאֱמֶת אִי אֶפְשָׁר לִפְטֹר עַצְמוֹ בְּשׁוּם אֹפֶן מִזֶּה הַלִּמּוּד הַקָּדוֹשׁ, וְאֵין צֹרֶךְ לְהַאֲרִיךְ יוֹתֵר בָּזֶה.

בְּרַם דָּא תִּקֹּם לְמִנְדַּע כִּי הַחָכְמָה הַזֹּאת הַנִּפְלָאָה, כָּל לוֹמְדֶיהָ אֲשֶׁר קִבְּלוּהָ דּוֹר אַחַר דּוֹר, עַד מֹשֶׁה רַבֵּנוּ ע"ה, הָיוּ לוֹמְדִים אוֹתָהּ בְּהֶצְנֵעַ וּבְהֶעְלֵם גָּדוֹל, וַהֲגַם שֶׁנִּתְּנָה רְשׁוּת לְרַבִּי שִׁמְעוֹן בַּר יוֹחַאי ע"ה לְגַלּוֹת זֹאת הַחָכְמָה וּלְפַשֵּׁט אוֹתָהּ בְּדוֹרוֹ, עִם כָּל זֹאת גַּם הוּא וְתַלְמִידָיו ע"ה דִּבְּרוּ בָּהּ בְּלָשׁוֹן קָצָר וְנֶעֱלָם בְּכַמָּה מְקוֹמוֹת, וְהֵם הֵם הַדְּבָרִים אֲשֶׁר הוּבְאוּ בְּסֵפֶר

---

[6] משנה אבות ב ה

הַזֹּהַר וְהַתִּקּוּנִים, וְגַם אֵלּוּ הַדְּבָרִים הַנִּזְכָּרִים. אַחַר כָּךְ נִסְתְּרוּ וְנֶעֶלְמוּ וְנִגְנְזוּ מֵעֵינֵי כָּל חַי כַּמָּה דּוֹרוֹת, וְנִשְׁאֲרָה הַחָכְמָה הַזֹּאת גְּנוּזָה אֵצֶל קְצָת גְּדוֹלִים בְּדוֹר אַחַר דּוֹר, וְכַאֲשֶׁר פֵּרֵט אוֹתָם רַבֵּנוּ מוֹרֵנוּ הָרַב חַיִּים וִיטָאל ז"ל בְּהַקְדָּמָתוֹ הַנִּזְכֶּרֶת לְעֵיל, מִי הֵם גְּדוֹלֵי הַדּוֹרוֹת אֲשֶׁר זָכוּ לַחָכְמָה הַזֹּאת בְּהֶצְנֵעַ, עַל יְדֵי אֵלִיָּהוּ זָכוּר לְטוֹב, וְהָיָה הָעוֹלָם שָׁמֵם. עַד שֶׁבָּא רַבֵּנוּ הַגָּדוֹל הָאֲרִ"י זיע"א, שֶׁלָּמַד הַחָכְמָה הַזֹּאת כִּמְצְטָרֵךְ עִם אֵלִיָּהוּ זָכוּר לַטּוֹב, וְנִתַּן לִי רְשׁוּת לְגַלּוֹת הַדְּבָרִים בְּלָשׁוֹן בָּרוּר וְרָחָב, אֲשֶׁר גַּם הָרַבִּי שִׁמְעוֹן בַּר יוֹחַאי ע"ה לֹא גִּלָּה בְּאִדָּרוֹת, וְזֹהַר, וְתִקּוּנִים, בְּהַרְחָבָה גְּדוֹלָה כָּזֹאת. וְהַדְּבָרִים אֲשֶׁר סָתַם וְחָתַם אוֹתָם רַבִּי שִׁמְעוֹן בַּר יוֹחַאי ע"ה בְּסֵפֶר הַזֹּהַר וְאִדְּרָא, בְּכַמָּה חוֹתָמוֹת, הוּא פָּתַח אוֹתָם, וְהֵאִיר עֵינֵי יִשְׂרָאֵל בָּהֶם. וְהַיְינוּ כִּי הַזְּמַן אֲשֶׁר הָיָה בּוֹ רַבֵּנוּ הַגָּדוֹל הָאֲרִ"י זיע"א הָיָה רָאוּי לְגִלּוּי הַחָכְמָה הַזֹּאת, כִּי הָיָה בָּאֶלֶף הַשִּׁשִּׁי, וּבִפְרָט אַחַר שֶׁעָבַר מִמֶּנּוּ שָׁלֹשׁ מֵאוֹת שָׁנָה, וְנִכְנֶסֶת מֵאָה הָרְבִיעִית מִמֶּנּוּ.

וְהִנֵּה כְּבָר יָדוּעַ לְךָ, שֶׁרַבֵּנוּ הַגָּדוֹל נוֹלַד בָּאֶרֶץ הַקְּדוֹשָׁה, וְאַחַר כָּךְ הָלַךְ לְמִצְרַיִם, וְשָׁם זָכָה לַחָכְמָה הַזֹּאת, וּלְגִלּוּי אֵלִיָּהוּ זָכוּר לַטּוֹב, וְיֵשׁ שֶׁלֹּא הוֹדוּ לוֹ בְּעוֹדוֹ שָׁם, שֶׁלֹּא הִכִּירוּ כְּבוֹדוֹ, וּכְבוֹד חָכְמָתוֹ, וְלֹא נִתְפַּרְסְמָה חָכְמָתוֹ וְלֹא נִתְקַבְּלָה אֵצֶל הַכֹּל בְּעוֹדוֹ שָׁם.

אַךְ אַחַר כָּךְ הֵעִיר הוי"ה אֶת רוּחוֹ עַל יְדֵי אֵלִיָּהוּ זָכוּר לַטּוֹב, וְאָמַר לוֹ שֶׁיֵּלֵךְ לְאֶרֶץ הַקְּדוֹשָׁה, וְכֵן

עָשָׂה יָצָא מִמִּצְרַיִם וְהָלַךְ עִיר הַקֹּדֶשׁ צְפַת תִּבָּנֶה וְתִתְקוֹמֵם בִּמְהֵרָה בְיָמֵינוּ, וְשָׁם נִתְגַּלֵּית הַשָּׂגָתוֹ וִידִיעָתוֹ, וְנִתְפַּרְסְמָה חָכְמָתוֹ, וְנִתְקַבְּלָה אֵצֶל הַכֹּל, וְכֻלָּם הוֹדוּ לוֹ, וְנִתְאַמֵּת אֵצֶל כָּל הַחֲכָמִים הַפַּשְׁטָנִיִּים וְהַמְקֻבָּלִים אֲמִתּוּת דְּבָרָיו, וְחָכְמָתוֹ וְהַשָּׂגָתוֹ וּגְדוֹלֵי הַדּוֹר הַנִּמְצָאִים שָׁם, כֻּלָּם אָמְרוּ - נְשִׂיא אלהי"ם אַתָּה בְּתוֹכֵנוּ. וְכָל הָעָם עוֹנִים אַחֲרָיו מְקֻדָּשׁ מְקֻדָּשׁ שֶׁקְּדָשָׁהוּ שָׁמַיִם, וְאֵין צֹרֶךְ לְהַאֲרִיךְ בִּפְרָטוּת הַמַּעֲשִׂים אֲשֶׁר הָיוּ מַתְחִילָה, וְעַם כִּי יְדוּעִים הֵמָּה מִפִּי סוֹפְרִים וּמִפִּי סְפָרִים.

וְאֶחֱשֹׁב לַעֲשׂוֹת רֶמֶז לְעִנְיַן רַבֵּנוּ זלה"ה בְּהַשָּׂגָתוֹ בַּחָכְמָה הַזֹּאת בִּפְסוּקֵי תּוֹרָתֵנוּ הַקְּדוֹשָׁה, כִּי אֵין לְךָ דָּבָר שֶׁאֵין לוֹ רֶמֶז בַּתּוֹרָה הַקְּדוֹשָׁה כַּנּוֹדָע מִדִּבְרֵי הָרַמְבָּ"ן ז"ל וְהוּא, מָה שֶׁפֵּרֵשׁ בְּפָרָשַׁת תּוֹלְדוֹת - וַיַּחְפְּרוּ[7] עַבְדֵי יִצְחָק בַּנָּחַל וַיִּמְצְאוּ שָׁם בְּאֵר מַיִם חַיִּים. וַיָּרִיבוּ[8] רֹעֵי גְרָר עִם רֹעֵי יִצְחָק לֵאמֹר לָנוּ הַמָּיִם וַיִּקְרָא שֵׁם הַבְּאֵר עֵשֶׂק כִּי הִתְעַשְּׂקוּ עִמּוֹ. וַיַּחְפְּרוּ[9] בְּאֵר אַחֶרֶת וַיָּרִיבוּ גַּם עָלֶיהָ וַיִּקְרָא שְׁמָהּ שִׂטְנָה. וַיַּעְתֵּק[10] מִשָּׁם וַיַּחְפֹּר בְּאֵר אַחֶרֶת וְלֹא רָבוּ עָלֶיהָ וַיִּקְרָא שְׁמָהּ רְחֹבוֹת וַיֹּאמֶר כִּי עַתָּה הִרְחִיב הוי"ה לָנוּ וּפָרִינוּ בָאָרֶץ. וְאַחַר כָּךְ נִפְטַר מוֹרִי וְרַבִּי זלה"ה, וַיַּעַל[11] מִשָּׁם בְּאֵר שָׁבַע. וְאֵין רְצוֹנִי לְפָרֵשׁ הָרֶמֶז כֻּלּוֹ כִּי מָה שֶׁהָיָה מַתְחִילָה וְעַל סוֹד בַּאֲמִתּוּת

[7] בראשית כו יט
[8] בראשית כו כ
[9] בראשית כו כא
[10] בראשית כו כב
[11] בראשית כו כג

יָדוּעַ הוּא לַצַּדִּיקִים אֲשֶׁר בְּגַן עֵדֶן, שָׁם יְפָרְשׁוּ הָרֶמֶז הַזֶּה, וְאִם שָׁגִיתִי הַשֵּׁם הַטּוֹב יְכַפֵּר בַּעֲדִי, וְדַי בָּזֶה.

וְהִנְנִי מַעְתִּיק לְךָ פֹּה מָה שֶׁכָּתַב מוֹרֵנוּ הָרַב חַיִּים וִיטָאל זלה"ה בְּהַקְדָּמָתוֹ הַנִּזְכֶּרֶת לְעֵיל וְזֶה לְשׁוֹנוֹ - וְהִנֵּה הַיּוֹם אַבִּיעַ חִידוֹת וְנִפְלָאוֹת תְּמִים דֵּעִים, כִּי בְּכָל דּוֹר וְדוֹר הִפְלִיא חַסְדּוֹ אִתָּנוּ א"ל הוי"ה וַיָּאֶר לָנוּ עַל יְדֵי הַשְּׂרִידִים אֲשֶׁר הוי"ה קוֹרֵא בְּכָל דּוֹר וְדוֹר כְּנִזְכָּר, וְגַם בְּדוֹרֵנוּ זֶה אלה"י הָרִאשׁוֹנִים וְהָאַחֲרוֹנִים, לֹא הִשְׁבִּית גּוֹאֵל מִיִּשְׂרָאֵל וַיְקַנֵּא לְאַרְצוֹ, וַיַּחְמֹל עַל עַמּוֹ, וַיִּשְׁלַח לָנוּ עִיר וְקַדִּישׁ מִן שְׁמַיָּא נָחִת, הָרַב הַגָּדוֹל האלה"י הֶחָסִיד מוֹרִי וְרַבִּי כְּבוֹד מוֹרֵי הָרַב רַבִּי **יִצְחָק לוּרְיָא אַשְׁכְּנַזִּי** זלה"ה, מָלֵא תּוֹרָה כְּרִמּוֹן בַּמִּקְרָא, בַּמִּשְׁנָה, בַּתַּלְמוּד, בְּפִלְפּוּל, בְּמִדְרָשִׁים וְהַגָּדוֹת, בְּמַעֲשֵׂה בְּרֵאשִׁית, בְּמַעֲשֵׂה מֶרְכָּבָה, בָּקִי בְּשִׂיחַת אִילָנוֹת, בְּשִׂיחַת עוֹפוֹת, בְּשִׂיחַת מַלְאָכִים, מַכִּיר בְּחָכְמַת הַפַּרְצוּף הַנִּזְכֶּרֶת בְּדִבְרֵי רַבִּי שִׁמְעוֹן בַּר יוֹחַאי בְּפָרָשַׁת וְאַתָּה תֶחֱזֶה, יוֹדֵעַ בְּכָל מַעֲשֵׂה בְּנֵי אָדָם שֶׁעָשׂוּ וְשֶׁעֲתִידִים לַעֲשׂוֹת, יוֹדֵעַ בְּמַחֲשָׁבוֹת בְּנֵי אָדָם טֶרֶם יוֹצִיאוּם מִן הַכֹּחַ אֶל הַפֹּעַל, יוֹדֵעַ עֲתִידוֹת וְכָל הַדְּבָרִים הַהֹוִים בְּכָל הָאָרֶץ, וְלָמָּה שֶׁנִּגְזַר תָּמִיד בַּשָּׁמַיִם, יוֹדֵעַ בְּחָכְמַת הַגִּלְגּוּל מִי חָדָשׁ מִי יָשָׁן, וְאֵיפֹת הָאִישׁ הַהוּא בְּאֵיזֶה מָקוֹם תְּלוּיָה בְּאָדָם הָעֶלְיוֹן, וּבְאָדָם הָרִאשׁוֹן הַתַּחְתּוֹן, יוֹדֵעַ בְּשַׁלְהֶבֶת הַנֵּר וְלַהֶבֶת אֵשׁ דְּבָרִים נִפְלָאִים, מִסְתַּכֵּל וְצוֹפֶה בְּעֵינָיו נִשְׁמוֹת הַצַּדִּיקִים הָרִאשׁוֹנִים וְהָאַחֲרוֹנִים, וּמִתְעַסֵּק עִמָּהֶם בְּחָכְמַת הָאֱמֶת, מַכִּיר בְּרוּחַ הָאָדָם כָּל מַעֲשָׂיו עַל דֶּרֶךְ הַהוּא

יָנוּקָא בְּפָרָשַׁת בָּלָק, וְכָל הַחָכְמוֹת הַנִּזְכָּרִים הָיוּ אֶצְלוֹ כְּמֻנָּחִים בְּחֵיקוֹ, בְּכָל עֵת שֶׁיִּרְצֶה בִּלְתִּי יִצְטָרֵךְ לְהִתְבּוֹדֵד וְלַחֲקֹר עֲלֵיהֶם, וְעֵינַי רָאוּ וְלֹא זָר, דְּבָרִים מַבְהִילִים לֹא נִרְאוּ וְלֹא נִשְׁמְעוּ בְּכָל הָאָרֶץ, מִימֵי רַבִּי שִׁמְעוֹן בַּר יוֹחַאי ע"ה וְעַד הֵנָּה.

וְכָל זֶה הִשִּׂיג שֶׁלֹּא עַל יְדֵי קַבָּלָה מַעֲשִׂית ח"ו, כִּי אִסּוּר גָּדוֹל יֵשׁ בְּשִׁמּוּשָׁם, אָמְנָם כָּל זֶה הָיָה מֵעַצְמוֹ עַל יְדֵי חֲסִידוּתוֹ וּפְרִישׁוּתוֹ, אַחֲרֵי הִתְעַסְּקוֹ יָמִים וְשָׁנִים רַבִּים בִּסְפָרִים חֲדָשִׁים גַּם יְשָׁנִים בְּחָכְמָה הַזֹּאת, וַעֲלֵיהֶם הוֹסִיף חֲסִידוּת וּפְרִישׁוּת וְטָהֳרָה וּקְדוֹשָׁה, הִיא הֲבָאָתוֹ לִידֵי אֵלִיָּהוּ הַנָּבִיא זָכוּר לְטוֹב, שֶׁהָיָה נִגְלֶה אֵלָיו תָּמִיד, וּמְדַבֵּר עִמּוֹ פֶּה אֶל פֶּה, וְלָמְדוּ זֹאת הַחָכְמָה, וּכְמוֹ שֶׁאֵרַע לְהָרַאבַּ"ד [לְהָרַב אַבְרָהָם בֶּן דָּוִד] ז"ל כַּנִּזְכָּר לְעֵיל בְּשֵׁם הָרֶקָנְטִי. וְאַף אִם פָּסְקָה נְבוּאָה, מִכָּל מָקוֹם רוּחַ הַקֹּדֶשׁ עַל יְדֵי אֵלִיָּהוּ הַנָּבִיא זָכוּר לְטוֹב לֹא פָסַק, וּכְמוֹ שֶׁהוּבָא עַל פִּי - וּדְבוֹרָה[12] אִשָּׁה נְבִיאָה. תַּנָּא[13] דְּבֵי אֵלִיָּהוּ - מֵעִיד אֲנִי עָלַי אֶת הַשָּׁמַיִם וְאֶת הָאָרֶץ בֵּין יִשְׂרָאֵל בֵּין עַכּוּ"ם בֵּין אִישׁ בֵּין אִשָּׁה בֵּין עֶבֶד וּבֵין שִׁפְחָה הַכֹּל לְפִי הַמַּעֲשֶׂה שֶׁהוּא עוֹשֶׂה כָּךְ רוּחַ הַקֹּדֶשׁ שׁוֹרָה עָלָיו. וְעַל דֶּרֶךְ זֶה הִזְכִּירוּ גַּם כֵּן שָׁם עַל פָּסוּק - וְאֵלֶּה דִּבְרֵי דָוִד הָאַחֲרֹנִים. עַיֵּן שָׁם.

גַּם זֶה נִזְכַּר בְּהַקְדָּמַת הַתִּקּוּנִין בִּכְתִיבַת יָד, וְזֶה לְשׁוֹנוֹ - וְאַנְתְּ אֵלִיָּהוּ עָתִיד לְאִתְגַּלְיָא בְּסוֹף יוֹמַיָּא,

---

[12] שׁוֹפְטִים ד ד

[13] תַּנָּא דְּבֵי אֵלִיָּהוּ רַבָּא ט א

וְאִית מָאן דְּעָתִיד לְאִתְגַּלְיָא לֵהּ אַפִּין בְּאַפִּין, וְאִית מָאן דְּעָתִיד לְאִתְגַּלְיָא לֵהּ בִּטְמִירוּ בְּעֵין הַשֵּׂכֶל דִּלְיֵהּ וְכוּ'.

אַתָּה הוּא אֵלִיָּהוּ שֶׁעָתִיד לְהִתְגַּלּוֹת בְּסוֹף הַיָּמִים, וְיֵשׁ מִי שֶׁעָתִיד לְהִתְגַּלּוֹת לוֹ פָּנִים בְּפָנִים לוֹ בַּסֵּתֶר, בְּעֵין הַשֵּׂכֶל שֶׁלּוֹ וְכוּ'

וְהִנֵּה מִלְּבַד הַחֲקִירוֹת, וְהַנִּסְיוֹנוֹת, וְהַמּוֹפְתִים, אֲשֶׁר רָאִינוּ בְּעֵינֵינוּ מִן הָרַב הַנִּזְכָּר זלה"ה, הִנֵּה הַדְּרוּשִׁים וְהַדְּבָרִים עַצְמָם אֲשֶׁר בְּחִבּוּרֵי זֶה, יְעִידוּן יַגִּידוּן וְכָל רוֹאֵיהֶם, יַכִּירוּם כִּי דְּבָרִים עֲמֻקִּים וְנִפְלָאִים כָּאֵלֶּה אֵין יְכֹלֶת בְּשֵׂכֶל אֱנוֹשִׁי לְחַבְּרָם, אִם לֹא בְּכֹחַ הַשְׁפָּעַת רוּחַ הַקֹּדֶשׁ, עַל יְדֵי אֵלִיָּהוּ הַנָּבִיא זָכוּר לְטוֹב.

וּלְמַעַן אַל יֵשְׂטְ לִבְּךָ אֶל אֲשֶׁר תִּמְצָא בִּקְצַת דִּבְרֵי הַמְקֻבָּלִים, הַמְּחַבְּרִים עַל פִּי עִיּוּן שִׂכְלָם הָאֱנוֹשִׁי, אָכִין לְךָ הַדֶּרֶךְ, וְאַשְׂכִּילְךָ בְּדֶרֶךְ זוֹ תֵּלֵךְ בְּאֹרַח מִישׁוֹר, הִנֵּה הַחָכְמָה הַזֹּאת הָיְתָה נִגְלֵית בְּאִתְגַּלְיָיא עַד פְּטִירַת רַבִּי שִׁמְעוֹן בַּר יוֹחַאי ע"ה, וּמֵאָז וָאֵילָךְ נִסְתַּם חָזוֹן וְכוּ'. וְכָל אֶחָד מֵהַחֲכָמִים הַיּוֹדְעִים בַּחָכְמָה הַזֹּאת מֵאָז וָאֵילָךְ הָיוּ עוֹסְקִים בָּהּ בְּהֶסְתֵּר גָּדוֹל וְלֹא בְּאִתְגַּלְיָא, וְלֹא הָיָה מְגַלֶּה אוֹתָהּ אֶלָּא לְתַלְמִידוֹ הַיָּחִיד בְּדוֹרוֹ, וְאַף זֶה בְּרָאשֵׁי פְרָקִים מִפֶּה אֶל פֶּה, מְגַלֶּה טֶפַח וּמְכַסֶּה אֶלֶף טְפָחִים, וְהָיְתָה הַחָכְמָה הַזֹּאת מִתְמוֹטֶטֶת וּמִתְמַעֶטֶת וְהוֹלֶכֶת מִדּוֹר אֶל דּוֹר, עַד הָרַמְבַּ"ן זַ"ל, אַחֲרוֹן הַמְקֻבָּלִים הָאֲמִתִּיִּים. וְהִנֵּה כָּל סִפְרֵי הַגְּאוֹנִים כְּמוֹ רַבֵּנוּ הָאִי

גָּאוֹן ז"ל וַחֲבֵרָיו כֻּלָּם נְכוֹחִים לַמֵּבִין, אֵין[14] בָּהֶם נִפְתָּל וְעִקֵּשׁ. אֲבָל דִּבְרֵיהֶם בְּמִכְלִית הַהֶעְלֵם, וְכֵן כָּל דִּבְרֵי אוֹתָם הַחֲכָמִים שֶׁזָּכַרְנוּ לְעֵיל בְּשֵׁם הָרֵקָנָטִי, שֶׁהָיָה נִגְלָה עֲלֵיהֶם אֵלִיָּהוּ הַנָּבִיא זָכוּר לַטּוֹב, כֻּלָּם דִּבְרֵי אֱמֶת וְגַם הֵם סְתוּמִים בְּחֶזְקַת הַיָּד, גַּם פֵּרוּשׁ סֵפֶר יְצִירָה שֶׁמְּכֻנֶּה בְּשֵׁם הָרַאֲבָ"ד ז"ל עִם הֱיוֹת שֶׁחֲבֵרוֹ חָכָם אַחֵר אַשְׁכְּנַזִּי, וְאֵינָם דִּבְרֵי הָרַאֲבָ"ד עִם כָּל זֶה דְּבָרָיו אֲמִתִּיִּים, וְגַם הֵם סְתוּמִים וְנֶעֱלָמִים. גַּם סֵפֶר בְּרִית מְנוּחָה הוּא נַעֲשָׂה עַל דֶּרֶךְ הַנִּזְכָּר לְעֵיל, כְּעִנְיַן מוֹרִי וְרַבִּי ז"ל, כִּי נִגְלָה אֵלָיו נְשָׁמָה צַדִּיק אֶחָד וְהָיָה מְלַמְּדוֹ, וְכָל דְּבָרָיו סְתוּמִים וַחֲתוּמִים, כִּי - נֶאֱמַן[15] רוּחַ מְכַסֶּה דָּבָר. הָיָה וְעָמֹק עָמֹק מִי יִמְצָאֶנּוּ, גַּם הַחִבּוּר שֶׁעָשָׂה הָרַמְבָּ"ן ז"ל אֱמֶת וְיַצִּיב וְנָכוֹן וְקַיָּם, לְמִי שֶׁיְּבִינֵהוּ כַּאֲשֶׁר הוּא כָּתַב בְּהַקְדָּמַת חִבּוּרוֹ וְזָכַרְנוּ לְמַעְלָה.

וְהִנֵּה כָּל סִפְרֵי הַמְּקֻבָּלִים הָאַחֲרוֹנִים שֶׁהָיוּ אַחַר הָרַמְבָּ"ן ז"ל אַל תִּקְרַב אֲלֵיהֶם, כִּי מִן הָרַמְבָּ"ן אֵילָךְ נִסְתְּרָה דֶּרֶךְ הַחָכְמָה הַזֹּאת מֵעֵינֵי כָּל הַחֲכָמִים, וְלֹא לָהֶם כִּי אִם קְצָת עַנְפֵי הַקְדָּמוֹת, בִּלְתִּי שָׁרְשֵׁיהֶם, וַעֲלֵיהֶם בָּנוּ הַמְּקֻבָּלִים הָאַחֲרוֹנִים ז"ל דִּבְרֵיהֶם בְּשֵׂכֶל אֱנוֹשִׁי, וּמֵעַצְמְךָ תּוּכַל לָדַעַת לַעֲמֹד עַל הַמִּבְחָן. כִּי הַמְּעַיֵּן הֶחָרִיף יוּכַל לִכְלֹל וּלְיֵדַע רֹב הַקְדָּמוֹתֵיהֶם וּכְלָלֵיהֶם בְּאַרְבָּעָה אוֹ חֲמִשָּׁה יָמִים, וְכָל דִּבְרֵיהֶם כֶּפֶל הָעִנְיָן, בְּמִלּוֹת שׁוֹנוֹת, וְכָל פְּרִי הַקְדָּמָתָם הִיא הֱיוֹת עֶשֶׂר סְפִירוֹת נִמְצָאוֹת, וַחֲבֵרוֹ

[14] משלי ח ח
[15] משלי יא יג

תִּלֵּי תִּלִּים שֶׁל סְפָרִים בָּעִנְיָן, אֲשֶׁר כְּלָלוּת דִּבְרֵיהֶם יִכָּתְבוּ בִּשְׁנַיִם אוֹ בִּשְׁלֹשָׁה קֻנְטְרֵסִים, וְלֹא כֵן מָצִינוּ בָּרִאשׁוֹנִים וְכוּ'.

וְאַנְשֵׁי[16] לֵבָב שִׁמְעוּ לִי. אַל יֶהֶרְסוּ לִרְאוֹת בְּסִפְרֵי הָאַחֲרוֹנִים הַבְּנוּיִים עַל פִּי הַשֵּׂכֶל הָאֱנוֹשִׁי, וְשֹׁמֵעַ[17] לִי יִשְׁכָּן בֶּטַח וְשַׁאֲנַן מִפַּחַד רָעָה. וְלָכֵן אֲנִי הַכּוֹתֵב הַצָּעִיר חַיִּים וִיטַאל, רָצִיתִי לְזַכּוֹת אֶת הָרַבִּים בְּהֶעְלֵם נִמְרָץ וְהַמַּשְׂכִּילִים יָבִינוּ, וְקָרָאתִי שֵׁם הַחִבּוּר הַזֶּה עַל שְׁמִי **סֵפֶר עֵץ חַיִּים** וְגַם שֵׁם הַחָכְמָה הַזֹּאת הָעֲצוּמָה, חָכְמַת הַזֹּהַר הַנִּקְרֵאת עֵץ חַיִּים, וְלֹא עֵץ הַדַּעַת כַּנִּזְכָּר לְעֵיל, בַּעֲבוּר כִּי בְּחָכְמָה הַזֹּאת - טוֹעֲמֶיהָ חַיִּים וְיִזְכּוּ לְאַרְצוֹת הַחַיִּים הַנִּצְחִיִּים, וּמֵעֵץ הַחַיִּים הַזֶּה מִמֶּנּוּ הָאֹכֶל, וְאָכַל וָחַי לְעוֹלָם. וְאַשְׂכִּילְךָ וְאוֹרְךָ דֶּרֶךְ זוֹ תֵּלֵךְ.

דַּע כִּי מִן הַיּוֹם אֲשֶׁר מוֹרִי זלה"ה הֵחֵל לְגַלּוֹת זֹאת הַחָכְמָה, לֹא זָזָה יָדִי מִתּוֹךְ יָדוֹ אֲפִלּוּ רֶגַע אֶחָד, וְכָל אֲשֶׁר תִּמְצָא כָּתוּב בְּאֵיזֶה קֻנְטְרֵסִים עַל שְׁמוֹ ז"ל, וְיִהְיֶה מִנֶּגֶד מָה שֶׁכָּתַבְתִּי בְּסֵפֶר הַזֶּה **טָעוּת גָּמוּר הוּא** כִּי לֹא הֵבִינוּ דְּבָרָיו, וְאִם יֵשׁ בָּהֶם אֵיזֶה תּוֹסֶפֶת, שֶׁאֵינוֹ חוֹלֵק עִם סִפְרֵנוּ זֶה, אַל תָּשִׁית לִבְּךָ בְּקֶבַע עָלָיו, כִּי שׁוּם אֶחָד מֵהַשּׁוֹמְעִים אֶת דִּבְרֵי קָדְשׁוֹ לֹא יָרְדוּ לְעֹמֶק דְּבָרָיו וְכַוָּנָתוֹ, וְלֹא הֵבִינוּם בְּלִי שׁוּם סָפֵק. וְאִם יַעֲלֶה בְּדַעְתְּךָ לַחֲשֹׁב שֶׁתּוּכַל לְבָרֵר הַטּוֹב

[16] איוב לד י
[17] משלי א לג

וּלְהַנִּיחַ הָרַע, אֶל[18] בִּינָתְךָ אַל תִּשָּׁעֵן. כִּי אֵין הַדְּבָרִים הָאֵלּוּ מְסוּרִים אֶל לֵב הָאָדָם, כְּפִי שֵׂכֶל אֱנוֹשִׁי, וְהַסְבָּרָה בָּהֶם סַכָּנָה עֲצוּמָה, וְיֵחָשֵׁב בִּכְלַל קֶצֶץ בִּנְטִיעוֹת ח"ו. לָכֵן הַזְהַרְתִּךָ וְאַל תִּסְתַּכֵּל בְּשׁוּם קֻנְטְרֵסִים הַנִּכְתָּבִים בְּשֵׁם מוֹרִי זלה"ה, זוּלָתִי בְּמָה שֶׁכָּתַבְנוּ לְךָ בְּסֵפֶר הַזֶּה, וְדַי לְךָ בְּהַתְרָאָה זֹאת, עַד כָּאן לְשׁוֹנוֹ זלה"ה.

וְדַע כִּי מַה שֶּׁכָּתַב מוֹרֵנוּ הָרַב חַיִּים וִיטָאל זַ"ל, בְּהַקְדָּמָתוֹ הַנִּזְכֶּרֶת סֵפֶר עֵץ חַיִּים, הִנֵּה כָּל סְפָרָיו אֲשֶׁר חִבֵּר, הֵם בִּכְלַל הַסֵּפֶר הַזֶּה, דְּהַיְנוּ **סֵפֶר מָבוֹא שְׁעָרִים** וְגַם כָּל **שְׁמוֹנָה שְׁעָרִים** שֶׁסִּדֵּר מוֹרֵנוּ הָרַב שְׁמוּאֵל וִיטָאל זַ"ל בְּנוֹ, כִּי הַכֹּל הֵם דְּבָרָיו וּכְתִיבַת יָדוֹ, וְשֵׁם זֶה שֶׁל **עֵץ חַיִּים** הוּא כּוֹלֵל לְכֻלָּם, וְרַק כִּי מוֹרֵנוּ הָרַב חַיִּים וִיטָאל זַ"ל עָשָׂה כַּמָּה מַהֲדוּרוֹת, וְלָכֵן נֶחְלְקוּ לְכַמָּה חֲלָקֶיהָ. וְגַם סֵפֶר עוֹלַת תָּמִיד הוּא אֲמִתִּי, כִּי הוּא מִכְתַּב יָד מוֹרֵנוּ הָרַב חַיִּים וִיטָאל זַ"ל.

וְהֵא לְךָ מַה שֶּׁכָּתַב הָרַב הַגָּדוֹל מוֹרֵנוּ הָרַבִּי אָזוּלַאי[19] זַ"ל בְּשֵׁם הַגְּדוֹלִים, וְזֶה לְשׁוֹנוֹ - מוֹרֵנוּ הָרַב רַבִּי חַיִּים וִיטָאל, בְּיִשְׂרָאֵל גָּדוֹל שְׁמוֹ זצ"ל, וְהָיָה תַּלְמִיד בִּפְשָׁט מֵהָרַב מוֹרֵנוּ הָרַב מֹשֶׁה אַלְשֵׁיךְ זַ"ל וְכוּ'. וְהוּא קִבֵּל מֵרַבֵּנוּ הָאֲרִ"י זצ"ל חָכְמַת הָאֱמֶת, וְכָתַב אֲשֶׁר שָׁמַע מִפִּי רַבּוֹ **בְּסֵפֶר עֵץ הַחַיִּים** כְּתַב יָד כַּמְפֻרְסָם, וְיַעַן אִבּוּדוֹרֵי אֶבְדּוֹר כִּתְבֵי הַקֹּדֶשׁ עַל אַרְבַּע כַּנְפוֹת הָאָרֶץ, בְּכַמָּה מִינֵי סְדָרִים וְנֻסְחָאוֹת,

---

[18] משלי ג ה

[19] החיד"א

אָמַרְתִּי אֶעֱלֶה בְּקֶצֶר אַמִּיץ לְהוֹדִיעַ לִבְנֵי אָדָם, הִנֵּה רַבֵּנוּ הָאֲרִ"י זַ"ל צִוָּה שֶׁשּׁוּם אֶחָד מִתַּלְמִידָיו לֹא יִכְתֹּב, זוּלַת מוֹרֵנוּ הָרַב חַיִּים וִיטָאל. אַךְ הֵם לְהַשְׁקָם בְּתַעֲלוּמוֹת חָכְמָה, הָיוּ כּוֹתְבִים וּמֵאֵלּוּ הַקֻּנְטְרֵסִים מִשְּׁאָר תַּלְמִידִים, נִתְהַוּוּ טָעֻיּוֹת וְנֻסְחָאוֹת, וְעוֹד כִּי מוֹרֵנוּ הָרַב חַיִּים וִיטָאל לֹא נָתַן רְשׁוּת לְהַעֲמִיק מִכְּתָבָיו לְשׁוּם אֶחָד. וְחָלָה חוֹלִי גָּדוֹל וְכָבֵד, וְעַל יְדֵי מָמוֹן לָקְחוּ מִבְּנֵי בֵּיתוֹ ת"ר[20] נְיָרִים, וּנְתָנוּם לְמֵאָה סוֹפְרִים, וְהֶעְתִּיקוּם בִּמְהִירוּת בְּעוֹד שְׁלֹשֶׁת יָמִים, וְזוֹ סִבָּה שֵׁנִית לְטָעֻיּוֹת וְשִׁנּוּיִים. וְזֶה שְׁלֹשִׁים[21] וְיוֹתֵר שֶׁיָּצְאוּ לָאוֹר **שְׁמוֹנָה שְׁעָרִים**, מְסֻדָּרִים מִבֶּן מוֹרֵנוּ הָרַב חַיִּים וִיטָאל, מוֹרֵנוּ הָרַב רַבִּי שְׁמוּאֵל, וַעֲלֵיהֶם יֵשׁ לִסְמֹךְ, אַךְ אֵין בַּשְּׁעָרִים הַנִּזְכָּרִים לְעֵיל מֵהַדּוּרָא בָּתְרָא, כִּי מוֹרֵנוּ הָרַב חַיִּים וִיטָאל צִוָּה לְגָנְזָם בְּקִבְרוֹ. וְרַבָּנָן קַדִּישֵׁי אֲשֶׁר בַּדּוֹר עַל יְדֵי יְחוּדִים, הוֹצִיאוּם מִקִּבְרוֹ בִּרְשׁוּתוֹ, עַל יְדֵי שְׁאֵלַת חֲלוֹם, וּבָאָה לְיַד מוֹרֵנוּ הָרַב **רַבִּי יַעֲקֹב צֶמַח**, וּמוֹרֵנוּ הָרַב **רַבִּי מֵאִיר פָּפִּירְשׁ כ"ץ**, וְלָכֵן תִּמְצָא בְּסֵפֶר דֶּרֶךְ עֵץ הַחַיִּים שֶׁסִּדֵּר מָהֲרָ"ם הַנִּזְכָּר, מֵהַקְדָּמוֹת, וְזֶה הַסֵּפֶר קוֹרִין אוֹתוֹ הַכֹּל **עֵץ הַחַיִּים**, חִדּוּשִׁים רַבִּים וַעֲמֻקִּים, אֲשֶׁר אֵינָם בְּשַׁעַר הַהַקְדָּמוֹת אֲשֶׁר סִדֵּר מוֹרֵנוּ הָרַב שְׁמוּאֵל וִיטָאל הַנִּזְכָּר, כִּי לֹא הָיָה בְּיַד מוֹרֵנוּ הָרַב שְׁמוּאֵל הַמַּהֲדוּרָא בָּתְרָא. וְלָכֵן הָרוֹצֶה לִלְמֹד בִּסְפָרִים הַיּוֹתֵר מְדֻיָּקִים יִלְמַד הַשְּׁמוֹנָה שְׁעָרִים שֶׁסִּדֵּר מוֹרֵנוּ הָרַב שְׁמוּאֵל, וְדֶרֶךְ עֵץ הַחַיִּים שֶׁסִּדֵּר מָהֲרָ"ם פָּפִּירְשׁ, הַנִּקְרָא עֵץ חַיִּים שֶׁבּוֹ

[20] 600 נירות של כתבי המרח"ו

[21] שנים

הַמַּהֲדוּרָא בָּתְרָא. אַךְ לְעִנְיַן הַמַּהֲדוּרָא קַמָּא לְשׁוֹן שַׁעַר הַהַקְדָּמוֹת הוּא יוֹתֵר מְיוּפֶּה וּמְסֻדָּר, וְנִרְאֶה שֶׁלְּשׁוֹן **שַׁעַר הַהַקְדָּמוֹת** הוּא מַהֲדוּרָא אַחֶרֶת מְצִיעֲתָא, גַּם סֵפֶר **מְבוֹא שְׁעָרִים** הָיָה עִם מַהֲדוּרָא בָּתְרָא, כִּי לֹא הָיָה בְּיַד מוֹרֵנוּ הָרַב שְׁמוּאֵל הַנִּזְכָּר, וְסֵפֶר אוֹצְרוֹת חַיִּים הוּא סִדּוּר מוֹרֵנוּ הָרַב יַעֲקֹב צֶמַח, וְהוּא מֵבְלַע הַלָּשׁוֹן מַמָּשׁ בְּתוֹךְ סֵפֶר דֶּרֶךְ עֵץ חַיִּים לְמוֹרֵנוּ הָרַב רַבִּי מֵאִיר פַּפִּירֶשׁ הַנִּזְכָּר. וַאֲנִי הַצָּעִיר רָאִיתִי בְּאֶרֶץ מִצְרַיִם הַשְּׁמוֹנֶה שְׁעָרִים מִכְתַּב יָד מוֹרֵנוּ הָרַב חַיִּים וִיטָאל עַצְמוֹ, רַק הָרַב מוֹרֵנוּ הָרַב חַיִּים וִיטָאל סִדֵּר שַׁעַר הַפְּסוּקִים וּמַצּוֹת שַׁעַר אֶחָד, וְשַׁעַר אֶחָד אֲשֶׁר נִמְצָא מְטַהֶרֶת יַד הַקֹּדֶשׁ הָאֲרִ"י זצ"ל עַצְמוֹ. גַּם בְּסוֹף כָּל שַׁעַר יֵשׁ קוּנְטְרֵס מֵאֲשֶׁר שָׁמַע מוֹרֵנוּ הָרַב חַיִּים וִיטָאל ז"ל מִשְּׁאָר הַחֲבֵרִים שֶׁשָּׁמְעוּ מֵהָרַב, וְזֶה עָשָׂהוּ קוּנְטְרֵס מְיֻחָד בְּסוֹף כָּל שַׁעַר, וּבְנוֹ מוֹרֵנוּ הָרַב שְׁמוּאֵל וִיטָאל לָקַח הַשַּׁעַר אֲשֶׁר נִמְצָא מִכְתַּב יָד הָאֲרִ"י, וְגַם הַקּוּנְטְרֵס שֶׁבְּסוֹף כָּל שַׁעַר הַנִּזְכָּר, וְסִדֵּר וְעֵרֵב הַכֹּל כְּאֶחָד, וְהָלַךְ בְּסֵדֶר הָרַב אָבִיו, רַק שֶׁחִלֵּק שַׁעַר הַפְּסוּקִים וְשַׁעַר הַמַּצּוֹת לִשְׁנַיִם, וְהָיוּ שְׁמוֹנָה שְׁעָרִים. גַּם רָאִיתִי מִכְתַּב יָד מוֹרֵנוּ הָרַב חַיִּים וִיטָאל כַּמָּה חִבּוּרִים בְּכָל חָכְמָה, וְסֵפֶר **עֵץ הַדַּעַת טוֹב** - דְּרָשׁוֹת עַל כָּל הַתּוֹרָה, מִמֶּנּוּ עַל דֶּרֶךְ הַפַּרְדֵּ"ס[22], גַּם חִדּוּשִׁים עַל הַשַּׁ"ס, וְהַהוֹסָפוֹת מִכְתַּב יָדוֹ. וּבְסֵפֶר חֶזְיוֹנוֹת הַנִּזְכָּר, כָּתוּב שֶׁנּוֹלַד מוֹרֵנוּ הָרַב חַיִּים וִיטָאל שְׁנַת הש"ג, וְדַמֶּשֶׂק מְנוּחָתוֹ שְׁנַת הש"פ. גַּם רָאִיתִי פִּתְקָא מִכְתַּב יָד מָהָרָ"ם אַלְשֵׁיךְ עַצְמוֹ וּכְתָב בָּהּ - שֶׁבְּכֹחַ

[22] פרד"ס - פשט רמז דרש סוד

אֲשֶׁר נִסְמַךְ מִמָּרָן מֵהָרַב יוֹסֵף קָארוֹ, הוּא סוֹמֵךְ אֶת מוֹרֵנוּ הָרַב חַיִּים וִיטָאל, יוֹרֶה יוֹרֶה יָדִין יָדִין, בְּכָל דִּין מֻסְמָךְ, וְהַזְּמַן כ' אֱלוּל שְׁנַת הַשׁ"ן וְכוּ', עַיֵּן שָׁם.

עוֹד כָּתַב הָרַב[23] הַנִּזְכָּר שָׁם בְּאוֹת יו"ד וְזֶה לְשׁוֹנוֹ - רַבֵּנוּ הָאֲרִ"י זצ"ל בְּיִשְׂרָאֵל גָּדוֹל שְׁמוֹ, נִיצוֹץ מֹשֶׁה רַבֵּנוּ עָלָיו הַשָּׁלוֹם, אֶפֶס קָצֶה מַעֲלוֹתָיו כָּתַב מוֹרֵנוּ הָרַב חַיִּים וִיטָאל זצ"ל **בְּהַקְדָּמַת עֵץ הַחַיִּים**, וֶעֱזוּז נוֹרְאוֹתָיו כְּתוּבִים בְּסֵפֶר עֵמֶק הַמֶּלֶךְ, וּמְצָרֵף לְחָכְמָה וְסֵפֶר שִׁבְחֵי הָאֲרִ"י, וְהָיָה לוֹ רוּחַ הַקֹּדֶשׁ, וּבָקִי בְּכָל חָכְמָה, וְרָאִיתִי מִכְתַּב יָד מוֹרֵנוּ הָרַב חַיִּים וִיטָאל זצ"ל טֹפֶס הַסְכָּמָה מֵרַבָּנֵי מִצְרַיִם מִשְּׁנַת שי"ח, וְחָתוּם בָּהּ הָרַב הָאֲרִ"י שָׁם, עוֹד רָאִיתִי בִּמְגִלַּת סְתָרָיו שֶׁל מוֹרֵנוּ הָרַב חַיִּים וִיטָאל מִכְּתִיבַת יָדוֹ מַמָּשׁ, כִּי כָּל מָה שֶׁקִּבֵּל מֵהָאֲרִ"י זצ"ל הָיָה בְּשָׁנָה אַחַת וּקְצָת יַרְחִין, וְהֵם שָׁנָה של"א ושל"ב, עַד יוֹם ה' אָב שֶׁנִּלְקַח אֲרוֹן הָאֱלֹהִי"ם בַּעֲווֹנוֹתֵינוּ הָרַבִּים, זְכוּתוֹ יָגֵן עָלֵינוּ, וְעַל כָּל יִשְׂרָאֵל, עַד כָּאן דְּבָרָיו.

עוֹד כָּתַב הָרַב הַנִּזְכָּר ז"ל, וְזֶה לְשׁוֹנוֹ - רַבִּים אָמְרוּ דִּכְשֶׁבָּא מוֹרֵנוּ הָרַב חַיִּים וִיטָאל לִלְמֹד עִם רַבֵּנוּ הָאֲרִ"י זצ"ל הָיָה יוֹתֵר גָּדוֹל בַּשָּׁנִים מִן הָרַב ז"ל, וְשֶׁכָּךְ מָצְאוּ כָּתוּב בַּכְּתָבִים, אֲנִי עָנִיתִי שֶׁאֲנִי הַצָּעִיר זָכִיתִי וְרָאִיתִי סֵפֶר חֶזְיוֹנוֹת מִמּוֹרֵנוּ הָרַב חַיִּים וִיטָאל ז"ל מִכְּתִיבַת יָדוֹ, וְכָתוּב שָׁם שֶׁנּוֹלַד שְׁנַת הַשׁ"ג וְהוּא כְּשֶׁבָּא אֵצֶל הָרַב הָיָה בִּתְחִלַּת שְׁנַת של"א, וּכְפִי זֶה הָיָה לוֹ כ"ח שָׁנָה, וּבִשְׁנַת של"ב יוֹם ה' לְאָב נִלְקַח

[23] החיד"א

אֲרוֹן האלהי"ם רַבֵּנוּ הָאֲרִ"י זצ"ל וזיע"א, וְהָיָה בֶּן ל"ח שָׁנָה. וּבָא וְרָאָה שֶׁכָּל הַחָכְמָה לָמַד בְּשָׁנָה וַעֲשָׂרָה חֳדָשִׁים דְּהוּא פֶּלֶא, אַךְ כְּבָר נוֹדַע שֶׁהָרַב הִשְׁקָהוּ לְמוֹרֵנוּ הָרַב חַיִּים וִיטָאל ז"ל מִבָּאֵרָה שֶׁל מִרְיָם בְּיָם טְבֶרְיָה, וְנִתְיַשְּׁבָה הַחָכְמָה בְּקִרְבּוֹ, וּבְצֵרוּף נִשְׁמָתוֹ הָעֶלְיוֹנָה, וְהָרַב הַקָּדוֹשׁ הַמְלַמְּדוֹ לְהוֹעִיל, זיע"א עַד כָּאן לְשׁוֹנוֹ.

עוֹד כָּתַב הָרַב הַנִּזְכָּר ז"ל, וְזֶה לְשׁוֹנוֹ - **עֵץ הַחַיִּים** חִבֵּר מוֹרֵנוּ הָרַב חַיִּים וִיטָאל ז"ל בְּחָכְמַת הָאֱמֶת, מִמַּה שֶּׁקִּבֵּל מֵרַבּוֹ רַבֵּנוּ הָאֲרִ"י זצ"ל וְהוּא שֵׁם כּוֹלֵל לַכֹּל, וְאַחַר כָּךְ פָּתַח כַּמָּה שְׁעָרִים, שַׁעַר הַהַקְדָּמוֹת, שַׁעַר הַכַּוָּנוֹת, וְכוּ', וּכְבָר בְּנִדְפַּס מַעֲרֶכֶת חֵי"ת כָּתַבְתִּי מֵעִנְיָנוֹ, וּמִפְּנֵי שֶׁמּוֹרֵנוּ הָרַב חַיִּים וִיטָאל קָרָא שֵׁם כּוֹלֵל - **עֵץ הַחַיִּים**, לָכֵן הָרַב הַמְּקֻבָּל הַמֻּפְלָא מוֹרֵנוּ הָרַב רַבִּי מֵאִיר פָּאפִּירְשׁ, כְּשֶׁסִּדֵּר הַכְּתָבִים שֶׁהָיוּ בְּיָדוֹ, וְקִבְּלָם מֵרַבּוֹ הָרַב הַמְּקֻבָּל מוֹרֵנוּ הָרַב רַבִּי יַעֲקֹב צֶמַח ז"ל, כִּי כִּתְבֵי מוֹרֵנוּ הָרַב חַיִּים וִיטָאל עַצְמוֹ הָיוּ בְּיַד בְּנוֹ מוֹרֵנוּ הָרַב רַבִּי שְׁמוּאֵל וִיטָאל וְלֹא הָיוּ זָזִים מִבֵּיתוֹ כְּלָל, רַק אִבַּדּוּרֵי אֶבְדוֹר הַכְּתָבִים בְּעִרְבּוּבְיָא, כְּמוֹ שֶׁכָּתַבְנוּ בְּנִדְפַּס שָׁם מַעֲרֶכֶת חֵי"ת, וְהָרַב מוֹרֵנוּ הָרַב רַבִּי מֵאִיר פַּפִּירְשׁ הַנִּזְכָּר. הָלַךְ לְדַמֶּשֶׂק יִרְאֶה בְּבֵית מוֹרֵנוּ הָרַב רַבִּי שְׁמוּאֵל, וְיִשְׁאַל הַסְּפָרִים וְלָקַח שֶׁמֶץ מֶנְהוּ מֵהַסֵּדֶר, וּבַחֲזָרָתוֹ לְעִיר הַקֹּדֶשׁ יְרוּשָׁלַיִם תִּבָּנֶה וְתִתְקוֹמֵם בִּמְהֵרָה בְיָמֵינוּ, סִדֵּר סֵדֶר נָכוֹן לְכָל הַכְּתָבִים, עִם מַהֲדוּרָא בָּתְרָא שֶׁלֹּא הָיְתָה בְּיַד מוֹרֵנוּ הָרַב רַבִּי שְׁמוּאֵל וִיטָאל, וּלְכֻלָּם קָרָא בְּשֵׁם - **עֵץ הַחַיִּים**, אַךְ

בַּחֲלָקוֹ'ת כִּי לְסֵפֶר הַהַקְדָּמוֹת קְרָאוֹ - **דֶּרֶךְ עֵץ הַחַיִּים**, וּלְסֵפֶר הַכַּוָּנוֹת קְרָאוֹ - **פְּרִי עֵץ הַחַיִּים**, וּלְפֵרוּשׁ פְּסוּקִים וְכוּ' קָרָא - **נוֹף עֵץ חַיִּים**, וְחִלְּקוֹ, וְיֵשׁ בּוֹ נוֹף ב', נוֹף ג', וְכוּ', עֵדֶר עֵדֶר לְבַדּוֹ, עַד כָּאן לְשׁוֹנוֹ.

עוֹד כָּתַב הָרַב הַנִּזְכָּר ז"ל בָּאוֹת **ק'**, וְזֶה לְשׁוֹנוֹ - וְרָאִיתִי בְּכִתְבֵי הָרַב הרמ"ז[24] שֶׁהוּא הָיָה נִזְהָר שֶׁלֹּא לִקְרוֹת שׁוּם סֵפֶר קַבָּלָה, כִּי אִם כִּתְבֵי הָאֲרִ"י זצ"ל, כְּפִי אֲשֶׁר קִבְּלָם מֵרַבּוֹ מוֹרֵנוּ הָרַב רַבִּי בִּנְיָמִין הַלֵּוִי, שֶׁהָיָה קָרוֹב לְגוּרֵי הָאֲרִ"י, וְאַף סִפְרֵי הרמ"ע[25] לֹא הָיָה קוֹרֵא, עַד כָּאן דִּבְרֵי הרמ"ז. וְעוֹד רָעָה חוֹלָה, כִּי מִי שֶׁהוּא מַחְזִק לְנֶאֱמָן בְּכִתְבֵי הָאֲרִ"י, צָרִיךְ חֲקִירָה גְּדוֹלָה, כִּי יָדַעְתִּי נֶאֱמָנָה מְקֻבָּלִים מַחְזִקִים בְּנֶאֱמְנֵי אֶרֶץ, מֵסְכָּמִים מִגְּאוֹנֵי אֶרֶץ, וְעַד אַחֲרוֹן נִתְגַּלָּה שֶׁהֵם וְהַסּוֹמְכִים אוֹתָם, הָיוּ קוֹרִין בִּכְתָבִים אֲחֵרִים, **וְשׁוֹמֵר נַפְשׁוֹ יִרְחַק עַד חֵקֶר דָּבָר** דְּהַסֵּפֶר שְׁלוֹמֵד וְהֶחָכָם הַמְלַמְּדוֹ נֶאֱמָנוֹ מְאֹד, והוי"ה[26] הַטּוֹב לֹא יִמְנַע טוֹב לַהֹלְכִים בְּתָמִים, עַד כָּאן לְשׁוֹנוֹ.

עוֹד כָּתַב הָרַב הַנִּזְכָּר ז"ל בָּאוֹת **ע'**, וְזֶה לְשׁוֹנוֹ - **עֵמֶק הַמֶּלֶךְ** נִדְפַּס מִשָּׁנִים קַדְמוֹנִיּוֹת בְּקַבָּלָה, וְכָתוּב שָׁם שֶׁהוּא מְגוּרֵי הָאֲרִ"י זצ"ל, וְשָׁמַעְתִּי שֶׁלֹּא בָּאוּ לְיָדוֹ כְּתָבִים אֲמִתִּיִּים, וְהָרַב עִיר וְקַדִּישׁ מוֹרֵנוּ הָרַב רַבִּי חַיִּים הַכֹּהֵן ז"ל תַּלְמִיד רַבֵּנוּ מוֹרֵנוּ הָרַב חַיִּים

---

[24] הרמ"ז - רבי משה זכותא

[25] הרמ"ע - הרב מנחם עזריה מפאנו

[26] תהלים פד יב

וִיטָאל ז"ל בְּהַקְדָּמַת סִפְרוֹ מְקוֹר חַיִּים, פֵּרוּשׁ לְהִלְכוֹת צִיצִית וּתְפִלִּין, דֶּרֶךְ קֻשְׁתּוֹ עַל הַסֵּפֶר הַנִּזְכָּר, וְלָכֵן הַצְּנוּעִים מוֹשְׁכִים יְדֵיהֶם מִלִּקְרוֹת בּוֹ. וְעַיֵּן מָה שֶׁכָּתַב הרמ"ז בְּאִגְּרוֹת אֲשֶׁר בַּדְּפוּס, דַּף מ"ב ע"א שֶׁרוֹמֵז - וּמַחֲוֵי בְּמָחוֹג וְהַמֵּבִין יָבִין. וּכְבָר כָּתַבְתִּי כַּמָּה פְּעָמִים שֶׁהָרוֹצֶה לִלְמֹד בְּכִתְבֵי רַבֵּנוּ הָאֲרִ"י זצ"ל הָאֲמִתִּיִּים, יַעֲסֹק **בִּשְׁמוֹנָה שְׁעָרִים** שֶׁסִּדֵּר מוֹרֵנוּ הָרַב רַבִּי שְׁמוּאֵל וִיטָאל בֶּן רַבֵּנוּ מוֹרֵנוּ הָרַב חַיִּים וִיטָאל ז"ל, וּבְסֵפֶר **דֶּרֶךְ עֵץ הַחַיִּים** שֶׁסִּדֵּר מָהֳרָ"ם פַּפִּירְשׁ ז"ל, שֶׁנִּדְפַּס מִקָּרוֹב כַּמָּה פְּעָמִים כַּפּוֹלִין, וְסֵפֶר **אוֹצְרוֹת חַיִּים** כְּתַב יָד מָצְאוּ הָרַב מוֹרֵנוּ הָרַב רַבִּי יַעֲקֹב צֶמַח ז"ל, מִכְּתִיבַת מוֹרֵנוּ הָרַב חַיִּים וִיטָאל ז"ל, וְכֻלּוֹ כָּלוּל בְּדֶרֶךְ עֵץ הַחַיִּים הַנִּזְכָּר בֵּין הַפְּרָקִים. גַּם עוֹלַת תָּמִיד שֶׁסִּדֵּר מוֹרֵנוּ הָרַב רַבִּי יַעֲקֹב צֶמַח ז"ל, בְּכַוָּנוֹת הֵעִיד שֶׁהוּא מִכְתַּב יָד מוֹרֵנוּ הָרַב חַיִּים וִיטָאל ז"ל. וּכְבָר כָּתַבְנוּ כַּמָּה פְּעָמִים שֶׁמּוֹרֵי זִקְנֵי הָרַב מוֹרֵנוּ הָרַב רַבִּי אַבְרָהָם אָזוּלַאי וּמוֹרֵנוּ הָרַב רַבִּי יַעֲקֹב צֶמַח ז"ל עָשׂוּ הַפְסָקוֹת[27] וְיִחוּדִים, עַד שֶׁהָרַב מוֹרֵנוּ הָרַב חַיִּים וִיטָאל ז"ל נָתַן לָהֶם רְשׁוּת לַחְפֹּר בְּקִבְרוֹ, וּלְהוֹצִיא מִשָּׁם הַכְּתָבִים שֶׁצִּוָּה הוּא לְגָנְזָם, וְהוֹצִיאוּם מִשָּׁם. וּמִכְתָּבִים אֵלּוּ הֵם **הַמַּהֲדוּרָא**[28] **בַּתְרָא** שֶׁל דֶּרֶךְ עֵץ חַיִּים, וְסֵפֶר עוֹלַת תָּמִיד הַנִּזְכָּר שֶׁלֹּא הָיוּ בְּיָדוֹ שֶׁל הָרַב מוֹרֵנוּ הָרַב רַבִּי שְׁמוּאֵל וִיטָאל ז"ל, וְכָל זֶה נִתְבָּרֵר לִי אֲנִי הַצָּעִיר בֶּאֱמֶת, אַחַר הַחִפּוּשׂ בְּכַמָּה סְפָרִים כִּתְבֵי יָד. וְגַם מִדִּבְרֵי הָרַב מוֹרֵנוּ הָרַב רַבִּי

[27] תעניות

[28] בעץ חיים הם - מ"ב

מֹשֶׁה וִיטָאל ז"ל, בֶּן הָרַב מוֹרֵנוּ הָרַב רַבִּי שְׁמוּאֵל וִיטָאל הַנִּזְכָּר, שֶׁרָאִיתִי כְּתַב יָדוֹ מִמֶּנּוּ שֶׁכּוֹתֵב בְּסִגְנוֹן זֶה עַל אֵיזֶה קֻנְטְרֵסִים, זֶהוּ מִמּוֹר זְקֵנִי מוֹרֵנוּ הָרַב חַיִּים וִיטָאל ז"ל וְנִמְצָא בְּיַד זוּלָתֵנוּ מִכְתָּב יַד מוֹר זְקֵנִי ז"ל, וְיוֹתֵר מִזֶּה נִתְבָּרֵר לִי הַדָּבָר מְאֹד וְדַי בָּזֶה. וְדַע שֶׁחִבְּרוּ סְפָרִים הָרַב מוֹרִי זְקֵנִי הָרַב, וְהָרַב מוֹרֵנוּ הָרַב רַבִּי יַעֲקֹב צֶמַח ז"ל עַל הַזֹּהַר מִכְּתִיבוֹת הַנִּזְכָּרִים שֶׁמָּצְאוּ בְּקֶבֶר מוֹרֵנוּ הָרַב חַיִּים וִיטָאל ז"ל, וְנִרְאֶה שֶׁלֹּא הָיָה רְצוֹן הוי"ה שֶׁיִּתְגַּלּוּ וְנֶאֶבְדוּ לְגַמְרֵי הַסְּפָרִים הַנִּזְכָּרִים, וְכָל הָאָמוּר יָדַעְתִּי נֶאֱמָנָה בְּבֵרוּר, עַד כָּאן לְשׁוֹנוֹ.

עוֹד כָּתַב הָרַב הַנִּזְכָּר ז"ל וְזֶה לְשׁוֹנוֹ - בְּעִנְיַן סִפְרֵי קַבָּלָה, גִּלִּיתִי טֶפַח בְּנִדְפָּס בְּמַעֲרֶכֶת **ח'** וּבְמַעֲרֶכֶת **ק'** עַיֵּן שָׁם, וְרָאִיתִי לְמוֹרֵנוּ הָרַב רַבִּי יַעֲקֹב צֶמַח שֶׁכָּתַב בְּהַקְדָּמַת פֵּרוּשׁוֹ לָאִדְרָא, שֶׁחִבֵּר - **נָגִיד וּמְצַוֶּה** בַּתְּחִלָּה בְּקִצְּרָה, וְעָלָה עַל דַּעְתִּי לְהַדְפִּיסוֹ לְהָפִיק רְצוֹן הַחֲבֵרִים, וְכָתַב וְזֶה לְשׁוֹנוֹ - וּבָא אֵלַי חֲלוֹם קָשֶׁה עַד מְאֹד, וְהִזְהִירוּ אוֹתִי מְאֹד שֶׁאֶזָּהֵר וְאֶשָּׁמֵר לְבִלְתִּי שִׂים אוֹתוֹ בִּדְפוּס, עַד כָּאן לְשׁוֹנוֹ. וְהָרַב מוֹרֵנוּ הָרַב רַבִּי חַיִּים הַכֹּהֵן תַּלְמִיד מוֹרֵנוּ הָרַב חַיִּים וִיטָאל זצ"ל בְּהַקְדָּמַת סֵפֶר מְקוֹר חַיִּים, כָּתַב וְזֶה לְשׁוֹנוֹ - חֲלָפוּ תּוֹרוֹת עִבְרִי, חֹק לְהַדְפִּיס מַאַמְרֵי הָאֲרִ"י ז"ל, וְרָאִיתִי אַחֲרֵי רוֹאֵי לַאֲשֶׁר הֵבִיא אלו"ה בְּיָדוֹ הוּא - **עֵמֶק הַמֶּלֶךְ**[29] לֹא דַּי כִּי כָּל זֶה הוּא בְּדֶרֶךְ גְּנֵבָה, כִּי מֵעוֹלָם לֹא יָצָא מִתַּחַת יַד הַקָּדוֹשׁ ז"ל דְּבָרִים אֵלּוּ, וְלֹא בִּמְסִירָה פֶּה אֶל פֶּה, אֶלָּא שֶׁכָּתַב

[29] ספר שכתב הרב נפתלי בן יעקב אלחנן בכרך

אוֹתָם לִשְׁמוֹ, וְעָשָׂה עַצְמוֹ מְפָרֵשׁ דִּבְרֵי הָאֲרִ"י זַ"ל וּמַאַמְרֵי הַזֹּהַר, וְהִנֵּה מֵעוֹלָם הָאֲרִ"י זַ"ל לֹא לָמַד תּוֹרָה זוּלַת לַקָּדוֹשׁ הָרַב חַיִּים וִיטָאל זַ"ל, וְהָעֲשָׂרָה הַיּוֹשְׁבִים עִמּוֹ אֵין לוֹמְדִים מִפִּי הָאֲרִ"י זַ"ל, רַק אוֹמֵר הַקְדָּמָה אַחַת וּמִסְתַּלֵּק, בְּדֶרֶךְ מֹשֶׁה רַבֵּנוּ עָלָיו הַשָּׁלוֹם, וְכֻלָּם לוֹמְדִים עִם הַקָּדוֹשׁ הָרַב חַיִּים וִיטָאל זַ"ל, וּמֵעוֹלָם לֹא כָּתַב הָאֲרִ"י זוּלַת הַקְדָּמָה אַחַת, לְעִנְיַן קֶשֶׁר עִם הַצַּדִּיקִים, הִנֵּה הִיא כְּתוּבָה בְּסֵפֶר עֵץ הַחַיִּים מִיְּדֵי הָאֲרִ"י זַ"ל וְתוּ לָא מִדֵּי, הַכֹּל מִיַּד הַקָּדוֹשׁ הָרַב חַיִּים וִיטָאל זַ"ל מוֹרִי וְרַבִּי, וּבְעֵמֶק הַמֶּלֶךְ מְפָרֵשׁ אֲשֶׁר לֹא כֵן, וְהֲלֹא אֲפִלּוּ הַהַקְדָּמוֹת שֶׁל הַדְּרוּשִׁים שֶׁמָּסַר הָאֲרִ"י זַ"ל לְהָרַב הַנִּזְכָּר אַרְבָּעָה דְּרוּשִׁים, מֵהֶם גָּזַר עָלָיו בְּכֹחַ **נח"ש**[30] שֶׁלֹּא יוֹצִיא אוֹתָם מִפִּיו כְּלָל. וְהֵם - דָּרוּשׁ **א"ק**[31] וּמַאֲמַר תְּלַת רֵישִׁין וְכוּ'. כָּךְ אָמַר לִי הָרַב מִפִּיו וּמִי הִתִּיר לְזוּלַת לְהַעֲלוֹת אוֹתָם בִּדְפוּס, לְהִתְעוֹלֵל בָּהֶם עַרְלֵי לֵב וְכוּ', וּמָה לַעֲשׂוֹת דְּאִמָּסַר עָלְמָא לְטַפְשָׁאֵי וְכוּ'. כְּלַל הַדְּבָרִים כִּי הַיּוֹדֵעַ כְּתִיבָה יְדֵי הָרַב זלה"ה אוֹתָם יִרְאֶה, וְיִסְמֹךְ עֲלֵיהֶם לֹא עַל הַזּוּלַת, וְלֹא מִדַּרְכִּי דִּבַּרְתִּי עַד הֵנָּה, רַק לְמַעַן יִנָּצְלוּ כָּל יִרְאֵי הוי"ה מֵהָעֹנֶשׁ, וַאֲנִי אֶת נַפְשִׁי הִצַּלְתִּי, עַד כָּאן לְשׁוֹנוֹ.

וְכַאֲשֶׁר יִשְׂתַּכֵּל הַמִּשְׂתַּכֵּל בִּדְבָרִים אֵלּוּ, יִקְרַע סָגוּר לְבָבוֹ, אַךְ הֻתְּרָה הָרְצוּעָה לְהַדְפִּיס סִפְרֵי קַבָּלָה, וְאֵין מֵקִיץ וְאֵין יוֹדֵעַ, וְאֵשׁ תּוּקַד בְּקִרְבִּי עַל עִנְיָנִים אֵלּוּ, וַאֲבִיזְרַיְהוּ אַךְ הָאִישׁ הַנִּלְבָּב יִשְׁמֹר עַצְמוֹ, הֵן שֶׁלֹּא

---

[30] נח"ש - נידוי, חרם, שמתא

[31] א"ק - אדם קדמון

לִלְמֹד כִּי אִם בִּ**שְׁמוֹנָה שְׁעָרִים** שֶׁסִּדֵּר מוֹרֵנוּ הָרַב רַבִּי שְׁמוּאֵל וִיטָאל, וְסֵפֶר **דֶּרֶךְ עֵץ הַחַיִּים**, וְסֵפֶר **מְבוֹא שְׁעָרִים**, וְסֵפֶר **אוֹצְרוֹת חַיִּים** דַּוְקָא, כִּי רַבּוֹ כְּמוֹ רַבִּי סְפָרִים מְלֻקָּטִים, וְאוֹמְרִים שֶׁהֵם מֵהָאֲרִ"י זצ"ל, וְיֵשׁ לָחוּשׁ שֶׁמָּא עֵרְבוּ מִזּוּלָתוֹ, כַּאֲשֶׁר נִמְצָא כַּמָּה פְּעָמִים בְּתוֹךְ דְּרוּשֵׁי הָאֲרִ"י - עֵרֶב[32] רַב עָלָה אִתָּם. וְהֵן לְהַרְחִיק עַצְמוֹ מִלְּהִיּוֹת בַּעֲצַת מַדְפִּיסֵי סִפְרֵי קַבָּלָה, הַשּׁוֹמֵעַ יִשְׁמַע וַעֲלָיו תָּבוֹא בִּרְכַּת טוֹב, עַד כָּאן לְשׁוֹנוֹ. וְכָתַב עוֹד וְזֶה לְשׁוֹנוֹ - וּמָה שֶׁכָּתַב מוֹרֵנוּ הָרַב רַבִּי חַיִּים כֹּהֵן שֶׁרַבֵּנוּ הָאֲרִ"י ז"ל מֵעוֹלָם לֹא כָּתַב וְכוּ', כְּמוֹ שֶׁהֵבֵאתִי לְשׁוֹנוֹ בְּחֵלֶק ב', נִרְאֶה שֶׁכַּוָּנָתוֹ הוּא מִיּוֹם שֶׁבָּא מוֹרֵנוּ הָרַב חַיִּים וִיטָאל ז"ל, אֲבָל מִקֹּדֶם כָּתַב קְצָת, וְכָל אֲשֶׁר מָצָא מוֹרֵנוּ הָרַב חַיִּים וִיטָאל כָּתוּב מִכְּתִיבַת יָדוֹ יַד הַקֹּדֶשׁ עֲשָׂהוּ שַׁעַר בִּפְנֵי עַצְמוֹ, וַאֲנִי רָאִיתִי מִכְתַּב יָד מוֹרֵנוּ הָרַב חַיִּים וִיטָאל ז"ל עַצְמוֹ, עַד כָּאן לְשׁוֹנוֹ.

וּבְסֵפֶר שִׁיוּרֵי[33] בְּרָכָה, אוֹר חַיִּים סִימָן תצ"ג כָּתַב הָרַב הַנִּזְכָּר ז"ל וְזֶה לְשׁוֹנוֹ - וּמָה שֶׁכָּתוּב בְּבִרְכֵּי יוֹסֵף בְּסִימָן זֶה, דְּיֵשׁ מִי שֶׁכָּתַב דִּפְטִירַת רַבִּי שִׁמְעוֹן בַּר יוֹחַאי ע"ה זיע"א בל"ג לָעֹמֶר, כָּךְ כָּתוּב **בִּפְרִי עֵץ חַיִּים**, אַךְ כְּבָר נוֹדַע דִּבְנֻסְחָאוֹת כִּתְבֵי הָאֲרִ"י ז"ל הָיָה עִרְבּוּב, וְטָעוּת סוֹפֵר. וְהַנֻּסְחָא הָאֲמִתִּית הִיא נֻסְחַת הַשְּׁמוֹנָה שְׁעָרִים שֶׁסִּדֵּר הָרַב מוֹרֵנוּ הָרַב רַבִּי שְׁמוּאֵל וִיטָאל, בְּנוֹ שֶׁל רַבֵּנוּ מוֹרֵנוּ הָרַב חַיִּים וִיטָאל ז"ל, וּבְשַׁעַר הַכַּוָּנוֹת הֶאֱרִיךְ בְּסוֹד יְמֵי הָעֹמֶר, וְטַעַם

---

32 שמות יב לח

33 לגאון החיד"א

שֶׁמֵּתוּ כ"ד אֶלֶף, וְאַחַר כָּךְ לָמְדוּ חֲמִשָּׁה אֵצֶל רַבִּי עֲקִיבָה, וְהֵם רַבִּי שִׁמְעוֹן וְרַבִּי מֵאִיר וְכוּ', וְהִיא שִׂמְחַת רַבִּי שִׁמְעוֹן בַּר יוֹחַאי, וְכָתַב שֶׁיֵּשׁ שֹׁרֶשׁ בְּשִׂמְחָה זוֹ שֶׁעוֹשִׂים, וְהוּא הֶאֱרִיךְ בְּזֶה, וְלֹא בָּא בְּפִיו לוֹמַר שֶׁהוּא פְּטִירַת רַבִּי שִׁמְעוֹן בַּר יוֹחַאי ע"ה, וְאֶפְשָׁר שֶׁהַכַּוָּנָה כְּמוֹ שֶׁכָּתַב לְעֵיל דְּבְיוֹם ל"ג לָעֹמֶר הִתְחִיל לְלַמֵּד רַבִּי עֲקִיבָה לְרַבִּי שִׁמְעוֹן בַּר יוֹחַאי וַחֲבֵרָיו, וְדוּק הֵיטֵב, עַד כָּאן לְשׁוֹנוֹ, עַיֵּן שָׁם.

וּבְעִנְיַן גִּלּוּי הַזֹּהַר אֲשֶׁר נִתְגַּלָּה בְּדוֹרוֹת הָאַחֲרוֹנִים וְלֹא בְּדוֹרוֹת הָרִאשׁוֹנִים, רָאִיתִי לְהָרַב הַנִּזְכָּר שֶׁכָּתַב בְּזֶה דְּבָרִים טוֹבִים וּנְבוֹנִים, וְרָאוּי לְהַעְתִּיקָם פֹּה, וְזֶה לְשׁוֹנוֹ - רַבֵּנוּ אֱלִיעֶזֶר, הַמְחַבֵּר סֵפֶר הָרוֹקֵחַ, חִבֵּר פֵּרוּשׁ הַתְּפִלּוֹת וְסוֹדָן, וְכָתַב שֶׁהוּא מְקֻבָּל מֵרַבֵּנוּ יְהוּדָה הֶחָסִיד, שֶׁקִּבֵּל מֵרַבּוֹ, וְרַב מֵרַב עַד שִׁמְעוֹן הַפָּקוּלִי, וְכָתַב שָׁם שֶׁרַבֵּנוּ שְׁמוּאֵל הֶחָסִיד, אֲבִי רַבֵּנוּ יְהוּדָה הֶחָסִיד, קִבֵּל מֵרַבֵּנוּ אֱלִיעֶזֶר חַזָּן, שֶׁקִּבֵּל מֵרַבּוֹ, עַד רַבֵּנוּ שִׁמְעוֹן הַגָּדוֹל וְרַבֵּנוּ גֵּרְשׁוֹם מְאוֹר הַגּוֹלָה. כָּךְ כָּתַב הָרַב יוֹסֵף שְׁלֹמֹה רוֹפֵא[34] בְּסֵפֶר **מְצָרֵף לְחָכְמָה** דַּף י"ד ע"ב, עַיֵּן שָׁם בַּאֲרִיכוּת. וְכָתוּב בְּשׁוּ"ת מוֹרֵנוּ הָרַב רַבִּי מֵאִיר[35] ד"פ בְּסוֹפוֹ, דַּף קי"ג ע"ב - שֶׁיְּסוֹד הַתְּשׁוּבָה קִבֵּל הָרַב רַבֵּנוּ אֱלִיעֶזֶר בֶּן רַבֵּנוּ יְהוּדָה, מֵרַבֵּנוּ יְהוּדָה הֶחָסִיד, אַב הַחָכְמָה בֶּן רַבֵּנוּ שְׁמוּאֵל הַקָּדוֹשׁ הַנָּבִיא, בֶּן רַבֵּנוּ קָלוֹנִימוּס מִשְּׁפִּירָא הַזָּקֵן, בֶּן רַבִּי יִצְחָק ז"ל, וְהֵמָּה קִבְּלוּ רַב מֵרַב גָּאוֹן, מִגָּאוֹן חָכָם, מֵחָכָם הֲלָכָה לְמֹשֶׁה

---

[34] מקנדיה
[35] מרוטנבורג

מִסִּינַי, עַד כָּאן לְשׁוֹנוֹ. וְאַתָּה אֱנוֹשׁ אַלּוּף לְרֹאשׁ אַל תִּתְמַהּ עַל הַחֵפֶץ כִּי לְפִי הָאָמוּר דַּרְכֵי הַתְּשׁוּבָה, אֲשֶׁר אִזֵּן וְחֵקֶר רַבֵּנוּ בַּעַל הָרוֹקֵחַ קִבְּלָם מֵרַבּוֹ, וְרַבּוֹ מֵרַבּוֹ עַד הֲלָכָה לְמֹשֶׁה מִסִּינַי, וְאִם כֵּן אֵיךְ הָרַב הָאֲרִ"י זצ"ל, פּוֹרֵשׁ לוֹ לַעֲשׂוֹת לוֹ דֶּרֶךְ חָדָשׁ בְּעִנְיְנֵי הַתְּשׁוּבָה, וּבֵאֵר עָלֶיהָ לְכָל עָווֹן, וּלְכָל חַטָּאת, מִשּׁוּם פָּגְמוֹ, בְּשָׁרְשֵׁי נִשְׁמָתוֹ וְכַיּוֹצֵא מִילִין לְצַד עִלָּאָה יְמַלֵּל הַפְלֵא וָפֶלֶא. אִם כֵּן הוּא רָאָה וְהִתְקִין מַתְכֹּנֶת **הַלְּבָנִי"ם** וְהַיְּרִית רָעִים, הֵן הֵן הַדְּבָרִים עַצְמָן מְעִידִין עַל אֲמִתּוּתָן, בְּצִבְיוֹנָן וּבְקוֹמָתָן, וְכֵיצַד וּתְקַיְּמוּ שְׁנֵי מִקְרָאוֹת הַלָּלוּ.

דַּע, כִּי - אֵלּוּ[36] וָאֵלּוּ דִּבְרֵי אלהי"ם חַיִּים. וְכַמָּה פָּנִים לְפָנִים בְּדַרְכֵי הַתְּשׁוּבָה, נֶאֱמָרִים בֶּאֱמֶת לְמֹשֶׁה רַבֵּנוּ עָלָיו הַשָּׁלוֹם בְּסִינַי מִפִּי הַגְּבוּרָה, וְיוֹתֵר וְיוֹתֵר מֵאֲשֶׁר גִּילּוּ הַמְּאוֹרוֹת הַגְּדוֹלִים רַבּוֹתֵינוּ הַנִּזְכָּרִים, יֵשׁ וְיֵשׁ בִּכְלָלוּת, וּבִפְרָטֵי פְּרָטוּת, כְּפִי עֵרֶךְ הָאָדָם, וּכְפִי עֵרֶךְ נִשְׁמָתוֹ, וּכְפִי מַצַּב הָעוֹלָמוֹת בָּעֵת הַהִיא, וּכְפִי תּוֹקֶף יִצְרוֹ, וּכְפִי הֲנָאָתוֹ וְכַוָּנָתוֹ, וּכְפִי מַצָּבוֹ אֶל עִירוֹ וְאֶל שַׁעַר מְקוֹמוֹ, וְכָהֵנָּה וְכָהֵנָּה פְּרָטֵי פְּרָטִים, וְשִׁנּוּיִים רַבּוֹ מִסְפָּר לְפִי גִּלְגּוּלָיו, וּלְפִי שָׁרְשֵׁי נר"ן וְכַיּוֹצֵא. אָמְנָם דֶּרֶךְ כְּלָלֵי כְּלָלוּת, גִּלּוּ לָנוּ רַבּוֹתֵינוּ הַנִּזְכָּרִים, וְהַמְקַיֵּם דִּבְרֵיהֶם בְּטוּב כַּוָּנָתוֹ, וַאֲמִתּוּת חֲרָטָתוֹ וְהַכְנָעָתוֹ, אלהי"ם יֵרָאֶה לוֹ הֵן חוֹנֵן, וְהֵן מְרַחֵם, לְתַקֵּן אֲשֶׁר עִוְּתוֹ, וּלְלַקֵּט אֲשֶׁר פִּזֵּר, וּלְיַחֵד אֲשֶׁר הִפְרִיד, בְּדַּת מַה לַּעֲשׂוֹת, כִּי א"ל רַחוּם הוּא, וְלֹא כָלוּ רַחֲמָיו, **בְּהָרִי"ם יְאוֹרִי"ם** רַחֲבֵי יָדַיִם.

---

[36] עירובין יג ב

וְאוּלָם לְיָמִים רִאשׁוֹנִים נִסְתַּם כָּל חָזוֹן, וְהַחָכְמָה הָעֲמֻקָּה חָכְמַת הָאֱמֶת, **וְנִסְתְּרָ'ה**, וְהִיא **נִתְמַ'ה**, וְרָאשֵׁי הַדּוֹרוֹת, יָדְעֵי רַבָּנָן אֵיזֶה שָׁרָשִׁים בִּכְלָלוּת, וּכְבָר אָמְרוּ בַּזֹּהַר - דְּאָמְרֵי רַבִּי שִׁמְעוֹן בַּר יוֹחַאי לֹא נִשְׁאַר כִּי אִם מְלֹא הָעֹמֶר מִן לְמִשְׁמֶרֶת, דְּהַגַּם שֶׁלֹּא פָּסְקָה מִיִּשְׂרָאֵל חָכְמָה זוֹ, וְכַאֲשֶׁר הֶאֱרִיךְ הָרַב הַמְּשֻׁלָּם יוֹסֵף שְׁלֹמֹה רוֹפֵא מְקַנְדְּיָא בְּסֵפֶר **מְצָרֵף לַחָכְמָה** אֲשֶׁר הַמִּלָּה, וַאֲשֶׁר הֵבִיא סִפְרֵי הַגְּאוֹנִים אֲשֶׁר חִבְּרוּ בְּחָכְמַת הָאֱמֶת וְכַיּוֹצֵא, עַיֵּן שָׁם בְּאֹרֶךְ. מִכָּל מָקוֹם הַכֹּל הָיָה לְמִשְׁמֶרֶת לְאֶצְנְעָא בִּכְלָלֵי כְּלָלוּת, וּלְפִי הַדּוֹר וּלְפִי מַצַּב הָעוֹלָמוֹת מֵעֵת הַחֻרְבָּן, וְכַיּוֹצֵא נִתְגַּלָּה לְרַבֵּנוּ יְהוּדָה הֶחָסִיד דַּרְכֵי הַתְּשׁוּבָה, וְנִשְׁאַר בְּקַבָּלַת רַבּוֹ מֵרַבּוֹ וְכוּ', אוֹתוֹ הַדֶּרֶךְ הַטּוֹב בְּעֵינֵי הוי"ה, וְרָאוּי לְדוֹר אַחֲרוֹן שֶׁלֹּא הָיָה לָהֶם יְדִיעָה כָּל כָּךְ בְּחָכְמַת הָאֱמֶת, וּמַעַיְנוֹת הַחָכְמָה עֲדַיִן לֹא נִתְפַּתְּחוּ. וְכֵן לְעִנְיַן סוֹדֵי הַתְּפִלּוֹת שֶׁקִּבֵּל רַבֵּנוּ הָרֹקֵחַ, מֵרַבּוֹ וְרַבּוֹ, מֵרַבּוֹ עַד שִׁמְעוֹן הַפָּקוּלִי כַּמְּדֻבָּר לְעֵיל, נִשְׁאַר בְּקַבָּלָתָם מָה שֶׁרָצָה הַקָּדוֹשׁ בָּרוּךְ הוּא לִזְכוּתָם, כְּפִי מִלֵּב הָעוֹלָמוֹת וְהַדּוֹרוֹת וְהַכֹּל אֱמֶת וָצֶדֶק.

הָאָמְנָם בִּימֵי רַבֵּנוּ הָאֲרִ"י זצ"ל, רָצָה הַקָּדוֹשׁ בָּרוּךְ הוּא לִפְתֹּחַ שַׁעֲרֵי אוֹרָה, וּמַעַיְנוֹת הַחָכְמָה, עַל יְדֵי זַכַּאי הָאֲרִ"י הַחַי, כִּי הָיְתָה נִשְׁמָתוֹ מֵעוֹלָם הַתִּקּוּן, מִסּוֹד פְּנִימִיּוֹת שֶׁל הַפְּנִימִיּוֹת, שֶׁכְּבָר נִבְרְרוּ כַּמָּה נִיצוֹצוֹת, וְלֹא נִשְׁאַר אֶלָּא בְּרִיאַת הָרַגְלַיִם, וְהָיָה זְמַן כָּשֵׁר לְהִתְגַּלּוֹת שָׁרְשֵׁי עִקְּרֵי פְּנִימִיּוֹת הַחָכְמָה,

וּלְמַחְיָה[37] שְׁלָחוּ אלהי"ם. וְהוֹצִיא[38] חַמָּה מִנַּרְתִּיקָהּ. וְהֶחֱזִיר עֲטָרָה לְיָשְׁנָהּ, לְגַלּוֹת סְפוּנֵי טְמוּנֵי קָדְשֵׁי קָדָשִׁים.

וּמְעַנְיֵן לְעִנְיָן אֲמַרְתִּי אֲעֶלֶּה אֲשֶׁר הֵשַׁבְתִּי לְמַשְׂכִּיל אֶחָד, שֶׁאָל שָׁאַל הָאִישׁ לָנוּ דָּהֲרֵי הַתַּלְמוּד הַקָּדוֹשׁ נַעֲשָׂה וְנִגְמַר מֵרִבְבוֹת אַלְפֵי רַבָּנָן, אֲשֶׁר בְּכָל דּוֹר וָדוֹר מִימוֹת רַבִּי וְעַד רַב אָשֵׁי, אֲשֶׁר הָיוּ לוֹמְדִים פָּמַלְיוֹת פָּמַלְיוֹת, וְעַד אַחֲרוֹן בִּימֵי רַב אָשֵׁי, אָסְפוּ אֲסֵפָה מִמְּעוֹנוֹת אֲרָיוֹת כֻּלְּהוּ רַבָּנָן, וַיְהִי בְּיוֹם כְּלוֹת כַּלָּה דַּאֲדָר, וְכַלָּה דֶּאֱלוּל, הָיוּ לוֹמְדִים מַסֶּכְתָּא אַחַת בְּכָל כַּלָּה בַּאֲסֵפָה גְּדוֹלָה, וּזְמַן קְהִלָּה הִיא וּכְבוֹדוֹ עֲלֵיהֶם יֵרָאֶה בְּעַמּוּד אֵשׁ, כַּאֲשֶׁר קִבֵּל רַבֵּנוּ יְהוּדָה בַּר בַּרְזִלַּי - שֶׁהָיָה עַמּוּד שֶׁל אֵשׁ יוֹרֵד מִן הַשָּׁמַיִם בְּכַלָּה דַּאֲדָר, וּבְכַלָּה דֶּאֱלוּל, וְהַיְינוּ דְקאמרינן סוֹף פֶּרֶק הָיָה קוֹרֵא דַּף י"ז - אָמַר[39] רַב אָשֵׁי בְּנֵי מָתָא מַחְסֵיָא אַבִּירֵי לֵב נִינְהוּ דְּקָא חָזוּ יְקָרָא דְאוֹרַיְתָא וְלֹא מִגַּיֵּר גִּיּוֹרָא מִנַּיְהוּ. וּכְמוֹ שֶׁמְּבֹאָר הַתּוֹסָפוֹת[40] שָׁם. וְאָז הָיָה נִכְתַּב הַתַּלְמוּד עַל יַד עַל יַד בְּהַסְכָּמַת כָּל הָאֲמוֹרָאִים אַלְפֵי רַבְבָא, וְלָכֵן חַיָּבִים כָּל יִשְׂרָאֵל לִשְׁמֹעַ וְלִשְׁמֹר כָּל הַכָּתוּב בַּתַּלְמוּד, בְּמִצְוַת הוי"ה

37 על פי בראשית מה ה

38 רש"י על מלאכי ג יט

39 ברכות יז ב

40 תוספות ברכות יז ב - תרי זימני בשתא. אבל בעצרת שאינו אלא יום אחד לא היו כל כך מתאספין ושמא ניסא איתרחיש להו וראיתי בספר העתים שחבר הרב רבי יהודה בר ברזילי ששמע שהיה עמוד של אש יורד מן השמים עליהם בכלה דאלול ובכלה דאדר.

אלהינ"ו - עַל[41] פִּי הַתּוֹרָה אֲשֶׁר יוֹרוּךָ. אִם כֵּן אֵפוֹא זוֹהִי שֶׁקָּשֶׁה שֶׁרָאִינוּ כַּמָּה חֻמְרוֹת וַעֲנָשִׁים בְּסֵפֶר הַזֹּהַר, בְּדִינִים מְדִינִים שׁוֹנִים, אֲשֶׁר לֹא נִרְאוּ בַּתַּלְמוּד הַקָּדוֹשׁ, וְגַם בְּדִינִים הַנִּזְכָּרִים בְּשַׁ"ס, לֹא נִכְתְּבוּ כָּל הָעֲנָשִׁים הַקָּשִׁים שֶׁיֵּשׁ בַּזֹּהַר הַקָּדוֹשׁ, הֵן הֵנָּה אִמְרֵי מַשְׂכִּיל דּוֹרֵשׁ בְּהַרְחָבָה.

וּלְפִי שָׁעָה זֹאת אָשִׁיב, הֲלֹא מֵרֹאשׁ הֵנָּה, זֹאת חֲקַרְנוּהָ רִאשׁוֹנִים שָׁאֲלוּ אַמַּאי לֹא אָתָא מְשִׁיחָא בִּימֵי חֲסִידִים הָרִאשׁוֹנִים, וּבִימֵי רַבִּי שִׁמְעוֹן בַּר יוֹחַאי, וְכָל קְדוֹשִׁים עִמּוֹ, אֲשֶׁר הָיוּ דְּבֵקִים בּוֹ יִתְבָּרַךְ וְהָיוּ נְשָׁמוֹת עֶלְיוֹנוֹת, וּבְעוֹסְקָם בְּתוֹרָה הָיְתָה הָאֵשׁ מְלַהֶטֶת סְבִיבָם, וּמַלְאֲכֵי הַשָּׁרֵת מַקִּיפִים חוֹמָה, וְאֵלִיָּהוּ זָכוּר לַטּוֹב הֲוֵה מִתְרַחֵשׁ לְהוֹ, כַּאֲשֶׁר[42] יְדַבֵּר אִישׁ אֶל רֵעֵהוּ. וְכִבְיָכוֹל גּוֹזֵר גְּזֵרָה וְאִנְהוּ בְּטוּלֵי בְּטָלוּהָ, דַּהֲווּ מְתַקְּפֵי בְּרַחְמֵי, וּנְהָרוֹת הַמּוֹשְׁכִין עַד דְּאִתְבַּסַּם עָלְמָא וְחָדַל לִהְיוֹת לְצָרָה, וּמַדּוּעַ בּוֹשֵׁשׁ לֹא[43] בָּא בֶּן יִשַׁי. הֲלֹא דָּוִד מִסְתַּתֵּר בְּאוֹתָם הַיָּמִים, וְעוֹד יֵשׁ לַחֲקֹר מַדּוּעַ סֵפֶר הַזֹּהַר הַקָּדוֹשׁ, לֹא נִתְגַּלָּה לָאֲמוֹרָאִים, וְרַבָּנָן סָבוֹרָאֵי וְהַגְּאוֹנִים וְלִגְדוֹלֵי הָרַבָּנִים, וְאֵיךְ נִתְגַּלָּה אַחַר כָּךְ בַּדּוֹרוֹת הַגְּרוּעִים מֵהֶם.

וְהִנֵּה לַחֲקִירָה הָרִאשׁוֹנָה, הַתְּשׁוּבָה מְבֹאֶרֶת כִּי גְּזֵרָה חָכְמָתוֹ יִתְבָּרַךְ, שֶׁיִּהְיוּ אֶלֶף שָׁנִים בְּגָלוּת זֶה, כִּדְכְתִיב

[41] דברים יז יא
[42] שמות לג יא
[43] שמואל-א כ כז

- נְתָנַנִי[44] שׁוֹמְמָה כָּל הַיּוֹם דָּוָה. וְהוּא יוֹמוֹ שֶׁל הַקָּדוֹשׁ בָּרוּךְ הוּא, וְכֵן אָמְרוּ בַּזֹּהַר וּמִדְרָשׁ אֵיכָה וּבְכַמָּה דּוּכְתֵּי, וְכָל הַתַּנָּאִים וְאָמוֹרָאִים הָיוּ סָמוּךְ לְחֻרְבָּן בְּתוֹךְ הָאֶלֶף שָׁנִים, שֶׁהֲרֵי רַב אַשִׁי שֶׁסִּדֵּר הַתַּלְמוּד הָיָה בִּשְׁנַת שנ"ח לְחֻרְבָּן, וְלָכֵן לֹא הוֹעִיל כָּל קְדֻשָּׁתָם לְהָבִיא הַמָּשִׁיחַ כִּי גְּזֵרָה עוֹמֶדֶת, וּמִמּוֹצָא דָּבָר אֶפְשָׁר לוֹמַר כִּי וַדַּאי הַכֹּל בְּשִׁקּוּל - א"ל[45] דֵּעוֹת לוֹ נִתְכְּנוּ עֲלִילוֹת. וְאֶפְשָׁר דִּבְהֶיוֹת גְּזֵרַת הַחֻרְבָּן אֶלֶף שָׁנִים, וְכָל הַקְּדוֹשִׁים הָיוּ בְּתוֹךְ הָאֶלֶף שָׁנִים, לֹא רָצָה הַקָּדוֹשׁ בָּרוּךְ הוּא שֶׁיִּגָּלֶה סֵפֶר הַזֹּהַר, שֶׁיֵּשׁ בּוֹ כַּמָּה חֻמְרוֹת וַעֲנָשִׁים, כְּרַחֵם אָב עַל בָּנִים, כִּי בְּאוֹתוֹ פֶּרֶק הָיוּ שְׁמָדוֹת וְתוֹקֶף הַצָּרוֹת וְהָיוּ יִשְׂרָאֵל בְּצַעַר גָּדוֹל, וְאִם הָיוּ מִתְגַּלִּים דִּבְרֵי הַקְּדוֹשִׁים רַבִּי שִׁמְעוֹן בַּר יוֹחַאי וַחֲבֵרָיו וְכָל הָעֲנָשִׁים, הָיָה מָקוֹם לְסִטְרָא אַחֲרָא לְקַטְרֵג יוֹתֵר עַל יִשְׂרָאֵל, **לרעו"ת** בְּיַעֲקֹב רָעָה אַחַר רָעָה. אֲבָל אַחַר שֶׁעָבַר אֶלֶף שָׁנִים מֵהַחֻרְבָּן, שֶׁנִּשְׁלְמוּ שְׁנַת אַרְבַּע אֲלָפִים תתכ"ח, אָז הָיָה יָכוֹל לָבוֹא מָשִׁיחַ, וּבַעֲוֹנוֹתֵינוּ הָרַבִּים אִשְׁתַּהוּיֵי אִשְׁתְּהֵי, וְזֶה חֵטְא נוֹסָף לִכְלָל וְלִפְרָט עַל כָּל חֲטָאִים, וְחִלּוּל שְׁמוֹ ח"ו, וְחִלּוּל תּוֹרָתוֹ, וְנִתְגַּבְּרָה הַקְּלִפָּה מְאֹד לְהַחֲטִיא, יַעַן כְּבָר נִתְבָּרֵר הַרְבֵּה וְעַתָּה הַבְּרֵרָה בָּרַגְלַיִם, וּכְמוֹ שֶׁכָּתוּב - בְּעִקְבוֹת[46] מְשִׁיחָא חֻצְפָּא יִסְגָּא. שֶׁהוּא הַסִּטְרָא אַחֲרָא שֶׁמִּתְגַּבֶּרֶת לְהַחֲטִיא אֶת יִשְׂרָאֵל, בִּרְאוֹתָהּ כִּי כָלְתָה אֵלֶיהָ הָרָעָה, וּכְמוֹ שֶׁבֵּאֵר בְּאֹרֶךְ רַבֵּנוּ הָאֲרִ"י זצ"ל, אֲבָל כָּשַׁל כּוֹחָהּ בְּעִנְיַן

---

44 איכה א יג

45 שמואל-א ב ג

46 סוטה מט ב

הַשְׁמָדוֹת וְתוֹקֶף הַצָּרוֹת, כִּי כְּבָר הֻבְרַר הַרְבֵּה כָּאָמוּר מִפִּי כְּבוֹד רַבֵּנוּ הָאֲרִ"י זצ"ל [וְגְזֵרַת[47] ת"ח טַעַם יֵשׁ בַּדָּבָר].

וְלָכֵן סָמוּךְ לַדּוֹרוֹת שֶׁאַחַר אֶלֶף שָׁנָה מֵהַחֻרְבָּן, נִתְגַּלָּה אוֹר הַזֹּהַר לְהָגֵן עַל יִשְׂרָאֵל, וְשֶׁאִם נִזְכֶּה לְהִתְעַסֵּק בְּסִתְרֵי תּוֹרָה כְּדַת מָה לַעֲשׂוֹת, בִּזְכוּת זֶה תְּפָרָה יֶשַׁע יְשׁוּעַת יִשְׂרָאֵל וְכוּ', עַד כָּאן לְשׁוֹנוֹ.

וְאֹפֶן גִּלּוּי הַזֹּהַר כָּתַב הָרַב זַ"ל שָׁם, וְזֶה לְשׁוֹנוֹ - רָאִיתִי כָּתוּב מֵהָרַב מוֹרֵנוּ הָרַב רַבִּי אַבְרָהָם רָוִינוּ, וְזֶה לְשׁוֹנוֹ - מָצָאתִי בְּזֹהַר כְּתַב יַד יָשָׁן נוֹשָׁן אֵצֶל מוֹרִי מוֹרֵנוּ הָרַב רַבִּי מֹשֶׁה זְכוּת נר"ו, מָצָאתִי כָּתוּב בֶּאֱמֶת כִּי רֹאשׁ הַמְקֻבָּלִים [פֵּרוּשׁ הֵם אֲשֶׁר גִּלּוּ הַקַּבָּלָה, וְלָמְדוּ בְּגִלּוּי] רַבִּי נְחוּנְיָא בֶּן הַקָּנֶה, וְהוּא חִבֵּר סֵפֶר הַבְּהִיר, וְאַחֲרָיו רַבִּי שִׁמְעוֹן בַּר יוֹחַאי עָשָׂה סֵפֶר הַזֹּהַר, וְחִבֵּר בּוֹ כַּמָּה חִבּוּרִים כְּמוֹ הַתִּיקוּנִים, וּכְשֶׁנִּפְטַר רַבִּי שִׁמְעוֹן בַּר יוֹחַאי וְרַבִּי אֶלְעָזָר, וְכָל הַדּוֹר הַהוּא אָבְדָה חָכְמַת הַקַּבָּלָה, עַד שֶׁהִקְרָה הוי"ה לִפְנֵי מֶלֶךְ אֶחָד מִמַּלְכֵי מִזְרָח, שֶׁצִּוָּה לַחְפֹּר בְּמָקוֹם אֶחָד עַל עִסְקֵי מָמוֹן, וְנִמְצָא שָׁם אָרוֹן אֶחָד וּבוֹ סֵפֶר הַזֹּהַר, וְשָׁלַח לְחַכְמֵי אֻמּוֹת הָעוֹלָם וְחַכְמֵי אָדָם וְלֹא יָדְעוּ וְלֹא יָבִינוּ, וְשָׁלַח אַחַר הַיְּהוּדִים, בָּאוּ אֶצְלוֹ וְרָאוּ הַסֵּפֶר וְאָמְרוּ לוֹ אֲדוֹנֵנוּ הַמֶּלֶךְ זֶה הַסֵּפֶר עָשָׂהוּ חָכָם אֶחָד, וְהוּא עָמֹק, וְאֵין

47 לפרעות שנערכו ביהדות פולין ואוקראינה, בשנת ת"ח-ת"ט [1648-9], במהלך התקוממות הקוזאקים והצמיתים שהנהיג בוגדן **חמלניצקי**, או **חמיל הרשע**, בפי היהודים

אָנוּ מְבִינִים אוֹתוֹ, אָמַר לָהֶם וְכִי אֵין יְהוּדִי בָּעוֹלָם מֵבִין אוֹתוֹ, אָמְרוּ לוֹ יֵשׁ בִּמְדִינַת טוֹלִיטוּלָה. וְהַמֶּלֶךְ שָׁלַח הַסְּפָרִים עִם גִּבּוֹרָיו לְטִילִיטוּלָא, וּכְשֶׁרָאוּהוּ חַכְמֵי טוֹלִיטוּלָא שָׂמְחוּ בּוֹ שִׂמְחָה גְּדוֹלָה, וְשָׁלְחוּ לַמֶּלֶךְ מַתָּנוֹת רַבּוֹת, וּמִשָּׁם נִתְפַּרְסְמָה הַקַּבָּלָה בְּיִשְׂרָאֵל, עַד כָּאן מָצָאתִי כָּתוּב מֵהָרַב הַנִּזְכָּר. וְהָרַב יוֹסֵף שְׁלֹמֹה רוֹפֵא מִקַּנְדְּיָא בְּסֵפֶר **מַצְרֵף לַחָכְמָה** דַּף כ"ב, כָּתַב דְּשָׁמַע מִפִּי מַגִּידֵי אֱמֶת שֶׁבִּשְׁנַת ש"פ כְּשֶׁבָּזְזוּ הַסְּפָרַדִּים עִיר הַיְדִילְבִּירְגָה לָקְחוּ מֵהָאקִידִימִי"א[48] כַּמָּה אֲלָפִים סְפָרִים, וּבֵינֵיהֶם סִפְרֵי קֹדֶשׁ עַל קְלָף, וּבִכְלָל **סֵפֶר הַזֹּהַר**, עַל כְּלַל עֶשְׂרִים וְאַרְבַּע מַשָּׂא סַבָּל, יְשַׁלְּחוּ הַסְּפָרִים לְהַשְׁמַנִּים וְדֶכָּסִים, עַיֵּן שָׁם, עַד כָּאן לְשׁוֹנוֹ, עַיֵּן שָׁם. וְעוֹד כָּתַב הָרַב זַ"ל הַנִּזְכָּר בְּהַשְׁמָטוֹת, וְזֶה לְשׁוֹנוֹ - וְרָאִיתִי מִכְתַּב יַד מוֹרֵנוּ הָרַב חַיִּים וִיטָאל זַ"ל, סֵפֶר אֶחָד גָּדוֹל מֵחֶסְרוֹנוֹת שֶׁיֵּשׁ בַּזֹּהַר, וְכַמְדֻמֶּה שֶׁיֵּשׁ אֵיזֶה חִדּוּשׁ נוֹסָף עַל הַחֶסְרוֹנוֹת שֶׁנִּדְפְּסוּ בְּזֹהַר קֻשְׁטַנְדִּינָא, עַד כָּאן, עַיֵּן שָׁם.

וַאֲשׁוּבָה לְדִבְרֵי הָרַב זַ"ל הָרִאשׁוֹנִים, בְּעִנְיַן אַזְהָרָתָם בְּלִמּוּד סִפְרֵי הַקַּבָּלָה שֶׁל רַבֵּנוּ הָאֲרִ"י זלה"ה, לְבִלְתִּי יִלְמֹד הָאָדָם אֶלָּא רַק בִּשְׁמוֹנָה שְׁעָרִים שֶׁסִּדֵּר מוֹרֵנוּ הָרַב שְׁמוּאֵל וִיטָאל זַ"ל, וְעֵץ חַיִּים שֶׁסִּדֵּר מוֹרֵנוּ הָרַב רַבִּי מֵאִיר פָּפִּירֶשׁ זַ"ל, וְסֵפֶר מְבוֹא שְׁעָרִים, וְעוֹלַת תָּמִיד, וְאוֹצְרוֹת חַיִּים. וְהִנֵּה גַּם סֵפֶר פְּרִי עֵץ חַיִּים הוּא מִכְּתִיבַת יַד מוֹרֵנוּ הָרַב חַיִּים וִיטָאל זַ"ל, אַךְ אֶפְשָׁר יִמָּצֵא בּוֹ אֵיזֶה טָעוּת קְצָת

48 ספריה שהייתה באקדמיה

בְּנֻסְחָתוֹ, מִיהוּ כָּל הַדְּבָרִים אֲשֶׁר שָׁם בָּאוּ בְּשַׁעַר הַכַּוָּנוֹת שֶׁסִּדֵּר מוֹרֵנוּ הָרַב שְׁמוּאֵל וִיטָאל, וְשָׁם הַכֹּל בְּתוֹסֶפֶת מְרֻבָּה בְּיֶתֶר שְׂאֵת, וְכֵן יֵשׁ עוֹד סֵפֶר **אַרְבַּע מֵאוֹת שֶׁקֶל כֶּסֶף**, נִרְאֶה שֶׁהֶעְתִּק מִכְּתַב יַד מוֹרֵנוּ הָרַב חַיִּים וִיטָאל ז"ל, אַךְ כָּל דְּבָרָיו הוּבְאוּ בְּ**עֵץ חַיִּים**, וּ**מְבוֹא שְׁעָרִים**, כְּמוֹ עִנְיַן **אוֹצְרוֹת חַיִּים**, וּקְצָת מִן הַמִּקְצָת יֵשׁ חִדּוּשׁ בּוֹ.

וְהִנֵּה בְּרֵאשִׁית מֵאָה הַשִּׁשִּׁית, נִרְאָה בָּאָרֶץ הַקְּדוֹשָׁה יְרוּשָׁלַיִם תִּבָּנֶה וּבִמְהֵרָה בְּיָמֵינוּ מְקֻבָּל אלה"י מֻפְלָא, הוּא אֲדוֹנֵינוּ רַבֵּנוּ **שָׁלוֹם**[49] **מִזְרָחִי דִּידִיעַ שַׂרְעַבִּי**, וְהוּא בִּתְחִלָּתוֹ נִתְגַּדֵּל בְּאֶרֶץ תֵּימָן, וְשָׁם נוֹלַד וּבָא לִשְׁכֹּן בָּאָרֶץ הַקְּדוֹשָׁה, עַל דֶּרֶךְ **בָּבֶל** הִיא עִיר **בַּגְדָּאד** וְדֶרֶךְ דַּמֶּשֶׂק, יָשַׁם בָּאָרֶץ הַקְּדוֹשָׁה זָרַח אוֹר תּוֹרָתוֹ, וְעָשָׂה סִדּוּר כַּוָּנוֹת לְכָל הַשָּׁנָה כֻּלָּהּ בִּפְרָטוּת הַרְבֵּה, יוֹתֵר מִן הַנִּרְאֶה מִשַּׁעַר הַכַּוָּנוֹת, וְהַכֹּל הוֹצִיא וּבֵרֵר אוֹתָם מִדִּבְרֵי רַבֵּנוּ הָאֲרִ"י ז"ל בְּעַצְמוֹ, וְהֶעֱמִיד תַּלְמִידִים גְּדוֹלִים בַּחָכְמָה הַזֹּאת.

וְאַעְתִּיק פֹּה לְשׁוֹנוֹ, אֲשֶׁר כָּתַב לְחַכְמֵי הַמַּעֲרָב, בְּעִנְיַן הַלִּמּוּד בְּסִפְרֵי הַקֹּדֶשׁ, וְזֶה לְשׁוֹנוֹ - וְרָאִיתִי מָה שֶׁכָּתְבוּ מַעֲלַת כְּבוֹד תּוֹרָתָם, עַל עִנְיַן עֲבוֹדַת הוי"ה, שֶׁקִּצַּרְתִּי בְּמָקוֹם שֶׁהָיָה רָאוּי לְהַרְחִיב מְעַט הַדִּבּוּר, אֱמֶת הוּא כִּי לְכַתְּחִלָּה קִצַּרְתִּי בּוֹ יַעַן רָאִיתִי כַּמָּה מֵהַנֵּזֶק שֶׁיָּצָא מִמָּה שֶׁכָּתְבוּ בָּזֶה הַמְּקֻבָּלִים שֶׁקָּדְמוּ, כִּי רַבִּים חֲלָלִים הִפִּילוּ, וְחִלּוּל כְּבוֹד הוי"ה, וּכְבוֹד הַתּוֹרָה הוי"ה יְכַפֵּר בַּעֲדָם, כִּי כָּל דִּבְרֵיהֶם לֹא עַל פִּי

---

[49] הרש"ש

הַתּוֹרָה הֵם, וְאֵינָם מְיֻסָּדִים עַל הָאֱמֶת, וּמֵהֶם יָצְאוּ אָבוֹת וּמֵאֲבוֹת תּוֹלְדוֹת הֲרִיסַת יְסוֹדֵי הַתּוֹרָה ח"ו, הוי"ה יְכַפֵּר. וְכָל זֶה לֹא שֶׁלָּמַדְתִּי בְּדִבְרֵיהֶם ח"ו, אֶלָּא שֶׁפַּעַם אַחַת הֻכְרַחְתִּי בְּעַל כָּרְחִי לְעַיֵּן בְּדַף א', שֶׁכָּתוּב בּוֹ קִצּוּר מָה שֶׁכָּתְבוּ בְּעִנְיָן זֶה, וְכִמְעַט שֶׁקָּרַעְתִּי בְּגָדַי לִרְאוֹת דְּבָרִים אֲשֶׁר לֹא כֵן עַל הוי"ה, הוי"ה יְכַפֵּר. וּכְבָר מִלָּתִי אֲמוּרָה לָכֶם כִּי עֵדִי בַּשָּׁמַיִם כִּי כָּל עֵסֶק וְלִמּוּדִי אֵינוֹ אֶלָּא רַק בְּדִבְרֵי הָאֲרִ"י זלה"ה וְתַלְמִידוֹ מוֹרֵנוּ הָרַב חַיִּים וִיטָאל ז"ל לְבַדָּם, וּבִלְעֲדָם אֵין לִי שׁוּם עֵסֶק בְּשׁוּם סֵפֶר מִסִּפְרֵי הַמְּקֻבָּלִים רִאשׁוֹנִים וְאַחֲרוֹנִים, וַאֲפִלּוּ בְּדִבְרֵי שְׁאָר תַּלְמִידֵי הָאֲרִ"י ז"ל לָמַדְתִּי, וּכְשֶׁיִּזְדַּמֵּן לִפְנֵי דָּבָר מִדִּבְרֵיהֶם אֲנִי **מְדַלֵּגָה**, כִּי עַל כֵּן אֵינִי כְּמַזְהִיר אֶלָּא כְּמַזְכִּיר, לְמַעַן הוי"ה אַל יְהִי לָכֶם מַגַּע יָד בְּדִבְרֵיהֶם, וּבִפְרָט בְּעִנְיָן זֶה - הִשָּׁמְרוּ[50] לָכֶם פֶּן יִפְתֶּה לְבַבְכֶם. אֶלָּא כָּל לִמּוּד שֶׁלָּכֶם לֹא יִהְיֶה אֶלָּא בְּעֵץ חַיִּים, וּבְסֵפֶר מְבוֹא שְׁעָרִים, וּבִשְׁמוֹנֶה שְׁעָרִים הַמְּפֻרְסָמִים, שֶׁכֻּלָּם דִּבְרֵי אלהי"ם חַיִּים, עַד כָּאן לְשׁוֹנוֹ, עַיֵּן שָׁם.

גַּם עוֹד כָּתַב לְחַכְמֵי הַמַּעֲרָב, וְזֶה לְשׁוֹנוֹ - גַּם בְּעֵינַי יִפָּלֵא אֵיךְ כְּבוֹד תּוֹרָתָם מַשְׁגִּיחִים עַל דִּבְרֵי סִפְרֵי שְׁאָר הַמְּקֻבָּלִים, כְּגוֹן **חֶמְדַּת יָמִים וּמִשְׁנַת חֲסִידִים** וְכַיּוֹצֵא, שֶׁדִּבְרֵיהֶם מְעֹרָבִים וּמְיֻסָּדִים עַל שְׁאָר תַּלְמִידֵי הָרַב ז"ל, אֲשֶׁר לֹא סָמַךְ יָדוֹ עֲלֵיהֶם, וְאֵין רָאוּי לִסְמֹךְ כִּי אִם עַל דִּבְרֵי הָאֲרִ"י ז"ל וְתַלְמִידוֹ מוֹרֵנוּ הָרַב חַיִּים וִיטָאל זלה"ה, וּכְנִזְכָּר בְּסִפְרוֹ נְהַר שָׁלוֹם, עַיֵּן שָׁם.

---

[50] דברים יא טז

וְהִנֵּה אַחַר שֶׁיָּדַעְתָּ וַהֲבָנַת אַזְהָרָה זוֹ, עוֹד צָרִיךְ לְעוֹרֵר אוֹתְךָ הַקּוֹרֵא הַמַּשְׂכִּיל בְּאַזְהָרָה אַחֶרֶת, וְהוּא כִּי אִם תִּמְצָא אֵיזֶה קוּשְׁיָא בְּדִבְרֵי רַבֵּנוּ הָאֲרִ"י זיע"א, אוֹ אֵיזֶה סְתִירָה מֵעִנְיָן לְעִנְיָן, וּמִמָּקוֹם לְמָקוֹם, הִזָּהֵר וְהִשָּׁמֵר פֶּן תָּבוֹא לְהִרְהוּר ח"ו אַחַר דְּבָרָיו זַ"ל, וְלַחֲשֹׁב שֶׁדָּבָר אֶחָד מִדְּבָרָיו אֵינוֹ אֱמֶת ח"ו, אֶלָּא צָרִיךְ שֶׁתַּאֲמִין שֶׁכָּל דְּבָרָיו הֵם אֱמֶת וָצֶדֶק, שֶׁקִּבֵּל אוֹתָם מִמְּקוֹם הָאֱמֶת, וְהַקּוּשְׁיָא וְעִנְיַן הַסְּתִירָה הַנִּרְאֵית הַכֹּל זֶה בָּא מֵחֶסְרוֹן יְדִיעָתֵנוּ, וְגַם מִקִּצּוּר וּסְתִימוּת הַדְּבָרִים, כִּי גַּם זֶה לְשׁוֹנוֹ בְּכַמָּה מְקוֹמוֹת סְתָם וְחָתַם הַדְּבָרִים כַּנּוֹדָע. וְהֵא לְךָ לְשׁוֹן הָרַב הֶחָסִיד הַמְּקֻבָּל הָרַשָׁ"שׁ הַנִּזְכָּר בְּרֵישׁ הַקְדָּמַת רְחוֹבוֹת הַנָּהָר, וְזֶה לְשׁוֹנוֹ - בְּאֹפֶן שֶׁדִּבְרֵי הָאֲרִ"י זלה"ה חַיִּים וְקַיָּמִים, כִּי אַף עַל פִּי שֶׁיִּמְצָא בְּדִבְרֵי הָרַב רַבִּי חַיִּים וִיטָאל זַ"ל אֵיזֶה קוּשְׁיָא וְצָרִיךְ עִיּוּן, לֹא מִפְּנֵי כָּךְ נִדְחִים דִּבְרֵי רַבֵּנוּ הָאֲרִ"י זַ"ל, כִּי זֶה הַקּוּשְׁיָא הִיא **מֵחֶסֶר יְדִיעָתֵנוּ** שֶׁלֹּא הֵבַנּוּ דְּבָרָיו, אֲבָל סוֹף סוֹף דְּבָרָיו דִּבְרֵי אלהי"ם חַיִּים אֱמֶת. עַד כָּאן לְשׁוֹנוֹ, עַיֵּן שָׁם.

שׁוּבִי שׁוּבִי הַשּׁוּלַמִּית

פְּתִיחָה שְׁנִיָּה

בְּרֵאשִׁית כֹּל דָּבָר, דַּע כִּי כָּל מָה שֶׁתִּלְמוֹד בְּסוֹדוֹת הַקַּבָּלָה בָּעִנְיָנִים הָרוּחָנִיִּים שֶׁל מַעְלָה, אַף עַל פִּי שֶׁתִּמְצָא שֶׁבְּהֶכְרֵחַ הַדְּבָרִים עַל דֶּרֶךְ צִיּוּרִים הַגַּשְׁמִיִּים אֲשֶׁר מַשִּׂיג כֹּחַ רְאִיָּה עֵינֵינוּ וְשֶׁעָלֵינוּ, הִנֵּה עִם כָּל זֶה אֵין הַדְּבָרִים כִּפְשׁוּטָן, וְאִי אֶפְשָׁר לָשׂוּם אָדָם גַּשְׁמִי לְהַשִּׂיג מַהוּתָן וְעִנְיָנָם בֶּאֱמֶת, יַעַן כִּי כֹּחַ הַמְּדַמֶּה שֶׁבְּאָדָם אֵינִי יָכוֹל לְצַיֵּר בְּצִיּוּר רוּחָנִי וְאֵינוֹ מַשִּׂיג אֲמִתִּיּוּתוֹ כְּלָל.

וְעַל כֵּן אִי אֶפְשָׁר לָנוּ לָדַעַת אֲמִתּוּת הַסּוֹד שֶׁל הִתְלַבְּשׁוּת הָעוֹלָמוֹת זֶה בָּזֶה וְהַפַּרְצוּפִין זֶה בָּזֶה, וְאֵיךְ עָמְדָן הַפַּרְצוּפִין מֵרֹאשׁ וְעַד סוֹף, וְאֵיךְ יִהְיֶה עִנְיַן עֲלִיָּתָם וִירִידָתָן, וְאֵיךְ הוּא פְּרָטוּתָן וּכְלָלוּתָם, וְאֵיךְ הֵם נִכְלָלִים זֶה בָּזֶה, וְכָל שֶׁכֵּן שֶׁאִי אֶפְשָׁר לָדַעַת מַהוּתָן, וְאֵיכוּתָן, וּמַרְאֵיהֶן שֶׁל הָעוֹלָמוֹת וְהַסְּפִירוֹת בֶּאֱמֶת. גַּם אִי אֶפְשָׁר לָנוּ לָדַעַת סוֹד הַזִּוּוּג הַנַּעֲשֶׂה לְמַעְלָה אֵיךְ הוּא, גַּם אֵיךְ נַעֲשָׂה עִנְיַן עִבּוּר וִינִיקָה וּמוֹחִין, וְאֵיךְ הוּא יְרִידַת הַשֶּׁפַע מִפַּרְצוּף לְפַרְצוּף וּמִמַּדְרֵגָה לְמַדְרֵגָה, וְאֵיךְ מִשְׁתַּנִּים הַבְּחִינוֹת וְהַמַּדְרֵגוֹת לְמַעְלָה כְּפִי הַזְּמַנִּים, וְאֵיךְ נַעֲשָׂה הַתִּקּוּן וְהַפְּגָם לְמַעְלָה עַל יְדֵי מַעֲשֵׂה הַתַּחְתּוֹנִים, וְכָל שֶׁכֵּן

וְכָל שֶׁכֵּן שֶׁאִי אֶפְשָׁר לְשׁוּם אָדָם לֵידַע וּלְהַשִּׂיג וְלִנְיַר עִנְיַן הַצִּמְצוּם הַנַּעֲשֶׂה לְמַעְלָה, לֹא מִבַּעְיָא צִמְצוּם הָרִאשׁוֹן, אֲשֶׁר לֹא אֶפְשָׁר לְהָבִין וּלְיֵדַע עִנְיָנוֹ וּלְצַיְּרוֹ בְּשֵׂכֶל כְּלָל, אֶלָּא גַּם שְׁאָר בְּחִינוֹת הַצִּמְצוּם אֲשֶׁר נַעֲשׂוּ בְּפַרְצוּפִים הַנֶּאֱצָלִים גַּם כֵּן, אִי אֶפְשָׁר לֵידַע וּלְהָבִין עִנְיָנָם וּלְצַיְּרָם בְּשֵׂכֶל כְּלָל, גַּם כָּל הַדְּרוּשִׁים הַנִּזְכָּרִים בַּזֹּהַר, וְאִדְּרָא, וּבְסִפְרֵי רַבֵּנוּ הָאֲרִ"י זיע"א, אִי אֶפְשָׁר לְשׁוּם חָכָם וּמְקֻבָּל בְּעוֹדוֹ מְגֻשָּׁם בָּעוֹלָם הַזֶּה בַּגּוּף, לֵידַע אֲמִתִּיּוּתָן וַאֲפִלּוּ שִׁעוּר **טִפַּת גַּרְגִּיר שֶׁל חַרְדָּל** מִן הַדְּרוּשִׁים הָהֵם.

וְשָׂא עֵינֶיךָ וּרְאֵה מַה שֶּׁכָּתַב רַבֵּנוּ זלה"ה בְּרֵישׁ שַׁעַר הַהַקְדָּמוֹת בַּהַקְדָּמָה א', וְזֶה לְשׁוֹנוֹ - וְאָמְנָם דָּבָר גָּלוּי הוּא כִּי אֵין לְמַעְלָה גּוּף, וְלֹא כֹּחַ בַּגּוּף חָלִילָה, וְכָל הַדִּמְיוֹנוֹת וְהַצִּיּוּרִים אֵלּוּ לֹא מִפְּנֵי שֶׁהֵם כָּךְ ח"ו, אָמְנָם לְשַׁכֵּךְ אֶת הָאֹזֶן, לִכְשֶׁיּוּכַל הָאָדָם לְהָבִין הַדְּבָרִים הָעֶלְיוֹנִים הָרוּחָנִיִּים בִּלְתִּי נִתְפָּסִים וְנִרְשָׁמִים בַּשֵּׂכֶל הָאֱנוֹשִׁי, לָכֵן נָתַן רְשׁוּת לְדַבֵּר בִּבְחִינַת צִיּוּרִים וְדִמְיוֹנִיִּים, כַּאֲשֶׁר הוּא פָּשׁוּט בְּכָל סִפְרֵי הַזֹּהַר וְגַם בִּפְסוּקֵי הַתּוֹרָה עַצְמָהּ כֻּלָּם כְּאֶחָד עוֹנִים וְאוֹמְרִים כַּדָּבָר הַזֶּה, כְּמוֹ שֶׁאָמַר הַכָּתוּב עֵינֵי[1] הוי"ה הֵמָּה מְשׁוֹטְטִים בְּכָל הָאָרֶץ. עֵינֵי[2] הוי"ה אֶל צַדִּיקִים. וַיִּשְׁמַע[3] הוי"ה. וַיַּרְא[4] הוי"ה. וַיְדַבֵּר[5] הוי"ה. וְכָאֵלֶּה רַבּוֹת. וּגְדוֹלָה מִכֻּלָּם מַה שֶּׁאָמַר הַכָּתוּב

---

[1] תהלים לד טז

[2] תהלים לד טז

[3] במדבר כא ג

[4] שמות ג ד

[5] ויקרא י ח

וַיִּבְרָא[6] אלהי"ם אֶת הָאָדָם בְּצַלְמוֹ בְּצֶלֶם אלהי"ם בָּרָא אֹתוֹ זָכָר וּנְקֵבָה בָּרָא אֹתָם. וְאִם הַתּוֹרָה עַצְמָהּ דִּבְּרָה כָּךְ, גַּם אֲנַחְנוּ נוּכַל לְדַבֵּר כַּלָּשׁוֹן הַזֶּה, עִם הֱיוֹת שֶׁפָּשׁוּט הִיא שֶׁאֵין שָׁם לְמַעְנָהּ אֶלָּא אוֹרוֹת דַּקִּים בְּתַכְלִית הָרוּחָנִיּוּת, בִּלְתִּי נִתְפָּשִׂים שָׁם כְּלָל, וּכְמוֹ שֶׁאָמַר הַכָּתוּב - כִּי[7] לֹא רְאִיתֶם כָּל תְּמוּנָה, וְכָאֵלֶּה רַבּוֹת.

וְאָמְנָם יֵשׁ עוֹד דֶּרֶךְ אַחֶרֶת כְּדֵי לְהַמְשִׁיל וּלְצַיֵּר בָּהּ הַדְּבָרִים הָעֶלְיוֹנִים, וְהֵם בְּחִינַת כְּתִיבַת צוּרַת הָאוֹתִיּוֹת, כִּי כָּל אוֹת וְאוֹת מוֹרֶה עַל אוֹר פְּרָטִי עֶלְיוֹן, וְגַם תְּמוּנָה זוֹ דָּבָר פָּשׁוּט הוּא כִּי אֵין לְמַעְלָה לֹא אוֹת וְלֹא נְקֻדָּה, וְגַם זֶה דֶּרֶךְ מָשָׁל וְצִיּוּר לְשַׁכֵּךְ אֶת הָאֹזֶן כְּנִזְכָּר. וּשְׁנֵי בְּחִינוֹת צִיּוּרִים אֵלּוּ, אִם צִיּוּר הָאָדָם, וְאִם צִיּוּר הָאוֹתִיּוֹת, שְׁתֵּיהֶן מֻכְרָחִים לְהָבִין עִנְיַן הָאוֹרוֹת הָעֶלְיוֹנִים, כַּאֲשֶׁר תִּרְאֶה סִפְרֵי הַזֹּהַר בְּנוּיִים עַל שְׁתֵּי בְּחִינוֹת הַצִּיּוּרִים הָאֵלֶּה, עַד כָּאן לְשׁוֹנוֹ זלה"ה.

לָכֵן תִּמְצָא בְּשַׁעַר הַכַּוָּנוֹת, בִּדְרוּשֵׁי סְפִירַת הָעֹמֶר, דְּרוּשׁ י"ב, עַל דְּרוּשׁ הַקַּטְנוּת, שֶׁכָּתַב רַבֵּנוּ מוֹרֵנוּ הָרַב חַיִּים וִיטָאל זלה"ה - שֶׁצָּרִיךְ לְהַעֲלִים הַסּוֹד הַזֶּה אִם מִפְּאַת עַצְמוֹ, וְאִם מִפְּנֵי שֶׁאֵין אָנוּ יוֹדְעִים אֲמִתָּתוֹ אֲפִלּוּ **כְּטִפַּת גַּרְגִּיר שֶׁל חַרְדָּל** מִן הַדְּרוּשׁ הַהוּא, עַד כָּאן לְשׁוֹנוֹ. אִם כֵּן מִזֶּה תַּקִּישׁ לְכָל הַדְּרוּשִׁים, וּמִי לָנוּ גָּדוֹל כְּרַבֵּנוּ הָאֲרִ"י זיע"א,

---

[6] בראשית א כז

[7] דברים ד טו

וְתַלְמִידוֹ מוֹרֵנוּ הָרַב חַיִּים וִיטָאל זלה"ה, וְהַמַּשְׂכִּיל יַקִּישׁ וְיָבִין מִזֶּה כִּי כָּל הַסִּבָּה מִפְּנֵי שֶׁאַף עַל פִּי שֶׁמֻּכְרָחִים לִתְפֹּס הַדְּבָרִים בִּלְשׁוֹנוֹת אֵלּוּ, שֶׁהֵם נִרְאֶן פְּשַׁט הָעִנְיָן, כְּדֵי לֶאֱחֹז בָּהֶם וּלְהוֹצִיאָם בַּפֶּה, עִם כָּל זֶה אֵין הַדְּבָרִים כִּפְשָׁטָן וְהֵם עֲמֻקִּים עֲמֻקִּים בִּמְאוֹד, וְאִי אֶפְשָׁר לְצַיֵּר אֲמִתִּיּוּתָן בַּשֵּׂכֶל, לָכֵן הַרְחָבַת הַדִּבּוּר בָּהֶם הוּא סַכָּנָה, מֵאַחַר שֶׁהֵם מְדַבְּרִים בְּסוֹד הַקַּטְנוּת.

וְכֵן בְּדִבְרֵי הַזֹּהַר תִּמְצָא כַּמָּה וְכַמָּה דְּבָרִים שֶׁהֵם פְּשׁוּטִים אַךְ בֶּאֱמֶת הֵם עֲמֻקִּים מְאֹד וְאֵין הַדְּבָרִים כִּפְשׁוּטָן, וְזוֹ הָיְתָה מַעֲלַת רַבִּי שִׁמְעוֹן בַּר יוֹחַאי ע"ה, שֶׁנִּתַּן לוֹ רְשׁוּת לְדַבֵּר וְלִדְרֹשׁ בְּסוֹדוֹת הַתּוֹרָה, מִפְּנֵי שֶׁהוּא יוֹדֵעַ לְהַלְבִּישׁ הַדְּבָרִים וּלְהַעֲלִים אוֹתָם, נִרְאִים פְּשׁוּטִים אַךְ הֵם עֲמֻקִּים מְאֹד מְאֹד, וּכְמוֹ שֶׁמְּבָאֵר הַסָּבָא ע"ה בְּפָרָשַׁת מִשְׁפָּטִים דַּף ק' ע"ב, וְזֶה לְשׁוֹנוֹ - בְּרֵיהּ דְּיוֹחָאי יָדַע לְאִסְתַּמְּרָא אָרְחוֹי, וְאִי עָאל בְּיַמָּא עֲמִיקָא, אַשְׁגַּח בְּקַדְמִיתָא, הֵיךְ יַעֲבָר בִּזְמְנָא חֲדָא, וִישׁוֹטֵט בְּיַמָּא, עַד לָא יֵיעוּל.

בֶּן יוֹחַאי יוֹדֵעַ לִשְׁמֹר אֶת דְּרָכָיו, וְאִם הוּא נִכְנָס לַיָּם הֶעָמֹק, הוּא מַשְׁגִּיחַ בַּהַתְחָלָה אֵיךְ יַעֲבֹר בְּפַעַם אַחַת וְיָשׁוּט בַּיָּם טֶרֶם שֶׁיִּכָּנֵס.

וּפֵרֵשׁ רַבֵּנוּ זלה"ה עַל זֶה, בִּשְׁעַר מַאַמְרֵי רַבִּי שִׁמְעוֹן בַּר יוֹחַאי, וְזֶה לְשׁוֹנוֹ - דַּע כִּי נִשְׁמוֹת הַצַּדִּיקִים יֵשׁ מֵהֶם שֶׁהֵם מִבְּחִינַת אוֹר מַקִּיף, וְיֵשׁ שֶׁהֵם מִן אוֹר הַפְּנִימִי, וְכָל אוֹתָם שֶׁהֵם מִצַּד אוֹר הַמַּקִּיף, יֵשׁ בָּהֶם כֹּחַ לְדַבֵּר בְּנִסְתָּרוֹת וְסוֹדוֹת הַתּוֹרָה, דֶּרֶךְ כִּסּוּי

וְהֶעְלֵם גָּדוֹל, כְּדֵי שֶׁלֹּא יוּבְנוּ אֶלָּא לִימֵי שֶׁרָאוּי לַהֲבִינָם. וְהִנֵּה רַבִּי שִׁמְעוֹן בַּר יוֹחַאי ע"ה הָיְתָה נִשְׁמָתוֹ מִצַּד אוֹר הַמַּקִּיף, וְלָכֵן הָיָה בָּהּ כֹּחַ לְהַלְבִּישׁ הַדְּבָרִים וּלְדוֹרְשָׁן, בְּאֹפֶן שֶׁאַף אִם יִדְרְשֵׁם לְרַבִּים לֹא יְבִינוּם אֶלָּא מִי שֶׁהוּא רָאוּי לַהֲבִינָם, וְלָכֵן נִתַּן לוֹ רְשׁוּת לִכְתֹּב סֵפֶר הַזֹּהַר, וְלֹא נִתַּן רְשׁוּת לְרַבּוֹתָיו אוֹ לָרִאשׁוֹנִים, אֲשֶׁר קָדְמוּ לוֹ לִכְתֹּב סֵפֶר בְּחָכְמָה הַזֹּאת, עִם הֱיוֹת שֶׁוַּדַּאי הָיוּ יוֹדְעִים בְּחָכְמָה הַזֹּאת יוֹתֵר מִמֶּנּוּ, אֲבָל הַטַּעַם הוּא שֶׁלֹּא הָיָה בָּהֶם כֹּחַ לְהַלְבִּישׁ הַדְּבָרִים כָּמוֹהוּ, וְזֶה מָה שֶׁאָמַר - בְּרֵהּ דְּיוֹחַאי יָדַע לְאִסְתַּמְרָא אַרְחוֹי. וּבָזֶה תָּבִין גֹּדֶל הָעֶלֶם סֵפֶר הַזֹּהַר, אֲשֶׁר כָּתַב רַבִּי שִׁמְעוֹן בַּר יוֹחַאי ע"ה, שֶׁאֵין כָּל מוֹחָא וּמוֹחָא יָכוֹל לְהָבִין דְּבָרָיו, עַד כָּאן לְשׁוֹנוֹ ז"ל.

גַּם, לֵךְ נָא רְאֵה מָה שֶׁכָּתַב רַבֵּנוּ זלה"ה, בְּבֵאוּר אִדְרָא רַבָּא עַל דַּף קכ"ח וְזֶה לְשׁוֹנוֹ - **הִשָּׁמֶר בְּנַפְשְׁךָ מְאֹד מְאֹד אַל יַעֲלֶה בְּדַעְתְּךָ שֶׁהַדְּבָרִים כִּפְשָׁטָן.** כְּמוֹ שֶׁאָמְרוּ רז"ל - שֶׁבָּא[8] נָחָשׁ עַל חַוָּה וְהֵטִיל בָּהּ זֻהֲמָא. כִּי חָלִילָה לְהַאֲמִין דְּבָרִים כִּפְשׁוּטָן וְכוּ', עַיֵּן שָׁם. וְשָׁם בֵּאֵר הַסּוֹד הַזֶּה מָה עִנְיָנוֹ, וְגַם הַבֵּאוּר הַנִּזְכָּר אֲשֶׁר בֵּאֵר רַבֵּנוּ זלה"ה, אֵין אָנוּ יְכוֹלִין לַעֲמֹד עַל אֲמִתּוּת הָעִנְיָן, וְלַהֲבִינוֹ כָּרָאוּי, כִּי לֹא נוּכַל לְצַיֵּר דָּבָר זֶה בְּשִׂכְלֵנוּ, וְרַק אֲנַחְנוּ לוֹמְדִים הַדְּבָרִים כְּמוֹ חֲלוֹם, וּדְבָרָיו ז"ל הַנִּזְכָּרִים הֶעְתַּקְתִּים בְּפֶרֶק[9] סְעִיף, עַיֵּן שָׁם.

---

[8] שבת קמו א

[9] אין פרק או סעיף

וְעוֹד שָׂא עֵינֶיךָ וּרְאֵה מָה שֶּׁכָּתַב רַבֵּנוּ ז"ל בְּעֵץ חַיִּים, שַׁעַר[10] מ"ן ומ"ד עַל זִוּוּג אָחוֹר בְּאָחוֹר, דְּאֵין דְּבָרִים אֵלּוּ כִּפְשׁוּטָן, עַיֵּן שָׁם וְתָבִין וְתַקִּישׁ מִזֶּה לְכַמָּה עִנְיָנִים.

עוֹד תִּרְאֶה מָה שֶּׁכָּתַב הַמְקֻבָּל הֶחָסִיד הָרַשָׁ"שׁ ז"ל בְּסֵפֶר **אֱמֶת וְשָׁלוֹם**, בְּהַגָּהוֹתָיו עַל עֵץ חַיִּים, שַׁעַר ל"ז, הַנִּקְרָא שַׁעַר יַעֲקֹב וְלֵאָה, פֶּרֶק ב' - מִמָּה[11] שֶּׁכָּתַב רַבֵּנוּ ז"ל בְּעִנְיַן עֲמִידַת פְּנֵי פַּרְצוּפֵי אַבָּא וְאִמָּא, וז"א בִּהְיוֹתָן מַלְבִּישִׁין אֶת א"א וְכוּ'. וְהָרַשָׁ"שׁ ז"ל נִתְקַשָּׁה בְּזֶה וְכָתַב מָה שֶּׁכָּתַב, וּבְסוֹף דְּבָרָיו כָּתַב וְזֶה לְשׁוֹנוֹ - וַה' יְכַפֵּר בַּעֲדִי, כִּי דְּבָרִים אֵלּוּ אֵינָם כִּפְשׁוּטָן, אֶלָּא שֶׁדִּבַּרְתִּי בְּלָשׁוֹן שֶׁנִּשְׁתַּמֵּשׁ בּוֹ הָרַב, אֲבָל אֲמִתּוֹת עִנְיָנִים אֵלּוּ יָדַעְתִּי, דְּלֵית מַחֲשָׁבָה תְּפִיסָה בֵּיהּ כְּלָל, וְאִם הָיָה אֶפְשָׁר לְהָבִין הָאֲמִתּוֹת לֹא הָיָה מָקוֹם לְהַקְשׁוֹת, עַד כָּאן לְשׁוֹנוֹ. וְאַתָּה הַקּוֹרֵא שִׂים עַל לִבְּךָ וְהָבֵן, שְׁתֵּי מִלּוֹת קְצָרוֹת אֵלּוּ שֶׁכָּתַב הָרַשָׁ"שׁ ז"ל, וְכֵן הוּא בְּכַמָּה דְּבָרִים וְעִנְיָנִים.

וְעוֹד רְאֵה להרש"ש ז"ל בְּהַקְדָּמַת רְחוֹבוֹת הַנָּהָר, בְּעִנְיַן הָעֲלִיּוֹת שֶׁל הַפַּרְצוּפִים הָעֶלְיוֹן וְכוּ', וְזֶה

---

[10] עץ חיים ח"ב שער ט"ל

[11] עץ חיים ח"ב של"ז ב' דנ"ט ע"ג - ועוד יש לומר שמה שכתב בכאן הוא אחר שמתלבשים בז"א, שאז נמצאים פניהם נוטים לצד נטייתן פני הז"א, שפניו נוטים לצד נטיית פני הא"א כנודע, **וה' יכפר בעדי כי דברים אלו אינם כפשוטן**, אלא שדברתי בלשון שנשתמש בו הרב, אבל אמיתות עניינים אלו ידעתי, דלית מחשבה תפיסא ביה כלל, ואם היה אפשר להבין האמיתות, לא היה מקום להקשות.

לְשׁוֹנוֹ - אָמְנָם[12] צָרִיךְ לְהָבִין עִנְיַן עֲלִיּוֹת אֵלּוּ, לְפִי מַשְׁמָעוּת פְּשַׁט הַדְּבָרִים, אַף עַל פִּי שֶׁאֵינָם כִּפְשׁוּטָם, שֶׁיֵּשׁ בָּהֶם סוֹדוֹת נֶעֱלָמִים, הִנֵּה מִתּוֹךְ פְּשָׁטָם אֶפְשָׁר לְהָבִין טַעַם מִסּוֹדָם, אַף עַל פִּי שֶׁאֵין לְסוֹדָם דֻּגְמָא עִם הַפְּשָׁט, כִּי הֵם סוֹדוֹת נֶעֱלָמִים עָמֹק עָמֹק לֵית מַחֲשָׁבָה תּוֹפֶסֶת בָּהֶם, כָּל שֶׁכֵּן דִּבּוּר אִי אֶפְשָׁר, שֶׁדִּבְּרָה תּוֹרָה כִּלְשׁוֹן בְּנֵי אָדָם, וּכְנִזְכַּר בְּסוֹף הַהַקְדָּמָה הָרִאשׁוֹנָה מִשַּׁעַר הַהַקְדָּמוֹת, וְזֶה לְשׁוֹנוֹ - וְאָמְנָה דָּבָר גָּלוּי הוּא כִּי אֵין לְמַעְלָה לֹא גּוּף, וְלֹא כֹּחַ בְּגוּף חָלִילָה, וְכָל הַדִּמְיוֹנוֹת וְהַצִּיּוּרִים אֵלּוּ, לֹא מִפְּנֵי שֶׁהֵם כָּךְ ח"ו, אָמְנָם **לְשַׁבֵּךְ אֶת הָאֹזֶן** לִכְשֶׁיּוּכַל הָאָדָם לְהָבִין הַדְּבָרִים הָעֶלְיוֹנִים, הָרוּחָנִיִּים בִּלְתִּי נִתְפָּסִים בַּשֵּׂכֶל הָאֱנוֹשִׁי וְכָל, וְכוּ'. [הוּא לְשׁוֹן הָרַב ז"ל אֲשֶׁר הֶעְתַּקְנוּ לְעֵיל, וְאֵין צֹרֶךְ לְהַעְתִּיקוֹ פַּעַם שְׁנִיָּה] עַד כָּאן לְשׁוֹנוֹ זַ"ל.

גַּם רָאֹה תִּרְאֶה עוֹד מָה שֶׁכָּתַב רַבֵּנוּ זלה"ה, בְּשַׁעַר הַגִּלְגּוּלִים בְּסוֹף הַסֵּפֶר, וְזֶה לְשׁוֹנוֹ - סִפֵּר לִי הָרַב רַבִּי יִצְחָק הַכֹּהֵן זַ"ל, כִּי בְּעֵת פְּטִירַת מוֹרִי זַ"ל, כְּשֶׁיָּצָאתִי מֵאֶצְלוֹ, נִכְנַס הוּא אֶצְלוֹ, וַיִּבְכֶּה לְפָנָיו וַיֹּאמֶר וְכִי זוֹ הִיא הַתִּקְוָה שֶׁהָיִינוּ כֻּלָּנוּ מִתְאַוִּים בְּחַיֶּיךָ, לִרְאוֹת טוֹבָה, וְתוֹרָה, וְחָכְמָה גְּדוֹלָה בָּעוֹלָם, וַיְשִׁיבֵהוּ אִלּוּ מָצָאתִי אֲפִלּוּ **אֶחָד** בִּלְבַד צַדִּיק גָּמוּר בָּכֶם, לֹא סִלְּקוּנִי מֵהָעוֹלָם הַזֶּה קֹדֶם זְמַנִּי, וְעוֹדֶנּוּ מְדַבֵּר עִמּוֹ שָׁאַל עָלַי, וְאָמַר הֵיכָן הָלַךְ חַיִּים, וְכִי בְּשָׁעָה זוֹ הָלַךְ מֵאֶצְלִי, וַיִּצְטַעֵר מְאֹד, וְהֵבִין מִדְּבָרָיו כִּי הָיָה בִּרְצוֹנוֹ לִמְסֹר לִי אֵיזֶה דְּבַר סֵתֶר, אָז אָמַר לוֹ

---

[12] הקדמת רחובות הנהר - ח ע"ג

מָה נַּעֲשֶׂה מִכָּאן וָאֵילָךְ, וַיֹּאמֶר תֹּאמַר לַחֲבֵרִים מִשְּׁמִי שֶׁמֵּהַיּוֹם וָהָלְאָה לֹא יִתְעַסְּקוּ כְּלָל בְּחָכְמָה זוֹ שֶׁלִּמַּדְתִּים, **כִּי לֹא הֵבִינוּ אוֹתָהּ כָּרָאוּי**, וְיָבוֹאוּ ח"ו לִידֵי כְּפִירָה וְאִבּוּד נֶפֶשׁ, וְאָמְנָם הָרַב רַבִּי חַיִּים וִיטָאל לְבַד יַעֲסֹק בָּהּ לְבַדּוֹ בִּלְחִישָׁה בְּסֵתֶר, וַיֹּאמֶר וְכִי ח"ו אֵין עוֹד לָנוּ תִּקְוָה, וַיֹּאמֶר לוֹ אִם תִּזְכּוּ אֲנִי אָבוֹא לָכֶם וַאֲלַמֶּדְכֶם. וַיֹּאמֶר לוֹ אֵיךְ תָּבוֹא וּתְלַמְּדֵנוּ אַחַר שֶׁאַתָּה נִפְטָר עַתָּה מֵעוֹלָם הַזֶּה, וַיֹּאמֶר לוֹ אֵין לְךָ עֵסֶק בַּנִּסְתָּרוֹת, אֵיךְ תִּהְיֶה בִּיאָתִי לָכֶם, אִם בַּחֲלוֹם, אִם בְּהָקִיץ, אִם בְּמַרְאֶה. וּמִכָּךְ אָמַר לוֹ קוּם צֵא מַהֵר מִזֶּה, כִּי אַתָּה כֹּהֵן, וְהִגִּיעַ וְכוּ', וְטֶרֶם שֶׁיָּצָא מִמִּפְתַּן הַבַּיִת פָּתַח פִּיו וְיָצְאָה נַפְשׁוֹ בִּנְשִׁיקָה זלה"ה זיע"א, עַד כָּאן לְשׁוֹנוֹ זלה"ה. וְעַתָּה אַתָּה הַקּוֹרֵא תַּעֲשֶׂה קַל וָחֹמֶר, אִם לְתַלְמִידָיו הַגְּדוֹלִים שֶׁלָּמְדוּ הַסּוֹדוֹת הָאֵלּוּ מִמֶּנּוּ עַצְמוֹ, **פֶּה לְפֶה** אָמַר לָהֶם כָּךְ, קַל וָחֹמֶר בֶּן בְּנוֹ שֶׁל קַל וָחֹמֶר לְהַלּוֹמֵד הַסּוֹדוֹת הָאֵלּוּ מִן הַסְּפָרִים, עַל כֵּן הִזָּהֵר וְהִשָּׁמֵר לְבַל תְּצַיֵּר הַדְּבָרִים בְּשִׂכְלְךָ כִּפְשׁוּטָן.

וְאַל תֹּאמַר אִם כֵּן מֵעַתָּה טוֹב שֶׁלֹּא לִלְמֹד, מֵאַחַר דְּרַבֵּנוּ הָאֲרִ"י זלה"ה אֲפִלּוּ לְתַלְמִידָיו הִזְהִירָם כַּנִּזְכָּר לְעֵיל. דַּע כִּי אַזְהָרַת רַבֵּנוּ זלה"ה לְתַלְמִידָיו הָיְתָה מִפְּנֵי שֶׁחָשַׁשׁ פֶּן יִסְמְכוּ עַל דַּעְתָּם, כִּי חוֹשְׁבִים כָּל הַדְּבָרִים כִּפְשׁוּטָן, וְחוֹשְׁבִים שֶׁעָמְדוּ עַל אֲמִתּוּת כַּוָּנָתוֹ בָּהֶם, וְעַל יְדֵי כָּךְ יָצוּאוּ לְחַדֵּשׁ אֵיזֶה הֲבָנָה בִּשְׁמִיעוּת שֶׁשָּׁמְעוּ מִמֶּנּוּ, וְלֹא תִּהְיֶה הֲבָנָתָם אֲמִתִּית כְּפִי כַּוָּנָתוֹ זַ"ל, וְהוּא כְּדֶרֶךְ הַמְקֻבָּלִים הָאַחֲרוֹנִים כַּאֲשֶׁר מִתְקַשִּׁים בְּאֵיזֶה דָּבָר מִמָּקוֹם לְמָקוֹם וּמֵעִנְיָן

לָעִנְיָן, עוֹשִׂים אֵיזֶה סְבָרָה וּבֵאוּר מִשְּׂכְלָם, וּבְזֶה הָעִנְיָן אֶפְשָׁר לָבֹא לִידֵי טָעוּת וּכְפִירָה ח"ו, כִּי דְּבָרִים אֵלּוּ בֶּאֱמֶת לֹא נִמְסְרוּ בְּיַד שֵׂכֶל הָאֱנוֹשִׁי לְהוֹסִיף וּלְחַדֵּשׁ בָּהֶם אֲפִלּוּ כָּל שֶׁהוּא, וְהוֹאִיל וְהַזְּמַן הַהוּא הָיָה עֲדַיִן בּוֹ תִּגְבֹּרֶת שֶׁל קְלִפָּה, יֵשׁ לָחוּשׁ פֶּן יִכָּשְׁלוּ וְיָבוֹאוּ לִידֵי טָעוּת ח"ו, וְלָכֵן הִזְהִירָם בְּזֶה. גַּם יָדַע כִּי מַה שֶּׁכָּתְבוּ הֵם שְׁמוּעוֹת מִמֶּנּוּ בְּסֵפֶר, לֹא יָדְעוּ לִכְתֹּב הַדְּבָרִים כַּהֲוָיָתָן, לְפִי כַּוָּנָתוֹ, וְנָפַל בָּהֶם טָעוּת, וְכַאֲשֶׁר נִמְצָא אַחַר כָּךְ כַּמָּה טָעֻיּוֹת בְּהַעְתָּקָה שֶׁל תַּלְמִידֵי רַבֵּנוּ זלה"ה, אֲשֶׁר יֵשׁ בָּהֶם דְּבָרִים הֶפֶךְ מִכְּתָבֵי מוֹרֵנוּ הָרַב חַיִּים וִיטָאל ז"ל הָאֲמִתִּיִּים.

וּכְמוֹ שֶׁכָּתַב מוֹרֵנוּ הָרַב חַיִּים וִיטָאל ז"ל, בְּהַקְדָּמָתוֹ לְשַׁעַר הַהַקְדָּמוֹת, וְזֶה לְשׁוֹנוֹ - וְאַשְׁכִּילְךָ וְאוֹרְךָ דֶּרֶךְ זוֹ תֵּלֵךְ, דַּע כִּי מִן הַיּוֹם אֲשֶׁר מוֹרִי זלה"ה הֵחֵל לְגַלּוֹת זֹאת הַחָכְמָה, לֹא זָזָה יָדִי מִתּוֹךְ יָדוֹ, אֲפִלּוּ רֶגַע אֶחָד, וְכָל אֲשֶׁר תִּמְצָא כָּתוּב בְּאֵיזֶה קֻנְטְרֵסִים עַל שְׁמוֹ ז"ל, וְיִהְיֶה מִנֶּגֶד מָה שֶׁכָּתַבְתִּי בְּסֵפֶר הַזֶּה, **טָעוּת גָּמוּר הוּא כִּי לֹא הֵבִינוּ דְּבָרָיו**, וְאִם יֵשׁ בָּהֶם אֵיזֶה תּוֹסֶפֶת שֶׁאֵינוֹ חוֹלֵק עִם סִפְרֵנוּ זֶה, **אַל תָּשִׁית לִבְּךָ בְּקֶבַע אֵלָיו**, כִּי שׁוּם אֶחָד מֵהַשּׁוֹמְעִים אֶת דִּבְרֵי קָדְשׁוֹ לֹא יָרְדוּ לְעֹמֶק דְּבָרָיו וְכַוָּנָתוֹ, וְלֹא הֵבִינוּם בְּלִי שׁוּם סָפֵק, וְאִם יַעֲלֶה בְּדַעְתְּךָ לַחְשֹׁב שֶׁתּוּכַל לְבָרֵר הַטּוֹב וּלְהַנִּיחַ הָרַע, אַל בִּינָתְךָ אֶל תִּשָּׁעֵן. כִּי הַדְּבָרִים הָאֵלּוּ אֵינָם מְסוּרִים אֶל לֵב הָאָדָם כְּפִי שֵׂכֶל אֱנוֹשִׁי, וְהַסְּבָרָה בָּהֶם סַכָּנָה עֲצוּמָה, וְיֵחָשֵׁב בִּכְלַל קוֹצֵץ בִּנְטִיעוֹת ח"ו. לָכֵן הִזְהַרְתִּיךָ וְאַל תִּסְתַּכֵּל בְּשׁוּם קֻנְטְרֵסִים הַנִּכְתָּבִים בְּשֵׁם מוֹרִי ז"ל, זוּלָתִי בְּמָה

שֶׁכָּתַבְנוּ לְךָ בְּסֵפֶר הַזֶּה, וְדַי לְךָ בְּהַתְרָאָה זֹאת, עַד כָּאן לְשׁוֹנוֹ זַ"ל. וְהֵן הֵן הַדְּבָרִים אֲשֶׁר כָּתַבְנוּ בַּחֲשָׁשַׁת רַבֵּנוּ זלה"ה, בְּצִוּוּי הַנִּזְכָּר לְהָרַב רַבִּי יִצְחָק הַכֹּהֵן זַ"ל עַל הַחֲבֵרִים. וּכְבָר יָדַעְתָּ כִּי הַצְלָחַת רַבֵּנוּ מוֹרֵנוּ הָרַב חַיִּים וִיטָאל בְּהַשָּׂגַת הַחָכְמָה, שֶׁזָּכָה לֵרֵד לָעֹמֶק כַּוָּנַת דִּבְרֵי רַבֵּנוּ זַ"ל וְלֹא הֶחֱטִיא, הַכֹּל הוּא מִצַּד גֹּדֶל קְדֻשַּׁת נִשְׁמָתוֹ שֶׁהָיְתָה גְּבוֹהָה מְאֹד, זֹאת וָעוֹד שֶׁהִשְׁקָהוּ רַבֵּנוּ זלה"ה מִן בְּאֵרָה שֶׁל מִרְיָם, אֲשֶׁר בְּתוֹךְ יַמָּהּ שֶׁל טְבֶרְיָה, וּבָזֶה נִתְיַשְּׁבָה הַחָכְמָה בְּלִבּוֹ, וְקָלַט כָּל הַדְּבָרִים הַנִּפְלָאִים הָאֵלֶּה בִּזְמַן מוּעָט, וְלֹא שָׁנָה בָּהֶם, וְלָכֵן סָמַךְ עָלָיו רַבֵּנוּ הָאֲרִ"י זיע"א, כִּי יָדַע גַּם כֵּן שֶׁבְּוַדַּאי לֹא יוֹסִיף אֲפִלּוּ אוֹת מִדַּעְתּוֹ, וְכַאֲשֶׁר תִּמְצָא כֵּן בְּכָל סְפָרָיו, שֶׁהָיָה נִזְהָר בְּעִנְיָן זֶה מְאֹד מְאֹד.

אָמְנָם עַתָּה בְּזֶה הַזְּמַן, שֶׁתְּהִלּוֹת לְהַשֵּׁם יִתְבָּרַךְ, בָּאוּ כָּל דִּבְרֵי רַבֵּנוּ זלה"ה מְסֻדָּרִים יָפֶה יָפֶה, כְּפִי שְׁמוּעוֹת הָאֲמִתִּיּוֹת שֶׁשָּׁמַע רַבֵּנוּ מוֹרֵנוּ הָרַב חַיִּים וִיטָאל זַ"ל מִמֶּנּוּ, וְהוּא אַחַר פְּטִירַת רַבֵּנוּ זלה"ה, טָרַח וְיָגַע בָּהֶם יְגִיעָה גְּדוֹלָה עַד שֶׁסִּדְּרָם יָפֶה יָפֶה. וְגַם עוֹד שֶׁנִּתְמַעֲטָה הַקְּלִפָּה בְּזֶה הַזְּמַן, וְיֵשׁ סִיַּעְתָּא דִּשְׁמַיָּא לְאָדָם הַלּוֹמֵד לְשֵׁם שָׁמַיִם שֶׁלֹּא יִכָּשֵׁל, הִנֵּה בְּוַדַּאי כָּל אָדָם שֶׁיּוֹדֵעַ עֶרְכּוֹ, וְנִזְהָר לְבִלְתִּי יוֹסִיף אוֹ יִגְרַע ח"ו מִדַּעְתּוֹ, וְאִם יִתְקַשֶּׁה בְּאֵיזֶה קוּשְׁיָא יָדַע שֶׁהַקֹּשִׁי בָּא מֵחֶסְרוֹן יְדִיעָתוֹ, וְהַכֹּל הֵם דִּבְרֵי אלהי"ם חַיִּים. הִנֵּה וַדַּאי שֶׁאֵין כָּאן שׁוּם חֲשָׁשׁ בְּלִמּוּד, וְאֵין לוֹ לְאָדָם לִפְטֹר עַצְמוֹ מִן הַלִּמּוּד הַקָּדוֹשׁ הַזֶּה, וְרַק יִזָּהֵר וְיִשָּׁמֵר בְּכָל הָאַזְהָרוֹת שֶׁהֻזְהַר בָּהֶם, בְּעִנְיַן

לְמוֹד הַזֶּה, והוי"ה[13] לֹא יִמְנַע טוֹב לַהֹלְכִים בְּתָמִים.

וְהֵא לְךָ מָה שֶׁכָּתַב הָרַב הַמְקֻבָּל מוֹרֵנוּ הָרַב רַבִּי יוֹסֵף אִירְגָאס זַ"ל בְּסֵפֶר - **שׁוֹמֵר אֱמוּנִים**, בְּעִקָּר הַחֲמִישִׁי, שֶׁאֵינוֹ גוּף וְלֹא כֹּחַ בְּגוּף וְכוּ', וְזֶה לְשׁוֹנוֹ - הִנֵּה הַרְחָקַת הַגַּשְׁמִיּוּת מִן האלו"ה הִיא הַסְכָּמָה מִכָּל חֲכָמֵינוּ זַ"ל, מֻכְרַחַת מִן הַסְּבָרָה, וּמִן הַכְּתוּבִים, אָמְנָם לֹא הַכֹּל יוֹדְעִים מַהוּ עִנְיַן הַמְּגֻשָּׁם וּמַהוּ עִנְיַן הָרוּחָנִי הַפָּשׁוּט, וְלָכֵן רְצוֹנִי לְהַאֲרִיךְ מְעַט בְּעִנְיָן זֶה, כְּדֵי לְהַצִּילְךָ מְעַט מִן הַטָּעֻיוֹת שֶׁטּוֹעִים בּוֹ כַּמָּה וְכַמָּה אַנְשֵׁי זְמַנֵּינוּ. הִנֵּה רַבִּים חוֹשְׁבִים לְדַמּוֹת האלו"ה שֶׁהוּא אוֹר גָּדוֹל זַךְ וּבָהִיר, וְכַיּוֹצֵא בְּחוֹשְׁבָם שֶׁעִנְיָן זֶה אֵינוֹ גוּף, וְהוּא תַּכְלִית הַשִּׁבּוּשׁ וְהַטָּעוּת, **כִּי הָאוֹר עִם הֱיוֹתוֹ יָקָר שֶׁבַּמּוּחָשִׁים עִם כָּל זֶה הוּא גַּשְׁמִי**, וְאֵין לְךָ שׁוּם דִּמְיוֹן מִתְדַּמֶּה שֶׁלֹּא יִהְיֶה דְּמוּת הַגּוּף, וּכְמוֹ שֶׁבֵּאֵר הָאֲרִ"י זלה"ה בְּסוֹף סֵפֶר מָבוֹא שְׁעָרִים, כִּי הַכֹּחַ הַמְּדַמֶּה שֶׁבְּאָדָם אֵינוֹ יָכוֹל לְצַיֵּר רַק צִיּוּר גַּשְׁמִי וְחָמְרִי, לֹא בְּצִיּוּר רוּחָנִי הַנִּקְרָא **צוּרָה וְנֶפֶשׁ**, אֲבָל הַשֵּׂכֶל שֶׁבְּאָדָם יַשִּׂיג מְצִיאוּת הַצּוּרָה עַצְמָהּ, וְיַשִּׂיג הַחֹמֶר כְּמוֹתוֹ וּתְכוּנָתוֹ, אַךְ זֶהוּ דַּוְקָא עַל יְדֵי כֹּחַ הַדִּמְיוֹן שֶׁהוּא כְּלֵי הַשֵּׂכֶל וְכוּ', עַד כָּאן תֹּכֶן דְּבָרָיו. וְהִנֵּה מִכָּאן תַּלְמוּד מַהוּ עִנְיַן הַפָּשׁוּט הָרוּחָנִי, וּמַהוּ עִנְיַן הַמְּגֻשָּׁם, כִּי כָּל הַנִּכְנָס בְּשֵׂכֶל, הוּא פָּשׁוּט בַּעֲבוּר שֶׁהַשֵּׂכֶל אֵינוֹ גֶּשֶׁם, וְכָל הַנִּכְנָס בִּמְדַמֶּה הוּא מְגֻשָּׁם, וּלְעוֹלָם לֹא יוּכַל צִיּוּרוֹ לְהִמָּלֵט מֵעִקְּרֵי הַגֶּשֶׁם, בַּעֲבוּר שֶׁהוּא כֹּחַ גּוּפָנִי, וְלָכֵן אַף הַדְּבָרִים שֶׁאֵינָם גַּשְׁמִיִּים, הוּא מְדַמֶּה אוֹתָם גַּשְׁמִיִּים.

---

[13] תהלים פד יב

הַמָּשָׁל בָּזֶה, הִנֵּה הַשֵּׂכֶל יַשְׂכִּיל עַל פִּי טְעָנוֹת וּרְאָיוֹת שֶׁיֵּשׁ מְצִיאוּת צוּרוֹת נִפְרָדוֹת מִן הַחֹמֶר, אָמְנָם אִם תִּרְצֶה לְדַמּוֹת בְּדִמְיוֹנְךָ, שׁוּם צוּרָה מֵהַצּוּרוֹת הַנִּפְרָדוֹת, אֲפִלּוּ שֶׁתְּזַכֵּךְ אוֹתָהּ כָּל הַזִּכּוּךְ שֶׁדִּמְיוֹנְךָ יָכוֹל לְדַמּוֹת, עִם כָּל זֶה הֲרֵי הוּא גּוּף, וְאֵין מִמִּין הַמְּצִיאוּת הַהוּא לֹא הַמַּלְאָכִים וְלֹא הַנְּשָׁמוֹת, וּלְפִיכָךְ לֹא הִשְׁתַּמֵּשׁ מֵהַדִּמְיוֹן בָּעִנְיָנִים הָרוּחָנִיִּים, כִּי לְעוֹלָם לֹא יֵרָאֶה לְךָ אֶלָּא דִּמּוּיִים גַּשְׁמִיִּים.

וְהִזָּהֵר כְּשֶׁתְּכַוֵּן בְּשׁוּם סְפִירָה מֵהַסְּפִירוֹת, שֶׁלֹּא תְּדַמֶּה בָּהּ שׁוּם דִּמְיוֹן בְּכֹחַ הַמְדַמֶּה, אֲשֶׁר לְךָ שֶׁיַּכְנִיסְךָ הַדִּמְיוֹן בְּהַגְשָׁמַת הַסְּפִירוֹת, וְהוּא טָעוּת גְּמוּרָה וְעָוֹון פְּלִילִי. אָמְנָם תַּשְׂכִּיל בְּשִׂכְלְךָ הַשְׂכָּלַת עִנְיָנָהּ, וּתְדַמֶּה צוּרַת אוֹתִיּוֹת הַשֵּׁמוֹת, שֶׁזֶּה מֻתָּר לְךָ, אֲבָל הַמְדַמֶּה יוֹתֵר מֵאוֹתִיּוֹת מַגָּשִׁים, וְדִמְיוֹן הָאוֹתִיּוֹת הוּא בְּהַשְׂכָּלַת הַשֵּׂכֶל שהוי"ה זו מוֹרֶה עַל סוֹד סְפִירַת פְּלוֹנִית, כַּיָּדוּעַ מִסֵּפֶר הַכַּוָּנוֹת. וְכָךְ כָּתַב הָרָמַ"ק ז"ל בְּסֵפֶר **אֵלִימָה**, עַיֵּן כָּל תָּמָר א' פֶּרֶק ה'.

אָמְנָם בא"ס לֹא הֻתַּר לְךָ לְדַמּוֹת שׁוּם דִּמְיוֹן כְּלָל, לֹא דְּמוּת אוֹתִיּוֹת וְלֹא שׁוּם דִּמְיוֹן לְהַשְׂכִּיל בְּשִׂכְלְךָ, שֶׁיֵּשׁ שֵׂכֶל פָּשׁוּט וּלְמַעְלָה מֵהַכֹּל, הוּא הא"ס יִתְבָּרַךְ שְׁמוֹ, שֶׁלֹּא נֵדַע מִמֶּנּוּ כְּלוּם, רַק שֶׁיֶּשְׁנוֹ וִיחַיֵּב מְצִיאוּתוֹ, וְלָכֵן הִזָּהֵר כִּי כְּשֶׁתַּשְׂכִּיל בְּשִׂכְלְךָ שֶׁיֵּשׁ אלו"ה שֶׁיִּהְיֶה בְּדֶרֶךְ רָצוֹא, לְחַיֵּב מְצִיאוּתוֹ בְּשִׂכְלְךָ, וְשׁוּב שֶׁלֹּא תְּדַמֶּה שׁוּם דִּמְיוֹן וְצִיּוּר כְּלָל וְעִקָּר, כִּי הַדִּמְיוֹן רָץ אַחַר הַשֵּׂכֶל, וְלָכֵן נֶאֱמַר בְּסֵפֶר יְצִירָה -

וְאִם[14] רָץ לִבְּךָ שׁוּב לְאָחוֹר. וְתִזָּהֵר הֵיטֵב בַּדָּבָר הַזֶּה, כִּי הוּא עִקָּר גָּדוֹל בֶּאֱמוּנַת.

גַּם בִּכְלָל הָעִקָּר הַזֶּה הוּא שֶׁאָסוּר לַחְשֹׁב שֶׁיֵּשׁ בא"ס שׁוּם כֹּחַ נַפְשִׁי ח"ו, וּכְמוֹ שֶׁכָּתַב הראב"ד ז"ל בִּתְחִלַּת הַקְדָּמָתוֹ לְפֵרוּשׁ סֵפֶר יְצִירָה, וְזֶה לְשׁוֹנוֹ - וְהִזָּהֵר מְאֹד בְּנַפְשְׁךָ כִּי אִמְרֵי הִנֵּה נִצְטַיְּרוּ בְּחָכְמַת אלהי"ם, שֶׁלֹּא יַעֲלֶה בְּדַעְתְּךָ לוֹמַר שֶׁיֵּשׁ כֹּחַ נַפְשִׁי בְּעִילַּת הָעִלּוֹת ח"ו, וְכָל מִי שֶׁיַּעֲלֶה בְּדַעְתּוֹ לוֹמַר דָּבָר מִכָּל אֵלֶּה, אֵין לוֹ חֵלֶק באלה"י יִשְׂרָאֵל וּבְתוֹרָתוֹ, עַד כָּאן לְשׁוֹנוֹ. וְהוּא גַּם כֵּן מָה שֶׁאָמַר רַבִּי שִׁמְעוֹן בְּפָרָשַׁת פִּנְחָס דַּף רנ"ח וְזֶה לְשׁוֹנוֹ - אוּף הָכִי נִשְׁמְתָא, עַל שֻׁלְטָנוּתָא דְּכָל אֵבָרִים דְּגוּפָא, אַמְתִּיל לָהּ לְגַבֵּהּ. לָאו דְּאִיהִי אַדְמְיָא לֵהּ אִיהִי בְּעַצְמָהּ, דְּהוּא בָּרָא לָהּ, וְלֵית לֵהּ אֱלֹהַּ עָלֶיהָ דְּבָרָא לֵהּ. וְעוֹד, נִשְׁמְתָא אִית לָהּ כַּמָּה שִׁנּוּיִים וּמִקְרִים וְסִבּוֹת, דְּאִתְקְרִיאוּ לָהּ. מָה דְּלָאו הָכִי לְמָארֵי כֹּלָּא. וּבְגִין דָּא הִיא אַדְמְיָא בְּשֻׁלְטָנוּתָא דִּלָּהּ עַל כָּל אֶבָרֵי גּוּפָא, אֲבָל לָא בְּמִלָּה אַחֲרָא. עַד כָּאן לְשׁוֹנוֹ.

אַף כָּךְ הַנְּשָׁמָה, עַל שִׁלְטוֹן כָּל אֶבְרֵי הַגּוּף הִמְשִׁיל אוֹתָהּ אֶצְלוֹ. לֹא שֶׁהִיא דּוֹמָה לוֹ הִיא בְּעַצְמָהּ, שֶׁהוּא בָּרָא אוֹתָהּ, וְאֵין לוֹ אֱלוֹהַּ עָלָיו שֶׁבָּרָא אוֹתוֹ. וְעוֹד, הַנְּשָׁמָה יֵשׁ לָהּ כַּמָּה שִׁנּוּיִים וּמִקְרִים וְסִבּוֹת שֶׁקּוֹרִים לָהּ, מַה שֶּׁאֵין כָּךְ לַאֲדוֹן הַכֹּל. וּמִפְּנֵי זֶה הִיא דּוֹמָה

---

[14] ספר יצירה א ז - עשר ספירות בלימה, בלום פיך מלדבר וליבך מלהרהר, ואם רץ פיך לדבר וליבך להרהר שוב למקום, שלכך נאמר רצוא ושוב. ועל דבר זה נכרת ברית.

בְּשִׁלְטוֹן שֶׁלָּהּ עַל כָּל אֶבְרֵי הַגּוּף, אֲבָל לֹא בְּדָבָר אַחֵר.

הֲרֵי שֶׁאֵין שׁוּם דִּמְיוֹן לַנְּשָׁמָה עִם הא"ס בָּרוּךְ הוּא כִּי אִם שַׁלְטָנוּתָא דְּכָל אֵבָרִים דְּגוּפָא, וּבִכְלַל הַשּׁוּלְטָנוּת הֵם הַשִּׁשָּׁה עִקָּרִים הַמְּפֹרָשִׁים בְּמַאֲמַר רז"ל אֲשֶׁר אֲנַחְנוּ עוֹסְקִים בְּבֵאוּרוֹ, אֲבָל בְּמִלָּה אַחֲרָא לֹא אִדַּמְיָא לְגַבֵּיהּ, לְפִי שֶׁהַשִּׁנּוּיִים וּמִקְרִים וְכוֹחוֹת שֶׁיֵּשׁ לַנְּשָׁמָה הֵם חֶסְרוֹנוֹת שֶׁלֹּא יְדַמֶּה בָּהֶם הא"ס, וַאֲפִלּוּ בְּדֶרֶךְ מָשָׁל כִּי הַחֶסְרוֹנוֹת יְסֻלְּקוּ מִמֶּנּוּ מִכֹּל וָכֹל, וּכְמוֹ שֶׁכָּתְבוּ הַמְּקֻבָּלִים, שהא"ס הוּא שְׁלֵמוּת מִבְּלִי חִסָּרוֹן.

הָאָמְנָם מָה שֶׁתִּמְצָא בְּסִפְרֵי הַמְּקֻבָּלִים, שֶׁקּוֹרְאִים בְּשֵׁם אוֹר אֶל פְּעֻלּוֹת הא"ס וְהַסְּפִירוֹת, אֵינוֹ מִפְּנֵי שֶׁהֵם עַצְמָם אוֹר, רַק מִפְּנֵי שֶׁקָּצַר מַצָּע שִׂכְלֵנוּ בְּעוֹדוֹ מְלֻבָּשׁ בְּחֹמֶר הַגּוּף, לְהַשִּׂיג מַהוּת וְעֶצֶם הָרוּחָנִיִּים, וְכֵן אִי אֶפְשָׁר לְצַיֵּר פְּעֻלּוֹת הָרוּחָנִיִּים, הֵיאַךְ הֵם כְּדֵי לְתָאֵר אוֹתָם בְּשֵׁם אֲמִתִּי, לָכֵן כִּנּוּ אוֹתָם בְּתֹאַר **אוֹר כִּי הוּא הַיָּקָר שֶׁבַּמּוּחָשִׁים**.

וְעוֹד שֶׁיֵּשׁ בְּאוֹר סְגֻלּוֹת וְעִנְיָנִים שֶׁהוּא מִתְדַּמֶּה בָּהֶם אֶל הַנֶּאֱצָלִים, **הָאֶחָד** כִּי הָאוֹר הוּא מִתְאַצֵּל מִסִּבָּתוֹ מִבְּלִי שֶׁיִּפָּרֵד מִמֶּנָּה, שֶׁהֲרֵי אִם יִתְעַלֶּה הַשֹּׁרֶשׁ לֹא יִמָּנֵא הָאוֹר כְּלָל, מָה שֶׁאֵין כֵּן בְּשׁוּם דָּבָר נִבְרָא, דְּאַף שֶׁיִּפָּרֵד מִמְּקוֹרוֹ, יִהְיֶה לוֹ מְצִיאוּת בְּעַצְמוֹ, כְּגוֹן אִם תַּחְתֹּךְ הָאִילָן וְיִפָּרֵד מִשָּׁרְשׁוֹ, מִכָּל מָקוֹם יִשָּׁאֵר אִילָן יָבֵשׁ. וְאִם יִתְיַבֵּשׁ מְקוֹר הַמַּעְיָן, יִשָּׁאֲרוּ הַמַּיִם שֶׁיָּצְאוּ

מִמֶּנּוּ וְלֹא יִתְבַּטְּלוּ. וְכֵן הוּא בָּרוּחַ, אִם תְּמַלֵּא הַנּוֹד מֵרוּחַ הַנּוֹפֵחַ, וְתִקְשֹׁר אוֹתוֹ הֵיטֵב, יִשָּׁאֵר שָׁם הָרוּחַ אַף שֶׁיִּפָּסֵק מִשָּׁרְשׁוֹ. אֲבָל הָאוֹר אֵינוֹ כֵּן, כִּי אִם תִּסְגֹּר הַחַלּוֹן שֶׁמִּמֶּנּוּ בָּא אוֹר הַשֶּׁמֶשׁ אֶל הַבַּיִת, בְּפֶתַע פִּתְאוֹם יִתְבַּטֵּל כָּל הָאוֹר שֶׁהָיָה בְּתוֹךְ הַבַּיִת, כֵּיוָן שֶׁנִּפְרַד מִשָּׁרְשׁוֹ. הֲרֵי מְבֹאָר שֶׁהָאוֹר לְעוֹלָם הוּא קָשׁוּר בְּשָׁרְשׁוֹ, וְסִבָּתוֹ וְלֹא יִפָּרֵד מִמֶּנּוּ, וּמִפְּנֵי זֶה מְתָאֲרִים הַסְּפִירוֹת בְּשֵׁם **אוֹרוֹת**, כִּי הֵם יוֹצְאוֹת וּמִתְאַצְּלוֹת מֵהַשֶּׁמֶשׁ האלה"י, וְאֵינָם נִפְרָדוֹת מִמֶּנּוּ ח"ו, אֶלָּא לְעוֹלָם הַנֶּאֱצָל קָשׁוּר בְּשָׁרְשׁוֹ, וְתָמִיד נֹחַ הַמַּאֲצִיל בְּנֶאֱצָל. עוֹד יֵשׁ דִּמְיוֹנוֹת וִיחָסִים לָאוֹר עִם הַדְּבָרִים הָרוּחָנִיִּים וְכוּ'. וְעַיֵּן בְּסֵפֶר **אֵלִימָה**, עַיֵּן כָּל תָּמָר שְׁנֵי פֶּרֶק ג', שֶׁהֵבִיא שָׁם גַּם כֵּן יִחוּסִים וּטְעָמִים אֲחֵרִים, זוּלַת הַנִּזְכָּר, שֶׁבַּעֲבוּרָם נִמְשְׁלוּ הַסְּפִירוֹת לָאוֹר, עַיֵּן שָׁם.

הָעִקָּר הַשִּׁשִּׁי רוֹאֶה וְאֵינוֹ נִרְאֶה, ר"ל שֶׁאֵינוֹ מֻשָּׂג כְּלָל כִּי עִם הֱיוֹת שֶׁאָנוּ יוֹדְעִים שֶׁיֶּשְׁנוֹ וְחֻיַּב מְצִיאוּתוֹ, מִכָּל מָקוֹם אֵין אָנוּ יוֹדְעִים מָה הוּא, וּכְמוֹ שֶׁכָּתַב הָאֲרִ"י זלה"ה בְּשַׁעַר א' עָנָף א', וְזֶה לְשׁוֹנוֹ - הִנֵּה נוֹדַע כִּי הָאוֹר הָעֶלְיוֹן לְמַעְלָה לְמַעְלָה אֵין קֵץ, הַנִּקְרָא א"ס, שְׁמוֹ מוֹכִיחַ עָלָיו שֶׁאֵין בּוֹ תְּפִיסָה לֹא בְּמַחֲשָׁבָה וְלֹא בְּהִרְהוּר כְּלָל וְעִקָּר, וְהוּא מֻפְשָׁט וּמֻבְדָּל מִכָּל הַמַּחֲשָׁבוֹת וְכוּ', עַד כָּאן לְשׁוֹנוֹ. הֲרֵי בְּפֵרוּשׁ שֶׁאֵין הא"ס מֻשָּׂג וְנִתְפַּס בְּשׁוּם מַחֲשָׁבָה, וַאֲפִלּוּ הַסְּפִירוֹת אֵין לָהֶם הַשָּׂגָה כְּלָל בְּמַהוּתוֹ, וּכְמוֹ שֶׁהָאָדָם אֵינוֹ מַכִּיר מַהוּת הַנְּשָׁמָה שֶׁבּוֹ, אֶלָּא יוֹדֵעַ שֶׁהַנְּשָׁמָה שׁוֹפַעַת בּוֹ, כָּךְ אֵין הַסְּפִירוֹת מַכִּירוֹת

בא"ס, אֶלָּא הֵם אֵלָיו כְּגוּף אֶל הַנְּשָׁמָה, יוֹדְעוֹת הֵם שֶׁכֹּחָם וְשִׁפְעָם הוּא מִמֶּנּוּ, אֲבָל אֵינָם מַכִּירוֹת בּוֹ אֶלָּא פְּעֻלּוֹתָיו, וְזֶה עִקַּר הָאֱמוּנָה שֶׁאֵין מִי שֶׁיֵּדַע אֲמִתַּת עַצְמוּתוֹ אֶלָּא הוּא בְּעַצְמוֹ, מִפְּנֵי שֶׁאִם נֶאֱמַר שֶׁאֲמִתַּת עַצְמוּתוֹ יְדוּעָה, יִהְיֶה לוֹ תַּכְלִית וּגְבוּל, וְגַם אֵין לְחַלֵּק הַשָּׂגָה זוֹ לַחֲלָקִים, וְלוֹמַר שֶׁיִּהְיֶה חֵלֶק מֵעַצְמוּתוֹ מֻשָּׂג לְזוּלָתוֹ, כִּי יִתְחַיֵּב רִבּוּי בְּעַצְמוּתוֹ מִבְּחִינוֹת שׁוֹנוֹת, חֵלֶק מֻשָּׂג וְחֵלֶק בִּלְתִּי מֻשָּׂג, וְהוּא יִתְבָּרַךְ שְׁמוֹ אֵין בּוֹ חֲלָקִים, וְלֹא בְּחִינוֹת אֶלָּא אַחְדוּת, פָּשׁוּט בְּתַכְלִית הַפְּשִׁיטוּת, וְלָכֵן אִם נֶאֱמַר שֶׁנּוֹדַע חֵלֶק נֵדַע הַכֹּל, וּמִי שֶׁיַּשִּׂיג מִקְצָתוֹ יַשִּׂיג כֻּלּוֹ, אַךְ בֶּאֱמֶת שֶׁזֶּה וְזֶה נִמְנָע הוּא שֶׁאִי אֶפְשָׁר לְהַשִּׂיג כְּלָל.

וְזֶהוּ שֶׁאָמְרוּ בְּתִקּוּנִים דַּף י"ז[15] - רִבּוֹן עָלְמִין דְּאַנְתְּ הוּא חַד וְלָא בְּחֻשְׁבָּן, אַנְתְּ הוּא עִלָּאָה עַל כָּל עִלָּאִין, סְתִימָא עַל כָּל סְתִימִין, לֵית מַחֲשָׁבָה תְּפִיסָא בָךְ כְּלָל.

רִבּוֹן הָעוֹלָמוֹת אַתָּה הוּא אֶחָד וְלֹא בְּחֶשְׁבּוֹן, אַתָּה הוּא עֶלְיוֹן עַל כָּל הָעֶלְיוֹנִים, סָתוּם עַל כָּל הַסְּתוּמִים, וְאִי אֶפְשָׁר לָשׂוּם מַחֲשָׁבָה לְהָבִין אוֹתְךָ בְּכָךְ, כְּלָל.

וּבַזֹּהַר חָדָשׁ דַּף מ"ג[16] אמר - כָּל מַחְשְׁבְתִּין לָאו לְמֶחֱשַׁב בֵּיהּ, וְלֵית חַד מִנַּיְיהוּ דְּיָדַע לְאַשָּׂגָא לֵיהּ.

---

[15] **היב"ש** - הגרסה כאן היא דף י"ג, ותקנו לדף י"ז, שהוא הקדמה שנייה לתיקוני הזוהר, פתח אליהו.

[16] **היב"ש** - הגרסה כאן היא דף נ"ה, ובספר רב פעלים, חלק א' סוד ישרים א' כותב הרי"ח הטוב כי מאמר זה הוא בדף נ"ח. ותקנו לפי הזוהר שנמצא אצלינו לדף מ"ג

וַאֲפִילוּ שְׁלֹמֹה דְּאִתְּמָר בֵּיהּ - וַיֶּחְכַּם[17] מִכָּל הָאָדָם. בָּעָא לְאַשְׂגָּא לֵיהּ בְּמַחְשַׁבְתֵּיהּ, וְלָא יָכֵיל. וּבְגִין דָּא אֲמַר, - אָמַרְתִּי[18] אֶחְכָּמָה וְהִיא רְחוֹקָה מִמֶּנִּי. הוּא תָּפֵיס בְּכָל מַחֲשַׁבְתִּין, וְלֵית מַחֲשָׁבָה יְדִיעָא בֵיהּ. וכו', עיין שם.

וְכָל הַמַּחֲשָׁבוֹת נִלְאוֹת מִלַּחֲשֹׁב בְּמַהוּתוֹ וְאַחְדוּתוֹ, וְאֵין אַחַת מֵהֶן שֶׁיּוֹדַעַת לְהַשִּׂיג אוֹתוֹ, וַאֲפִלּוּ שְׁלֹמֹה הַמֶּלֶךְ שֶׁנֶּאֱמַר בּוֹ - וַיֶּחְכַּם מִכָּל הָאָדָם. רָצָה לְהַשִּׂיג אֶת הא"ס בָּרוּךְ הוּא בְּמַחְשַׁבְתּוֹ , וְלֹא הָיָה יָכוֹל, וּבִשְׁבִיל זֶה אָמַר - אָמַרְתִּי אֶחְכָּמָה וְהִיא רְחוֹקָה מִמֶּנִּי. הוּא [הא"ס] תּוֹפֵס וְיוֹדֵעַ כָּל הַמַּחֲשָׁבוֹת, וְאֵין מַחֲשָׁבָה שֶׁיּוֹדַעַת בּוֹ וּמַשֶּׂגֶת אֶת גְּדֻלָּתוֹ.

וְאִם תֹּאמַר דִּבְרַעְיָא מְהֵמְנָא פָּרָשַׁת בָּא דַּף מ"ב, אָמְרוּ כִּי הַטַּעַם שֶׁהֻצְרַךְ לְהַאֲצִיל הַנֶּאֱצָלִים הוּא - בְּגִין דְּיִשְׁתְּמוֹדְעוּן לֵיהּ בְּמִדּוֹת דִּילֵיהּ.

כְּדֵי שֶׁיֵּדְעוּ אוֹתוֹ בַּמִּדּוֹת שֶׁלּוֹ.

וְאִם כֵּן מַשְׁמַע שֶׁהוּא מֻשָּׂג וְנוֹדַע מַהוּתוֹ עַל יְדֵי הַסְּפִירוֹת, הָא לֵיתָא וַדַּאי, כִּי מָה שֶׁאָמְרוּ בְּגִין דְּיִשְׁתְּמוֹדְעוּן לֵהּ אֵינָהּ יְדִיעַת מַהוּתִי כִּי זֶה נֶעֱלָם הִיא וּבִלְתִּי מֻשָּׂג אַחַר הַבְּרִיאָה כְּמוֹ קֹדֶם הַבְּרִיאָה, אֲבָל הִיא יְדִיעַת קְצָת מִגְּדֻלָּתוֹ עַל יְדֵי פְּעֻלּוֹתָיו, כִּי עַל יְדֵי הָאֲצִילוּת נִגְלֶה, וְנוֹדַע אֵלֵינוּ עוֹצֶם גְּדֻלָּתוֹ וְהַשְׁגָּחַת

---

[17] מלכים-א ה יא

[18] קהלת ז כג

מֶמְשַׁלְתּוֹ בְּכָל הָעוֹלָמוֹת, וְסֵדֶר הַנְהָגָתוֹ, כִּי עַל יְדֵי הַסְּפִירוֹת יִפְעַל הא"ס הַשִּׁנּוּיִים, וְיַשְׁגִּיחַ בָּעִנְיָנִים חוֹלְפִים, וְלֹא יַשִּׂיגֵהוּ מִזֶּה שִׁנּוּי כְּלָל ח"ו, מַה שֶּׁלֹּא הָיָה אֶפְשָׁר בִּלְתִּי אֲצִילוּת הַסְּפִירוֹת, וְכֵן כַּמָּה וְכַמָּה פִּנּוֹת הַתּוֹרָה שֶׁאִי אֶפְשָׁר לְהַעֲמִיד אוֹתָם אֶלָּא בָּהֶם, כַּאֲשֶׁר רָאִינוּ הַחוֹקְרִים כִּי מִפְּנֵי הַרְחָקַת הָרִבּוּי וְהַשִּׁנּוּי וְהַהִפְעָלוּת מהא"ס, נֶעֱלַם מֵהֶם אלהות"ו וּמַכְחִישִׁים הַשְׁגָּחָתוֹ, וְכַמָּה מְנַיָּנִים עוֹד שֶׁאֵין רָאוּי לְהַעֲלוֹתָם בִּכְתָב. וְלֹא[19] כְאֵלֶּה חֵלֶק יַעֲקֹב. הַמַּאֲמִינִים בִּמְצִיאוּת הַסְּפִירוֹת, כִּי עַל יְדֵיהֶם יִצְדְּקוּ וְיוּבְנוּ עִקְּרֵי הַתּוֹרָה וּפִנּוֹתֶיהָ, וּמִפְּנֵי זֶה הוּא שֶׁאָמְרוּ דְּהֶצְרֵךְ הָאֲצִילוּת בְּגִין דְּיִשְׁתְּמוֹדְעוּן לֵהּ כִּי אֲפִלּוּ הַשָּׂגַת פְּעֻלּוֹתָיו וְהַשְׁגָּחָתוֹ לֹא יֻשַּׂג וְלֹא יִתְגַּלֶּה כִּי אִם עַל יְדֵי הַסְּפִירוֹת כַּנִּזְכָּרוֹת, אָמְנָם הַשָּׂגַת מַהוּתוֹ הוּא נִמְנָע מִכָּל הַנִּמְצָאִים עֶלְיוֹנִים וְתַחְתּוֹנִים, כִּי כָּל הַשְׂכָּלַת הַנִּמְצָאִים אֵינָהּ אֶלָּא לֵידַע פְּעֻלּוֹתָיו, דְּהַיְנוּ שֶׁהַכֶּתֶר מַשְׂכִּיל לְהַשִּׂיג אֶת עַצְמוֹ, וְהַנִּפְעָלִים מִמֶּנּוּ בְּאֶמְצָעוּת כֹּחַ הא"ס הַשּׁוֹפֵעַ בּוֹ, וְכָל שְׁאָר הַנִּמְצָאִים כְּמוֹ כֵן כָּל הַשָּׂגָתָם הוּא בִּפְעֻלּוֹת הא"ס, וְאֵין מִי שֶׁיַּכִּיר אֲמִתַּת הַפְּעֻלּוֹת וּמְצִיאוּתָם כְּפוֹעֵל עַצְמוֹ, וְאַחֲרָיו יָרְדוּ הַהַשָּׂגוֹת כְּפִי רֶדֶת הַנִּמְצָאִים.

וְגַם הַיְדִיעָה בְּחִיּוּב מְצִיאוּתוֹ יִגְדַּל אוֹ יִמְעַט עַל דֶּרֶךְ זֶה, וְהוּא כִּי אָנוּ נֵדַע חִיּוּב מְצִיאוּתוֹ מֵהַכָּרַת, אוֹ שְׁנַיִם, וְהַמַּלְאָכִים יְחַיְּבוּ מְצִיאוּתוֹ מִמֵּאָה הֶכְרֵחִיּוֹת, וְהַמִּתְעַלִּים עֲלֵיהֶם מִמֵּאָה אֶלֶף הֶכְרֵחִיּוֹת, וְעוֹד אָנוּ נְחַיֵּב מְצִיאוּתוֹ מִכֹּחַ אֵלּוּ הַפְּעֻלּוֹת הַגַּשְׁמִיּוֹת, שֶׁהֵם

[19] ירמיהו י טז

פְּתוּחוֹת בְּעֵרֶךְ הַנִּפְלָאוֹת הָעֶלְיוֹנוֹת, וְהָעֶלְיוֹנִים יְחַיְּבוּ מְצִיאוּתוֹ מִצַּד הַפְּלָאִים הָעֶלְיוֹנִים, וְהַנִּמְצָאִים הַמְּשֻׁבָּחִים, וְלָכֵן יִקְבַּע חֹזֶק דְּבֵקוּתָם בֶּאֱמוּנָתָם דְּבֵקוּת נִפְלָאָה, בִּתְשׁוּקָה חֲשׁוּבָה, וְיִתְעַדְּנוּ בְּהַשָּׂגָה הַהִיא תַּכְלִית עִדּוּן.

נִמְצָא דֵּעַם הֱיוֹת שֶׁנִּשְׁוֶה כֻּלָּנוּ בָּאֱמוּנָה הַכּוֹלֶלֶת שֶׁנֵּדַע שֶׁיֵּשׁ **אֱלוֹהַּ** לֹא יִשְׁתַּווּ כֻּלָּם בְּחִיּוּב יְדִיעָה זוֹ וְאֵינוֹ דּוֹמֶה מִי שֶׁיַּכִּיר הַגַּלְגַּלִּים וְהַנִּמְצָאִים הַגַּשְׁמִיִּים לְבַד, וְיַכְרִיחַ מִתּוֹכָם מְצִיאוּת **הָאֱלוֹהַּ** לְמִי שֶׁיַּכִּיר פְּרָטֵי הַנִּמְצָאִים שֶׁל עוֹלַם הָעֲשִׂיָּה, וְעוֹלָם הַיְּצִירָה, וְעוֹלָם הַבְּרִיאָה, וְעוֹלָם הָאֲצִילוּת. וּמִתּוֹכָם יְחַיֵּב מְצִיאוּתוֹ יִתְבָּרֵךְ שְׁמוֹ, כִּי זֶה יְחַיְּבֶנּוּ חִיּוּב נִפְלָא, אָמְנָם הַשָּׂגַת עַצְמוּתוֹ וּמַהוּתוֹ אֵין מִי שֶׁיַּשִּׂיגֵהוּ כְּלָל, וּכְבָר הֶאֱרִיךְ בְּכָל זֶה הָרָמָ"ק ז"ל **בְּסֵפֶר אֵלִימָה** עַיִן כֹּל, תָּמָר א', פֶּרֶק ג', וְכֵן כָּתְבוּ כָּל שְׁאָר הַמְּקֻבָּלִים זלה"ה, עַד כָּאן לְשׁוֹנוֹ.

וְהֵא לְךָ מַה שֶּׁכָּתַב הַגָּאוֹן הָרַדְבָּ"ז ז"ל בְּהַקְדָּמָתוֹ לְסֵפֶר מָגֵן דָּוִד וְז"ל, דַּע כִּי סִבַּת הַסִּבּוֹת וְעִלַּת הָעִלּוֹת הָאֶחָד הַפָּשׁוּט הַקַּדְמוֹן אֲשֶׁר לֹא קְדָמוֹ הֶעְדֵּר, הוּא הֶאֱצִיל עֶשֶׂר סְפִירוֹת קְדוֹשׁוֹת בְּדֶרֶךְ אֲצִילוּת זוֹ מִזּוֹ, אֲבָל יֵשׁ גָּבוֹהַּ לְמַעְלָה מֵהֶם [הוּא א"ק] נִמְשַׁךְ מִן הָרָצוֹן הַקָּדוּם [הוּא א"ס] כִּי[20] הוּא אָמַר וַיֶּהִי. וּמִמֶּנּוּ נֶאֶצְלוּ הָעֶשֶׂר סְפִירוֹת וְנִשְׁאֲרוּ אֵצֶל עֻמְדוּ אֲדוּקוֹת וּקְשׁוּרוֹת בְּקִימוֹנוֹ שֶׁל עוֹלָם [הוּא א"ק הַנִּקְרָא קַדְמוֹנוֹ שֶׁל עוֹלָם] וְנִקְרְאוּ בִּלְשׁוֹן חֲכָמִים מִדּוֹת וְהֵם

---

[20] תהלים לג ט

כּוֹחוֹת אֱלֹהִיּוֹת, הָיוּ בְּכֹחַ מַאֲצִילָם עַד עֲלוֹת הָרָצוֹן וְחֵפֶץ מֻחְלָט כַּאֲשֶׁר גָּזְרָה חָכְמָתוֹ יִתְבָּרֵךְ לְהוֹצִיאָם מִן הַכֹּחַ אֶל הַפֹּעַל לְהַנְהִיג בָּהֶם אֶת הָעוֹלָמוֹת שֶׁלֹּא הָיוּ רְאוּיִים לְהִתְנַהֵג אֶלָּא עַל יְדֵי אֶמְצָעִיִּים וּמַלְבּוּשִׁים לְרֹב הֶעְלֵמוֹ וְהֶסְתֵּרוֹ, וְהֵן אֲדוּקוֹת בּוֹ כְּהָדֵין[21] קַמְצָא דִּלְבוּשֵׁיהּ מִנֵּיהּ. וְהֵם כֻּלָּם צְרִיכִים אֵלָיו וְאֵין לָהֶם שֶׁפַע וּבְרָכָה אֶלָּא מִמֶּנּוּ יִתְבָּרֵךְ וּתְשׁוּקָתָם אֵלָיו, והא"ס יִתְבָּרֵךְ אֵין צָרִיךְ לָהֶם אֶלָּא הֵם כִּכְלִי בְּיַד הָאֻמָּן לְהוֹצִיא כְּלִי לְמַעֲשֵׂהוּ כִּדְכְתִיב - וְאֶהְיֶה[22] אֶצְלוֹ אָמוֹן. אַל[23] תִּקְרֵי אָמוֹן אֶלָּא אֻמָּן. וְכֵן פֵּרְשׁוּ בַּמִּדְרָשׁ הַנֶּעֱלָם בְּפָרָשַׁת בְּרֵאשִׁית עַל פָּסוּק - הֲיִתְפָּאֵר[24] הַגַּרְזֶן עַל הַחֹצֵב בּוֹ. הָא לָמַדְתָּ שֶׁאֵין הַמַּאֲצִיל נִפְרָד מִן הַנֶּאֱצָל אֲבָל שְׁנַיִם הֵם הַמַּאֲצִיל וְהַנֶּאֱצָל, וְהוֹאִיל וְהַנֶּאֱצָל נֶאֱצָל בִּרְצוֹן הַמַּאֲצִיל וְלֹא נִתְחַיֵּב מִמֶּנּוּ וְהַמַּאֲצִיל קָדַם לַנֶּאֱצָל וְלֹא בְּקַדְמוּת הָעִלָּה אֶל הֶעָלוּל, כִּי הַמַּאֲצִיל הָיָה מֵעוֹלָם לֹא קֶדֶם הֶעְדֵּר לִמְצִיאוּתוֹ, מַה שֶּׁאֵין כֵּן בַּנֶּאֱצָל כִּי קָדְמוּ הֶעְדֵּר מִלָּצֵאת לַפֹּעַל, וּמַה שֶּׁנִּקְרָאִים אֶחָד הַמַּאֲצִיל וְהַנֶּאֱצָל הוּא לִהְיוֹתָם קְשׁוּרִים זֶה בָּזֶה יַחַד כְּשַׁלְהֶבֶת קְשׁוּרָה בְּגַחֶלֶת לֹא שֶׁהֵם אֶחָד בְּמַהוּתָם וְעַצְמוּתָם.

וְכֵן מָצִינוּ בְּסֵפֶר יְצִירָה הַמְּיֻחָס לְאַבְרָהָם אָבִינוּ ע"ה שֶׁמְּכַנֶּה לְעוֹלָם עֶשֶׂר סְפִירוֹת בְּלִימָה, וּפֵרֵשׁ הָרַמְבַּ"ן ז"ל - שֶׁהַכַּוָּנָה עֶשֶׂר סְפִירוֹת בְּלִי מַהוּת הַשֵּׁם, וְגַם

---

21 זוהר שמיני לה ב
22 משלי ח ל
23 זוהר שמיני לה ב
24 ישעיהו י טו

כִּי הֵם בְּלוּמוֹת לִפְנֵי קוֹנָם, עוֹד הַשֵּׁם יִתְבָּרֵךְ וְאָדוֹן יָחִיד מוֹשֵׁל בְּכֻלָּן מִמְּעוֹן קָדְשׁוֹ עַד עֲדֵי עַד, וְאִם הוּא מוֹשֵׁל בָּהֶם עַל כָּרְחֲךָ יֵשׁ לְךָ לְהַאֲמִין שֶׁאֵין מַהוּת הַשֵּׁם מַהוּת הַסְּפִירוֹת, עוֹד שָׁם וְלִפְנֵי כִסְאוֹ הֵם מִשְׁתַּחֲוִים נִרְאֶה בְּהֶדְיָא שֶׁהַמְיַחֵד בִּמְצִיאוּתוֹ מִתְעַלָּה עֲלֵיהֶם, וְעוֹד אָמְרוּ בַּמִּדְרָשׁ הַנֶּעְלָם עֶשֶׂר סְפִירָן אִיהוּ בְּהוּ וְאִנּוּן בֵּיהּ, וְלֹא אָמְרוּ אִיהוּ אִנּוּן וְאִנּוּן אִיהוּ, דְּלָאו כֹּלָּא חַד, אֶלָּא אִיהוּ בְּהוּ, כִּי הוּא כִּנְשָׁמָה בְּתוֹךְ הַגּוּף, וְאִנּוּן בֵּיהּ, כִּי הֵם קְשׁוּרוֹת בּוֹ כְּשַׁלְהֶבֶת בְּגַחֶלֶת אוֹ כְּגוּף בִּנְשָׁמָה וְכוּ'.

וְהִנֵּה כָּל מַה שֶּׁדִּבְּרוּ בְּאִדְרָא קַדִּישָׁא מִפִּרְקֵי הַמֶּרְכָּבָה הָעֶלְיוֹנָה בְּגֻלְגַּלְתָּא דְּרֵישָׁא וּבַחֲלָלִין דְּמוֹחָא וְדִיקְנָא וְכוּ', וְכָל מַה שֶּׁכָּתִיב בְּשִׁיר הַשִּׁירִים, לֹא יַעֲלֶה בְּדַעְתְּךָ חָלִילָה שֶׁיְּדַבְּרוּ בְּמַהוּת הָא"ל הַקַּדְמוֹן, רַק הוּא בַּסְּפִירוֹת הַנֶּאֱצָלוֹת מִמֶּנּוּ, אֲשֶׁר בָּהֶם הוּא מִתְלַבֵּשׁ אַחֲרֵי שֶׁהִמְצִיאָם. וְכֵן כָּל מַה שֶּׁאָמְרוּ בְּסוֹד שִׁעוּר קוֹמָה הַכֹּל הוּא בַּסְּפִירוֹת, אֲבָל בִּמְיַחֵד בִּמְצִיאוּתוֹ אֵין לוֹמַר עָלָיו לֹא רֹאשׁ וְלֹא סוֹף לֹא יָמִין וְלֹא שְׂמֹאל לֹא מַעְלָה וְלֹא מַטָּה, וְכֵן אֵין אוֹת וְלֹא תָּג, וְלֹא עֹקֶץ, וְלֹא כֶּתֶר, אוֹת, וְלֹא דָּבָר שֶׁיּוֹרֶה עַל אֵין סוֹף יִתְבָּרֵךְ, וַאֲפִלּוּ בְּרֶמֶז, שֶׁלְּפִי רֹב הֶעְלֵמוֹ אֵין דָּבָר שְׁמוּרָה עָלָיו הוֹרָאָה פְּרָטִית, אֶלָּא כְּלֹבֶן הַגְּוִיל הַמַּקִּיף אֶת כָּל הָאוֹתִיּוֹת מִבִּפְנִים וּמִבַּחוּץ, יֵשׁ קְצָת רֶמֶז שֶׁהוּא יִתְבָּרֵךְ מַקִּיף אֶת כָּל הָעוֹלָמוֹת מִבַּיִת וּמִחוּץ, וְהוּא יוֹדֵעַ הַכֹּל וּמַשְׁגִּיחַ עַל הַכֹּל, וְעַל זֶה אָמְרוּ רַזַ"ל כָּל אוֹת שֶׁאֵין הַגְּוִיל מַקִּיף אוֹתָהּ פְּסוּלָה, שֶׁכְּמוֹ שֶׁהַגְּוִיל סוֹבֵל אֶת הָאוֹתִיּוֹת שֶׁהוּא כְּלָל

הַהֲוָיוֹת, כֵּן הוּא יִתְבָּרֵךְ סוֹבֵל אֶת כָּל הָעוֹלָמוֹת בְּלִי עָמָל וִיגִיעָה וְכוּ'.

וְדַע נֶאֱמָנָה, כִּי הַמַּאֲמִינִים בְּעֶשֶׂר סְפִירוֹת הֱיוֹתָם מַהוּת הוי"ה, טוֹעִים טָעוּת גָּדוֹל וְגָמְלוּ לְנַפְשָׁם רָעָה, וְעַל זֶה הֶחֱרִים רַשְׁבִּ"י וּכְבָר עָאלוּ בְּאִדְּרָא דְּבֵי מַשְׁכְּנָא פָּתַח וְאָמַר - אָרוּר[25] הָאִישׁ אֲשֶׁר יַעֲשֶׂה פֶסֶל וּמַסֵּכָה וְשָׂם בַּסֵּתֶר וְעָנוּ כֻּלָּם אָמֵן. וְהַמִּתְכַּוְּנִים בִּתְפִלָּתָם לָשׂוּם סְפִירָה לְבַדָּהּ עוֹבְדִים עַל זֶה, וְהַיְינוּ לְלֹא אלה"י אֱמֶת, אֶלָּא צָרִיךְ שֶׁיְּכַוֵּין אֶל הַמְיֻחָד בִּמְצִיאוּתוֹ וִיבַקֵּשׁ אוֹתוֹ דֶּרֶךְ אוֹתוֹ מִדָּה אוֹ אוֹתוֹ שֵׁם, שֶׁהוּא צָרִיךְ אֵלָיו וְכוּ', שֶׁיְּכַוֵּין מִשֵּׁם א"ל הַמְיֻחָד בִּמְצִיאוּתוֹ יִתְבָּרֵךְ, כִּי הוּא אֵינוֹ מִכְּלַל הָעֶשֶׂר סְפִירוֹת אֶלָּא לְמַעְלָה מֵהֶם מִסְתַּתֵּר בְּרוּם חֶבְיוֹן מִתְרוֹמֵם לְאֵין סוֹף לְרוֹמְמוּתוֹ, מִתְפַּלֵּא לְאֵין תַּכְלִית, וְאֵלָיו הָעֲבוֹדָה וְהַבַּקָּשָׁה וְהַתְּפִלָּה וְלֹא לְזוּלָתוֹ ח"ו, וּמֵעַתָּה אַתָּה הַמַּעְיָן הִשָּׁמֵר וְלִבְּךָ תָּשִׂים לְדַעְתִּי, וְכָל מִי שֶׁיֹּאמַר לְךָ הֵפֶךְ זֶה בְּעִנְיַן הַסְּפִירוֹת לֹא תֹאבֶה לוֹ וְלֹא תִשְׁמַע אֵלָיו וְכוּ'.

וְאֵלֶּה שְׁמוֹת הַסְּפִירוֹת וְכָךְ סִדְרָן, כֶּתֶר חָכְמָה בִּינָה גְּדוּלָּה גְּבוּרָה תִּפְאֶרֶת נֶצַח הוֹד יְסוֹד מַלְכוּת, וְהֵן נֶאֱחָזוֹת בּוֹ וְנֶאֱחָזוֹת זוֹ בָּזוֹ כְּדִמְיוֹן הָאֵבָרִים בָּאָדָם, צֵא ח"ו שֶׁיֵּשׁ בָּהֶם צוּרָה וּדְמוּת, כִּי הֵם סְפִירוֹת רוּחָנִיּוֹת דַּקּוֹת מִן הַדַּקּוֹת פְּשׁוּטוֹת בְּתַכְלִית, וְהֵן מְאוֹרוֹת אלהיו"ת יוֹדְעוֹת וּמַשִּׂיגוֹת אֶת קוֹנָם כָּל אַחַת כְּפִי מַעֲלָתָהּ וּמַדְרֵגָתָהּ, וְיֵשׁ בְּגוּף הָאָדָם סִימָנִים

---

[25] דברים כז טו

וּרְמָזִים דֻּגְמָא לַדְּבָרִים הָרוּחָנִיִּים שֶׁנֶּאֱמַר - נַעֲשֶׂה[26] אָדָם בְּצַלְמֵנוּ כִּדְמוּתֵנוּ. וְהַכֹּל דֻּגְמָא לְפִרְקֵי הַמֶּרְכָּבָה, וּלְפִיכָךְ אָמַר הַכָּתוּב - הוּא[27] עָשְׂךָ וַיְכֹנְנֶךָ. וְאָמְרוּ רז"ל - מְלַמֵּד[28] שֶׁבָּרָא הַקָּדוֹשׁ בָּרוּךְ הוּא כּוֹנָנִיּוֹת בְּאָדָם. וְזֶהוּ - וּמִבְּשָׂרִי[29] אֶחֱזֶה אלו"ה. מָשָׁל לְמָה הַדָּבָר דּוֹמֶה - לְאוֹתִיּוֹת יָד וְעַיִן שֶׁהֵם זֵכֶר לְתַבְנִית הָעַיִן אוֹ הַיָּד, וְכֵן אוֹתִיּוֹת רְאוּבֵן הֵם זֵכֶר לְתַבְנִית רְאוּבֵן, וְאֵין אֵלּוּ הָאוֹתִיּוֹת הֵם הַצּוּרָה עַצְמָהּ שֶׁל רְאוּבֵן וְתַבְנִיתוֹ וּמַהוּתוֹ, אֶלָּא רַק זִכָּרוֹן שֶׁאֵלּוּ אוֹתִיּוֹת רְאוּבֵן הַכְּתוּבִים הוּא סִימָן כְּנֶגֶד אוֹתוֹ עֶצֶם וְתַבְנִית הַיָּדוּעַ שֶׁל רְאוּבֵן, וְכֵן צוּרַת הָאֵבָרִים שֶׁבָּנוּ הֵם עֲשׂוּיִים כְּדִמְיוֹן סִימָנִים לְעִנְיָנִים סְתוּמִים עֶלְיוֹנִים שֶׁאֵין הַדַּעַת יְכוֹלָה לְדַעְתָּם, וְאֵין מַהוּת יָד כְּמַהוּת יָד וְעַיִן כְּמַהוּת עַיִן וּכְמוֹ שֶׁאָמַר הַכָּתוּב - וְאֶל[30] מִי תְדַמְּיוּנִי וְאֶשְׁוֶה.

וְאִם נִזְכַּר עַל כִּנּוּי שֵׁמוֹת וּמִדּוֹת וּסְפִירוֹת שֶׁיֵּרָאֶה מֵהֶם הָרִבּוּי, הִנּוֹ אֶלָּא עַל דֶּרֶךְ הִתְיַחֲסוּת וְדֶרֶךְ מָשָׁל וְדִמְיוֹן, לֹא לְהַבְדִּיל שׁוּם הַבְדָּלָה זֶה מִזֶּה כְּלָל, אֲבָל הוּא יִתְבָּרֵךְ אֶחָד וּמִתְיַחֵד בְּכָל הַכּוֹחוֹת כֻּלָּן - כְּשַׁלְהֶבֶת[31] קְשׁוּרָה בְּגַחֶלֶת. וְהַמִּדּוֹת מִתְחַלְּפוֹת כְּפִי הֲבָנַת הַמְקַבְּלִים, לֹא שֶׁיֵּשׁ לְמַעְלָה שִׁנּוּי ח"ו, שֶׁנֶּאֱמַר

---

26 בראשית א כו
27 דברים לב ו
28 חולין נו ב
29 איוב יט כו
30 ישעיהו מ כה
31 ספר יצירה א ו

- אֲנִי[32] הוי"ה לֹא שָׁנִיתִי וְאַתֶּם בְּנֵי יַעֲקֹב לֹא כְלִיתֶם.

וְדַע, כִּי יֵשׁ בִּכְלַל עֶשֶׂר קְדוּשּׁוֹת אֵלֶּה, כַּמָּה מִינֵי מְאוֹרוֹת רוּחָנִיּוֹת וּדְבָרִים נֶעֱלָמִים, מֵהֶשֵּׂגֶם וְאַף בְּרֶמֶז שֶׁנִּרְמְזוּ בְּסֵפֶר הַזֹּהַר וּבְסֵפֶר הֵיכָלוֹת בְּתִקּוּנָא דְּעַתִּיקָא קַדִּישָׁא וז"א, וְאֵין מֵבִין וְאֵין יוֹדֵעַ דְּבָרִים אֵלּוּ עַל בֻּרְיָן, וְכָל הַמַּעֲלוֹת הַנֶּאֱצָלוֹת מְקַבְּלוֹת אוֹר וְשֶׁפַע זֶה מִזֶּה עַד הָאוֹר הָעֶלְיוֹן, עַל כָּל עֶלְיוֹן הַנִּקְרָא אֵין סוֹף. כִּי כָּל הַדְּבָרִים יָצְאוּ מִן הַנֶּעֱלָם אֶל הָרָשׁוּם, וּמִן הָרָשׁוּם אֶל הַחֲקִיקָה, וּמֵהַחֲקִיקָה אֶל הַחֲצִיבָה וְכוּ, עַד כָּאן לְשׁוֹנוֹ זַ"ל.

וְהָרַמְבָּ"ם זַ"ל בְּפֶרֶק א' מֵהִלְכוֹת יְסוֹדֵי הַתּוֹרָה, הֲלָכָה ח' כָּתַב, וְזֶה לְשׁוֹנוֹ - וַהֲרֵי מְפֹרָשׁ בַּתּוֹרָה וּבַנְּבִיאִים, שֶׁאֵין הַקָּדוֹשׁ בָּרוּךְ הוּא גּוּף וּגְוִיָּה, שֶׁנֶּאֱמַר - כִּי[33] הוי"ה אלהיכ"ם הוּא האלהי"ם בַּשָּׁמַיִם מִמַּעַל וְעַל הָאָרֶץ מִתָּחַת. וְהַגּוּף לֹא יִהְיֶה בִּשְׁנֵי מְקוֹמוֹת, וְנֶאֱמַר - כִּי[34] לֹא רְאִיתֶם כָּל תְּמוּנָה. וְנֶאֱמַר - וְאֶל[35] מִי תְדַמְּיוּנִי וְאֶשְׁוֶה. וְאִלּוּ הָיָה גּוּף הָיָה דּוֹמֶה לִשְׁאָר גּוּפִין, אִם כֵּן מַהוּ זֶה שֶׁכָּתוּב בַּתּוֹרָה - וְתַחַת[36] רַגְלָיו. כְּתוּבִים - בְּאֶצְבַּע[37] אלהי"ם. יַד[38]

---

32 מלאכי ג ו
33 דברים ד לט
34 דברים ד טו
35 ישעיהו מ כה
36 שמות כד י
37 שמות לא יח
38 שמות ט ג

הוי"ה. עֵינֵי[39] הוי"ה. אָזְנֵי[40] הוי"ה. וְכַיּוֹצֵא בַּדְּבָרִים הָאֵלּוּ, הַכֹּל לְפִי דַּעְתָּן שֶׁל בְּנֵי אָדָם, שֶׁאֵינָךְ מַכִּירִין אֶלָּא הַגּוּפוֹת, וְדִבְּרָה תּוֹרָה כִּלְשׁוֹן בְּנֵי אָדָם, וְהַכֹּל כִּנּוּיִן הֵם, שֶׁנֶּאֱמַר - אִם[41] שַׁנּוֹתִי בְּרַק חַרְבִּי. וְכִי חֶרֶב יֵשׁ לוֹ, וּבְחֶרֶב הוּא הוֹרֵג, אֶלָּא מָשָׁל, וְהַכֹּל מָשָׁל. רְאָיָה לְדָבָר שֶׁנָּבִיא אֶחָד רָאָה הַקָּדוֹשׁ בָּרוּךְ הוּא - לְבוּשֵׁיהּ[42] כִּתְלַג חִוָּר. וְאֶחָד רָאָהוּ - חֲמוּץ[43] בְּגָדִים מִבָּצְרָה. מֹשֶׁה רַבֵּנוּ עָלָיו הַשָּׁלוֹם הוּא עַצְמוֹ - רָאָהוּ[44] עַל הַיָּם כְּגִבּוֹר עוֹשֶׂה מִלְחָמָה וּבְסִינַי - כִּשְׁלִיחַ צִבּוּר עָטוּף. לוֹמַר שֶׁאֵין לוֹ דְּמוּת וְצוּרָה, אֶלָּא הַכֹּל בְּמַרְאֶה הַנְּבוּאָה וּבַמַּחֲזֶה, וַאֲמִתַּת הַדָּבָר אֵין דַּעְתּוֹ שֶׁל אָדָם מֵבִין וְלֹא יְכוֹלָה לְהַשִּׂיגוֹ וּלְחָקְרוֹ, וְזֶהוּ שֶׁאָמַר - הַחֵקֶר[45] אלו"ה תִּמְצָא אִם עַד תַּכְלִית שַׁדַּי תִּמְצָא. וְהוֹאִיל וְהַדָּבָר כֵּן הוּא כָּל הַדְּבָרִים הַלָּלוּ וְכַיּוֹצֵא בָּהֶן שֶׁנֶּאֶמְרוּ בַּתּוֹרָה וּבְדִבְרֵי הַנְּבִיאִים הַכֹּל מָשָׁל וּמְלִיצָה הֵן, כְּמוֹ שֶׁנֶּאֱמַר - יוֹשֵׁב[46] בַּשָּׁמַיִם יִשְׂחָק. כִּעֲסוּנִי[47] בְּהַבְלֵיהֶם. כַּאֲשֶׁר[48] שָׂשׂ הוי"ה. וְכַיּוֹצֵא בָּהֶן, עַל הַכֹּל אָמְרוּ חֲכָמִים דִּבְּרָה תּוֹרָה כִּלְשׁוֹן בְּנֵי אָדָם, וְכֵן הוּא אוֹמֵר רָאִיתִי אוֹתָם מַכְעִיסִין, הֲרֵי הוּא אוֹמֵר - אֲנִי[49]

---

39 זכריה ד י
40 דברים א לד - וישמע ה'
41 דברים לב מא
42 דניאל ז ט
43 ישעיהו סג א
44 מכילתא על שמות כ ב
45 איוב יא ז
46 תהלים ב ד
47 דברים לב כא
48 דברים כח סג
49 מלאכי ג ו

הוי"ה שָׁנִיתִי. וְאִלּוּ הָיָה פְּעָמִים כּוֹעֵס, פְּעָמִים שָׂמֵחַ, הָיָה מִשְׁתַּנֶּה, וְכָל הַדְּבָרִים הָאֵלּוּ אֵינָם מְצֻיָּן אֶלָּא לַגּוּפִים הָאֲפֵלִים וְהַשְּׁפָלִים שֹׁכְנֵי[50] בָתֵּי חֹמֶר אֲשֶׁר בֶּעָפָר יְסוֹדָם. אֲבָל הוּא בָּרוּךְ הוּא יִתְבָּרֵךְ וְיִתְרוֹמֵם עַל כָּל זֶה עַד כָּאן לְשׁוֹנוֹ.

עוֹד כָּתַב הָרַמְבָּ"ם ז"ל הוּא הַיּוֹדֵעַ וְהַיָּדוּעַ וְהַדֵּעָה עַצְמוֹ הַכֹּל אֶחָד, וְדָבָר הַזֶּה אֵין כֹּחַ בַּפֶּה לְאָמְרוֹ וְלֹא בָאֹזֶן לְשָׁמְעוֹ וְלֹא בְּלֵב הָאָדָם לְהַכִּירוֹ עַל בּוּרְיוֹ, כִּי הַקָּדוֹשׁ בָּרוּךְ הוּא מַהוּתוֹ וְעַצְמוּתוֹ וּרְצוֹנוֹ וְדַעְתּוֹ הַכֹּל אֶחָד מַמָּשׁ, וְאֵין דַּעְתּוֹ דָּבָר נוֹסָף עַל עַצְמוּתוֹ כְּמוֹ שֶׁהוּא בְּנֶפֶשׁ הָאָדָם שֶׁדַּעְתּוֹ הוּא נוֹסָף עַל עַצְמוּתוֹ וּמֻרְכָּב בּוֹ, שֶׁהֲרֵי כְּשֶׁהָאָדָם לוֹמֵד וּמַשִּׂיג אֵיזֶה שֵׂכֶל, כְּבָר הָיְתָה בּוֹ נַפְשׁוֹ הַמַּשְׂכֶּלֶת בְּטֶרֶם שֶׁלָּמַד וְיָדַע, וְעַכְשָׁו נִתּוֹסְפָה בּוֹ יְדִיעָה זוֹ, וְאֵין זוֹ אַחְדוּת פְּשׁוּטָה אֶלָּא מֻרְכֶּבֶת, אֲבָל הַקָּדוֹשׁ בָּרוּךְ הוּא הוּא אַחְדוּת פָּשׁוּט בְּלִי שׁוּם הַרְכָּבָה וְרִבּוּי כְּלָל. וּכְשֵׁם שֶׁאִי אֶפְשָׁר לְשׁוּם נִבְרָא לְהַשִּׂיג מַהוּתוֹ, כָּךְ אִי אֶפְשָׁר לְהַשִּׂיג דַּעְתּוֹ רַק לְהַאֲמִין בֶּאֱמוּנָה שְׁלֵמָה שֶׁהוּא יָחִיד וּמְיֻחָד, וּבִידִיעַת עַצְמוֹ מַכִּיר וְיוֹדֵעַ הַנִּמְצָאִים כֻּלָּם עֶלְיוֹנִים וְתַחְתּוֹנִים עַד יַתּוּשׁ קָטָן שֶׁבְּעִבּוּר הָאָרֶץ, וְאֵין יְדִיעָה זוֹ מוֹסִיף רִבּוּי וְהַרְכָּבָה, כֵּיוָן שֶׁהוּא רַק יְדִיעַת עַצְמוֹ וּלְפִי שֶׁזֶּה קָשֶׁה מְאֹד לְצַיֵּר בְּשִׂכְלֵנוּ, עַל כֵּן אָמַר הַנָּבִיא - כִּי[51] גָבְהוּ שָׁמַיִם מֵאָרֶץ כֵּן גָּבְהוּ דְרָכַי מִדַּרְכֵיכֶם וּמַחְשְׁבוֹתַי מִמַּחְשְׁבוֹתֵיכֶם. וְכוּ', עַיֵּן שָׁם.

---

[50] איוב ד יט

[51] ישעיהו נה ט

גַּם שִׂים עֵינֶיךָ וְלִבְּךָ אֶל מָה שֶׁכָּתַב רַבֵּנוּ זַ"ל בְּשַׁעַר הַהַקְדָּמוֹת, וְאַף עַל פִּי שֶׁהֶעְתַּקְתִּי לְשׁוֹנוֹ בְּסֵפֶר הַזֶּה בִּפְרָקִים, עִם כָּל זֶה אַעְתִּיק מִלְּשׁוֹנוֹ, מָה שֶׁשַּׁיָּךְ לַדְּבָרִים שֶׁאָנוּ מְדַבְּרִים בָּהֶם בִּפְתִיחָה זוֹ הַשְּׁנִיָּה, וְזֶה לְשׁוֹנוֹ, וּבְהַקְדָּמָה זוֹ יִתְבָּאֵר לְךָ עִנְיַן פָּסוּק - וַיִּבְרָא[52] אלהי"ם אֶת הָאָדָם בְּצַלְמוֹ בְּצֶלֶם אלהי"ם בָּרָא אוֹתוֹ. אֲשֶׁר כָּל הַחֲכָמִים הַפַּשְׁטָנִיִּים וְהַחוֹקְרִים, נִתְעַרְבְּבוּ בְּעִנְיָן זֶה, אֵיךְ יִסְבֹּל הַדַּעַת לוֹמַר שֶׁיֵּשׁ ח"ו צִיּוּר אָדָם בְּמִדּוֹת קְצוּבוֹת, וַהֲרֵי הַקָּדוֹשׁ בָּרוּךְ הוּא אֵין לוֹ גוּף וְכֹחַ בַּגּוּף, וְאֵין לוֹ לֹא רֵאשִׁית וְלֹא אַחֲרִית, וְכִמְעַט מוֹנְעִים עַצְמָם מִלַּעֲסֹק בְּחָכְמַת סֵפֶר הַזֹּהַר, מִפְּנֵי קוּשְׁיָא זוֹ הַמְּעַרְבֶּבֶת שִׂכְלָם, וְאָמְנָם אֵצֶל הַיּוֹדְעִים בְּחָכְמָה זוֹ עֲלֵיהֶם נֶאֱמַר - אֲשֶׁר[53] יֹאמְרֻךָ לִמְזִמָּה. וּמְסִירִים הַשְׁגָּחָתוֹ יִתְבָּרַךְ מֵעַל בְּרוּאָיו ח"ו בַּדְּבָרִים הָאֵלֶּה. אֲבָל אָנוּ אֵין לָנוּ אֶלָּא שֶׁהָעֶשֶׂר סְפִירוֹת, יֵשׁ לָהֶם מִדָּה קְצוּבָה לְכָל אַחַת מֵהֶם וּמִסְפָּר קָצוּב, כְּדֵי שֶׁיִּהְיֶה לָהֶם בְּחִינַת הַשְׁגָּחָה קְצוּבָה בַּתַּחְתּוֹנִים כְּפִי הַצְּרִיךְ לָהֶם וְזֶה מֻכְרָח, וּכְמוֹ שֶׁנִּתְבָּאֵר בְּמַאֲמַר פִּנְחָס שֶׁזָּכַרְנוּ [הֶעְתַּקְתִּי לְשׁוֹנוֹ לְקַמָּן בִּפְתִיחָה שְׁלִישִׁית], וְאָמְנָם אִם ח"ו הָיוּ הָעֶשֶׂר סְפִירוֹת בִּלְתִּי מִתְקַשְּׁרִים, וְנֶאֱחָזִים עִם הא"ס דֶּרֶךְ הַקַּו הַהוּא הַנִּזְכָּר לְעֵיל, אָז הָיָה ח"ו כְּדִבְרֵיהֶם, וְלֹא הָיוּ נִקְרָאִים בְּחִינַת אלהו"ת אֶלָּא הָיוּ נִבְרָאִים, אָמְנָם בִּהְיוֹתָם קְשׁוּרִים וְנֶאֱחָזִים בּוֹ דֶּרֶךְ הַקַּו הַהוּא, כְּשַׁלְהֶבֶת הַקְּשׁוּרָה בְּגַחֶלֶת, כְּנִזְכָּר בְּסֵפֶר יְצִירָה פֶּרֶק קַמָּא. אִם כֵּן הוּא וְהֵם הַכֹּל אֶחָד, וְגַם הֵם בְּשֵׁם אֵין

---

52 בראשית א כז

53 תהלים קלט כ

סוֹף יִקְרָאוּ.

וְהָרוֹצֶה לַעֲמֹד עַל בֵּרוּרֵי תְּשׁוּבַת קוּשְׁיָא זוֹ יִסְתַּכֵּל בְּפָרָשַׁת בָּא דַּף מ"ב ע"ב בְּרַעְיָא מְהֵימְנָא, בְּעִנְיַן הַמָּשָׁל הַהוּא אֵיךְ הִמְשִׁיל - הָעֶשֶׂר סְפִירוֹת אֶל בְּחִינַת הַמָּקוֹר הַנּוֹבֵעַ מִן הַתְּהוֹם, וְאַחַר כָּךְ יוֹצֵא מִמֶּנּוּ מַעְיָן וְאַחַר כָּךְ הַמַּעְיָן נִמְשָׁךְ כְּעֵין יָם, וְאַחַר כָּךְ מִן הַיָּם נִמְשָׁכִים לַחוּץ וְיוֹצְאִים שֶׁבַע נְחָלִים, בְּאֹפֶן שֶׁעִם כְּפִי הִסְתַּכְּלוּת עֵינֵי הָאָדָם, יֵרָאֶה קֵץ וְסוֹף וּגְבוּל וּמִדָּה אֶל כָּל בְּחִינָה מֵהֶם, אֵינֶנּוּ כָּךְ אֶלָּא בִּבְחִינַת הַכֵּלִים אֲשֶׁר בְּתוֹכָם נִגְבָּלִים הַמַּיִם וְנִכְנָסִים בְּתוֹכָם, אֲבָל הַמַּיִם עַצְמָם אֵין לָהֶם שִׁעוּר, כִּי דְּבֵקִים הֵם בְּמַאֲצִילִים שֶׁהֵם הַתְּהוֹמוֹת אֲשֶׁר מִשָּׁם נִמְשָׁכִים וְיוֹצְאִים, וְעִקַּר בְּחִינַת הַמִּדָּה וְהַמִּסְפָּר, אֵינֶנָּה רַק בִּבְחִינַת הַכֵּלִים בְּעַצְמָהּ אֲשֶׁר לֹא יָכִילוּ מַיִם יוֹתֵר מִשִּׁעוּרָם, אֲבָל הַמַּיִם אֲשֶׁר בְּתוֹכָם אֵין לָהֶם קֵץ וְתַכְלִית וְאֵין לָהֶם סוֹף, וְזֶה לְשׁוֹן הַמַּאֲמָר הַנִּזְכָּר - וּבְגִין דָּא אָמַר, וְאֶל מִי תְּדַמְּיוּנִי וְאֶשְׁוֶה יֹאמַר קָדוֹשׁ. לֵית בְּכָל בְּרִיָּה דְּאֶשְׁוֶה כְּוָותִי, וְאַף עַל גַּב דְּבָרָאתִי לָהּ כִּדְמוּת אַתְוָון דִּילִי.

> וְלָכֵן אָמַר - וְאֶל[54] מִי תְּדַמְּיוּנִי וְאֶשְׁוֶה יֹאמַר קָדוֹשׁ. אֵין בְּכָל בְּרִיָּה שֶׁתִּשְׁוֶה כָּמוֹתִי, וְאַף עַל גַּב שֶׁבְּרָאתִי אוֹתָהּ כִּדְמוּת הָאוֹתִיּוֹת שֶׁלִּי.

לְשׁוֹן הַמַּאֲמָר הֶעְתַּקְתִּיו לְקַמָּן בִּפְתִיחָה שְׁלִישִׁית. הֲרֵי מְפֹרָשׁ הֵיטֵב כָּל מַה שֶּׁאָמַרְנוּ לְעֵיל.

---

[54] ישעיהו מ כה

בְּאֹפֶן שֶׁלֹּא יִתְבַּהֵל לֵב הָאָדָם הָרוֹאֶה מִדּוֹת וּסְפִירוֹת וְצִיּוּרִים לְמַעְלָה, כִּי כָּל בְּחִינוֹת אֵלּוּ הוּא בְּכֵלִים אוֹ בְּאוֹרוֹת עַצְמָם, בִּהְיוֹתָם מִתְלַבְּשִׁים תּוֹךְ הַכֵּלִים וְזֶהוּ מֵחֻלְשַׁת הַכֵּלִים, שֶׁאֵין בָּהֶם כֹּחַ לְקַבֵּל יוֹתֵר מִמִּסְפָּר וּמִדָּה קְצוּבָה הָרָאוּי לָהֶם, אֲשֶׁר לְסִבָּה זוֹ נִקְרָאִים מִדּוֹת וּסְפִירוֹת מַמָּשׁ, וְיֵשׁ רְשׁוּת בְּיַד הָאָדָם לְכַנּוֹת לָהֶם מִסְפָּר וְקִצְבָּה כַּנִּזְכָּר בַּמַּאֲמָר הַנִּזְכָּר, וְזֶה לְשׁוֹנוֹ - וְיָכִילְנָא לְמֶעְבַּד חוּשְׁבַּן תַּמָּן.

וְיָכֹלְנוּ לַעֲשׂוֹת חֶשְׁבּוֹן שָׁם.

אָמְנָם בָּאוֹרוֹת הַפְּנִימִיִּים עַצְמָם אֵין לָהֶם קֵץ וְסוֹף ח"ו, וְזֶה מֵחֲמַת הִתְקַשְּׁרוּתָם בא"ס כִּי מִמֶּנּוּ יוֹצְאִים וְאֵלָיו חוֹזְרִים בְּרָצוֹא וָשׁוֹב, וְכָל הַנּוֹתֵן קֵץ וּמִסְפָּר וּגְבוּל בָּאוֹרוֹת אֵלּוּ, בִּהְיוֹתָם שֶׁלֹּא בְּתוֹךְ הַכֵּלִים, הֲרֵי הוּא מְקַצֵּץ בִּנְטִיעוֹת, וְאוֹי לוֹ אוֹי לְנַפְשׁוֹ, וּכְמוֹ שֶׁאָמַר לְעֵיל בְּמַאֲמָר - וַוי לֵיהּ, מַאן דְּיַשְׁוֶה לֵיהּ, לְשׁוּם מִדָּה, וַאֲפִילוּ מֵאִלֵּין מִדּוֹת דִּילֵיהּ, כָּל שֶׁכֵּן לִבְנֵי הָאָדָם, אֲשֶׁר[55] בֶּעָפָר יְסוֹדָם. דְּכָלִים וְנִפְסָדִים, אֶלָּא דִּמְיוֹנָא דִּילֵיהּ, כְּפוּם שָׁלְטָנוּתֵיהּ עַל הַהִיא מִדָּה, וַאֲפִילוּ עַל כָּל בִּרְיָין. וּלְעֵילָּא מֵהַהִיא מִדָּה. וְכַד אִסְתְּלִיק מִינָהּ, לֵית לֵיהּ מִדָּה, וְלֹא דִּמְיוֹן, וְלֹא צוּרָה.

אוֹי לְמִי שֶׁיַּשְׁוֶה אוֹתוֹ לְשׁוּם מִדָּה, וַאֲפִלּוּ מֵעֶשֶׂר הַמִּדּוֹת הַלָּלוּ שֶׁלּוֹ, כָּל שֶׁכֵּן לִבְנֵי הָאָדָם אֲשֶׁר בֶּעָפָר יְסוֹדָם, שֶׁכָּלִים וְנִפְסָדִים. אֶלָּא הַדִּמְיוֹן שֶׁלּוֹ כְּפִי שִׁלְטוֹנוֹ עַל אוֹתָהּ הַמִּדָּה, וַאֲפִלּוּ עַל כָּל הַבְּרִיּוֹת, וּלְמַעְלָה מֵאוֹתָהּ מִדָּה. וּכְשֶׁמִּסְתַּלֵּק מִמֶּנָּה, אֵין לוֹ מִדָּה

[55] איוב ד יט

וְלֹא דִמְיוֹן וְלֹא צוּרָה. עַד כָּאן לְשׁוֹנוֹ, זלה"ה.

וְהִנֵּה הֶחָכָם הַיָּשָׁר בַּעַל סֵפֶר הַבְּרִית, זֶה לְשׁוֹנוֹ בְּמַאֲמָר ד' פֶּרֶק י"ד בְּחֵלֶק א', כָּתַב וְזֶה לְשׁוֹנוֹ - יֵשׁ אֲנָשִׁים אֵינָם רוֹצִים לַעֲסֹק בְּלִמּוּד זֶה, הוּא חָכְמַת הַקַּבָּלָה, כִּי עֲלֵיהֶם אֵימָתָה וּפַחַד פֶּן יִפְּלוּ בְּרֶשֶׁת הַהַגְשָׁמָה, כִּי כָּל סֵפֶר מִסִּפְרֵי הַקַּבָּלָה אֲשֶׁר יִפְתְּחוּ יִרְאוּ בוֹ כָּל הָעִנְיָנִים מְגֻשָּׁמִים, כִּסְפִירוֹת עֶשֶׂר לֹא פָּחוֹת וְלֹא יוֹתֵר, הִתְלַבְּשׁוּת וְאוֹרוֹת וְכֵלִים וְשִׁבְרֵי כֵּלִים וְצִנּוֹרוֹת וּקְטַנּוּת וִינִיקָה וְגַדְלוּת וְכַדּוֹמֶה, וְהָעָם - מַרְעִידִים[56] עַל הַדָּבָר וּמֵהַגְשָׁמִים. וְהִנֵּה הַנָּס מִפְּנֵי הַפַּחַד שֶׁל הַהַגְשָׁמָה יָפֶה עוֹשֶׂה אַשְׁרֵי הָעָם הַבּוֹרְחִים מִקּוֹל הֲמוֹן הַגֶּשֶׁם, אֶפֶס כִּי הַבְּרִיחָה טוֹב לְאֵינוֹ מֵבִין - אֲשֶׁר[57] לֹא יָדַע לְהִזָּהֵר. וּלְשַׁלֵּל הַגַּשְׁמִיּוּת מִן הַדְּבָרִים הָרוּחָנִיִּים, וְלֹא יוּכַל לְהַפְשִׁיט כְּתֹנֶת עוֹר הַחִיצוֹנִי מִן הָאוֹר הַפְּנִימִי, לֹא לַחֲכָמִים כִּי לֹא יַזִּיקוּ מִלּוֹת הַגַּשְׁמִיִּים לַחֲכָמִים יוֹדְעֵי הָעִתִּים בָּעִנְיָנִים הָאֵלֶּה, כִּי כְּבָר בְּקִיאִים הֵם בְּהִתְפַּשְּׁטוּת הַגַּשְׁמִיּוּת מִן הָרוּחָנִיּוּת וְעוֹרָם מֵעֲלֵיהֶם יַפְשִׁיטוּ, כִּי אִי אֶפְשָׁר לִלְמֹד וּלְלַמֵּד בָּזֶה הָעוֹלָם סוֹדוֹת הָרוּחָנִיִּים, הָעוֹמְדִים בְּרוּמוֹ שֶׁל עוֹלָם הָעֶלְיוֹן כִּי אִם דַּוְקָא בִּדְבָרִים וְעִנְיָנִים גַּשְׁמִיִּים אַחַר שֶׁהַדְּבָרִים יוֹצְאִים מִפֶּה גַּשְׁמִי וְנִכְנָסִים לְאֹזֶן גַּשְׁמִי, וְנִכְתָּבִים בְּקֻלְמוֹס גַּשְׁמִי עַל נְיָר גַּשְׁמִי, לָכֵן דַּעַת לְנָבוֹן נָקֵל שֶׁיִּצְטָרֵךְ כָּל עִנְיָן רוּחָנִי לְהִתְעַטֵּף וּלְהִתְלַבֵּשׁ תּוֹךְ אֵיזֶה עִנְיָן גַּשְׁמִי, כִּי לֹא הָיָה גֶּשֶׁם בָּאָרֶץ אֲשֶׁר אֵין לוֹ דֻּגְמָא

[56] עזרא י ט

[57] קהלת ד יג

לְמַעְלָה בָּעוֹלָם הָעֶלְיוֹן, יַעַן כִּי עוֹלָם הַזֶּה הוּא חוֹתָם וּדְפוּס כָּל הָעוֹלָמוֹת הָעֶלְיוֹנִים, וּבִפְרָט הָאָדָם בָּאֲדָמָה כִּי בְּצֶלֶם אלהי"ם עָשָׂה אֶת הָאָדָם וּמִבְּשָׂרוֹ יֶחֱזֶה אלו"ה, וְכַאֲשֶׁר הַנְּשָׁמָה הָרוּחָנִית מִתְלַבֶּשֶׁת בְּגוּף גַּשְׁמִי, אֲשֶׁר וְדָמָה לָהּ בְּרָמָ"ח אֵבָרִים, וּבִזוּלָתוֹ אִי אֶפְשָׁר לָהּ לְהִתְקַיֵּם בָּזֶה הָעוֹלָם, כָּךְ אִי אֶפְשָׁר לַסּוֹדוֹת הָעֶלְיוֹנִים לָבֹא לְהִתְגַּלּוֹת בָּזֶה הָעוֹלָם מִבְּלִי כְּסוּת וּלְבוּשׁ חִיצוֹן, וְלֹא עֲלֵיהֶם יִהְיֶה הַגֶּשֶׁם, וְלָכֵן רַבִּי שִׁמְעוֹן בַּר יוֹחַאי ע"ה כְּשֶׁרָצָה לְלַמֵּד לְתַלְמִידָיו סוֹדוֹת רוּחָנִיִּים מְלֻבָּשִׁים בְּמִלּוֹת גַּשְׁמִיִּים, פָּתַח וְאָמַר - אָרוּר[58] הָאִישׁ אֲשֶׁר יַעֲשֶׂה פֶסֶל וּמַסֵּכָה. וְשָׂם בַּסֵּתֶר בְּסִתְרוֹ שֶׁל עוֹלָם, וּבָזֶה הִזְהִירָם עַל הִתְפַּשְּׁטוּת הַגַּשְׁמִיּוּת מִן הָרוּחָנִיּוּת בְּלִמּוּד הַהוּא, וּבִהְיוֹת שׁוֹמְעִים אֶת הַקּוֹלוֹת הַגַּשְׁמִיִּים יִהְיֶה דַּעְתָּם אַךְ לְפַשֵּׁט הַגַּשְׁמִיּוּת מִן הָרוּחָנִיּוּת.

וּבְכֵן לֹא יַזִּיק כָּזֹאת לְחָכָם כִּי יָסִיר תֵּכֶף כָּל מִלּוֹת הַגַּשְׁמִיִּים וּפָשַׁט אֶת בְּגָדָיו הַחִיצוֹנִים וְיִדְחֶה אוֹתָם מִפִּתְחֵי לְבָבוֹ הַחוּצָה, וְהַפְּנִימִיּוֹת אֲשֶׁר יִמְצָא תַּחַת לְשׁוֹנוֹ הַגַּשְׁמִי וְיָבִין דָּבָר מִתּוֹךְ דָּבָר יִקָּחֶנָּה לוֹ וִיקַבְּלֶנָּה בְּשִׂמְחָה רַבָּה לְהִתְעַנֵּג עַל עֲרֵבִים בְּתוֹכָהּ וּלְפַנֵּק עִם רֹב נֹעַם וְיֹפִי קָדְשֵׁי קָדָשִׁים הַתּוֹכִיּוּת, וּמִי שֶׁמִּתְיָרֵא אֶת הַלְּבוּשׁ וְאֶת הַכְּסוּת הַגַּשְׁמִי אֲשֶׁר עָלָיו מִמַּעַל לוֹ אִי אֶפְשָׁר לוֹ לְהַשִּׂיג הַפְּנִימִיּוּת הַנֶּחֱמָדִים מִפָּז לְעוֹלָם, מָשָׁל לְמָה הַדָּבָר דּוֹמֶה - לַמַּרְגָּלִיּוֹת הַנִּמְצָא בְּעֹמֶק הַמַּיִם בִּנְהָרוֹת וְיַמִּים כַּיָּדוּעַ, וְיֵשׁ בְּנֵי אָדָם מְלֻמָּדִים עַל זֹאת לָרֶדֶת בְּעֹמֶק הַמַּיִם מִתַּחַת

58 קהלת ד יג

וְיוֹדְעִים לְהִזָּהֵר בְּנְשִׁימָתָם שֶׁלֹּא יִכָּנְסוּ מַיִם בְּאַפָּם וּבְפִיהֶם בְּעֵזֶר מִצְנֶפֶת עוֹר שֶׁעַל רֹאשָׁם, וְהֵמָּה מִתְעַכְּבִים שָׁם וְלוֹקְטִים הַמַּרְגָּלִיּוֹת וּבְעוֹד שֶׁהֵם לוֹקְטִים נִזְהָרִים בְּנַפְשָׁם וּמְשַׁמְּרִים עַצְמָם מִן הַמַּיִם, וּבַעֲלוֹתָם לַיַּבָּשָׁה זוֹרְקִים מֵעֲלֵיהֶם כָּל חֶלְקֵי הַמַּיִם אֲשֶׁר עַל גּוּפָם וּמִתְנַגְּבִים מֵהֶם וּמִתְעַנְּגִים עַל רֹב הַמַּרְגָּלִיּוֹת הַיְקָרִים אֲשֶׁר מָצְאוּ תַּחַת הַמַּיִם וּמִשָּׁם נִתְעַשְּׁרוּ, אַךְ כָּל אִישׁ יָרֵא מִן הַמַּיִם וּבְרוּחַ, לְעוֹלָם אִי אֶפְשָׁר לוֹ לְהַשִּׂיג מַרְגָּלִיּוֹת וְיָמוּת בְּדַלּוּת וּבְחֹסֶר כֹּל, כָּכָה מַמָּשׁ הַדָּבָר עִם חָכְמַת הַקַּבָּלָה כִּי בָּרַח הָעָם בִּרְאוֹתָם בְּסִפְרֵי הַקַּבָּלָה תֵּבוֹת וְעִנְיָנִים מֻגְשָׁמִים וְכָל אֲשֶׁר - בָּרְחוּ[59] לֹא רָאוּ טוֹבָה. וְחֶמְדָּה גְּנוּזָה בְּתוֹכָהּ מֵימֵיהֶם, אַךְ חָכָם מָה הוּא אוֹמֵר הָאִישׁ כָּמוֹנִי יִבְרַח וְהוּא יָדַע לְהִזָּהֵר וְנִכְנַס בְּשָׁלוֹם שֶׁבַּחוּץ וְיוֹצֵא בְּשָׁלוֹם שֶׁבִּפְנִים, כִּי בְּדַעְתּוֹ לְהַפְשִׁיט הַחָמְרִיּוּת - הַגֶּשֶׁם[60] חָלַף הָלַךְ לוֹ. וְאֶת יְקַר תִּפְאֶרֶת הַפְּנִימִי יִהְיֶה לוֹ.

שׁוּב שֵׁנִית אוֹמֵר אֵלֶיךָ אָחִי וְרֵאשׁ, שֶׁאִם תִּרְצֶה לִבְרֹחַ מִן הַגַּשְׁמִיּוּת, צָרִיךְ שֶׁתִּבְרַח מִלִּלְמֹד תּוֹרָה שֶׁבִּכְתָב שֶׁנִּתְּנָה עַל יְדֵי מֹשֶׁה רַבֵּנוּ עָלָיו הַשָּׁלוֹם, מִפְּנֵי שֶׁהִיא תַּגְשִׁים אֶת הַבּוֹרֵא יִתְבָּרֵךְ, בְּאָמְרָה - וַיֵּרֶד[61] הוי"ה. וַיַּעַל[62] מֵעָלָיו אלהי"ם. וַיִּנָּחֶם[63] הוי"ה.

---

[59] איוב ט כה

[60] שיר השירים ב יא

[61] שמות לד ה

[62] בראשית לה יג [הרי"ח כתב ויעל הוי"ה]

[63] שמות לב יד

וַיָּרַח[64] הוי"ה. וְכַדּוֹמֶה לָזֶה הַרְבֵּה וַיְהִי גֶּשֶׁם גָּדוֹל. וְיוֹתֵר מֵהֵמָּה בְּנִי אוֹמֵר לְךָ, שֶׁלְּפִי זֶה צָרִיךְ אַתָּה לִבְרֹחַ מִקִּיּוּם כַּמָּה מִצְוָה בַּתּוֹרָה, יַעַן כִּי שָׁרְשָׁם גַּשְׁמִיּוּת, וְעַל יְסוֹד הַגֶּשֶׁם נִבְנוּ כְּמוֹ מִצְוַת שַׁבָּת, שָׁרְשָׁהּ וִיסוֹדָהּ הוּא מַאֲמַר הַכָּתוּב - כִּי[65] שֵׁשֶׁת יָמִים עָשָׂה הוי"ה אֶת הַשָּׁמַיִם וְאֶת הָאָרֶץ אֶת הַיָּם וְאֶת כָּל אֲשֶׁר בָּם וַיָּנַח בַּיּוֹם הַשְּׁבִיעִי. וּכְלוּם יֵשׁ הַגְשָׁמַת הַבּוֹרֵא יוֹתֵר מִזֶּה, וּלְפִי דְּבָרֶיךָ חָלִילָה לְךָ לִשְׁמֹר אֶת יוֹם הַשַּׁבָּת כְּדֵי שֶׁלֹּא תִּפֹּל בְּהַגְשָׁמָה, בְּרַח דּוֹדִי וּדְמֵה לְךָ כִּי כַּוָּנָתְךָ לְטוֹבָה, וּמַחְשַׁבְתְּךָ רְצוּיָה, כִּי עַל כֵּן קִדַּמְתָּ לִבְרֹחַ מִלִּמּוּד חָכְמַת הַקַּבָּלָה, בְּחָשְׁבְךָ כִּי כַּוָּנָתְךָ רְצוּיָה, אַךְ אָמְנָם אִם חָכָם אַתָּה רָאוּי לְךָ לְהִזָּהֵר מְאֹד מִלַּחֲשֹׁב שֶׁהַבּוֹרֵא יִתְבָּרֵךְ עָשָׂה מְלָאכָה בְּשֵׁשֶׁת הַיָּמִים, וְהָיָה עָיֵף מִן הַמְּלָאכָה, וְהוּא יָגֵעַ וּרְפֵה יָדַיִם ח"ו, וַיָּנַח בְּיוֹם הַשְּׁבִיעִי, וַיִּנָּפֵשׁ מִיְּגִיעַ כַּפּוֹ, חָלִילָה לְךָ מִמַּחֲשָׁבָה זוֹ, אֲבָל תַּאֲמִין כִּי - בּוֹרֵא[66] קְצוֹת הָאָרֶץ לֹא יִיעַף וְלֹא יִיגָע. בְּשֵׁשֶׁת הַיָּמִים, אַף לֹא בְּיוֹם הַשְּׁבִיעִי שָׁבַת וַיִּנָּפֵשׁ מִן הָעֲבוֹדָה ח"ו, כִּי - בִּדְבַר[67] הוי"ה שָׁמַיִם נַעֲשׂוּ וּבְרוּחַ פִּיו כָּל צְבָאָם. וְכָל מַעֲשֵׂה בְּרֵאשִׁית נָמֵי מַאֲמָר הוּא, וּבְכָל זֹאת תְּקַבֵּל שַׁבָּת בְּשִׂמְחָה וּבְפָנִים יָפוֹת, לֹא שֶׁתִּרְחַק קַבָּלַת שַׁבָּת מִיִּרְאַת הַהַגְשָׁמָה. כֵּן אָחִי הַדָּבָר מַמָּשׁ בְּלִמּוּד הַקַּבָּלָה אֲשֶׁר לִבֵּךְ יֶהְגֶּה אֵימָה מֵהַהַגְשָׁמָה, אֵימָתָהּ זוֹ לֹא תְבַעֶתְךָ וְאַל יַעֲצָרְכָה הַגֶּשֶׁם, וּמָה מְאֹד הִזְהִיר הַזֹּהַר

---

[64] בראשית ח כא
[65] שמות כ י
[66] ישעיהו מ כח
[67] תהלים לג ו

עַל לִמּוּד פְּנִימִיּוּת הַתּוֹרָה, כִּדְאִיתָא[68] בְּתִקּוּנִים וְזֶה לְשׁוֹנוֹ - וְכַמָּה בְּנֵי נָשָׁא לְתַתָּא יִתְפַּרְנְסוּן מֵהַאי חִבּוּרָא דִּילָךְ, כַּד יִתְגַּלֵּי לְתַתָּא בְּדָרָא בָּתְרָאָה בְּסוֹף יוֹמַיָּא, וּבְגִינֵהּ - וּקְרָאתֶם[69] דְּרוֹר בָּאָרֶץ. וְגוֹמֵר, עַד כָּאן לְשׁוֹנוֹ.

וְכַמָּה בְּנֵי אָדָם לְמַטָּה יִתְפַּרְנְסוּ מֵהַחִבּוּר הַזֶּה שֶׁלְּךָ, כְּשֶׁיִּתְגַּלֶּה לְמַטָּה בַּדּוֹר הָאַחֲרוֹן בְּסוֹף הַיָּמִים, וּבִגְלָלוֹ וּקְרָאתֶם דְּרוֹר בָּאָרֶץ וְגוֹמֵר.

וּבִתְשׁוּבַת הָרִיבָ"שׁ[70] זַ"ל סִימָן קנ"ז כָּתַב, וְזֶה לְשׁוֹנוֹ - שָׁמַעְתִּי אֶחָד הַמִּתְפַּלְסְפִים מְסַפֵּר בִּגְנוּת הַמְקֻבָּלִים, וְהָיָה אוֹמֵר הַנּוֹצְרִים מַאֲמִינֵי הַשָּׁלוֹשׁ, וְהַמְקֻבָּלִים מַאֲמִינֵי הָעֲשִׂירִיּוֹת, וּכְבָר קָרָה לִי בִּהְיוֹתִי סרקסט"ה, שֶׁבָּא לְשָׁם הֶחָכָם הַיָּשִׁישׁ דּוֹן יוֹסֵף בֶּן שׁוּשָׁן זַ"ל, וְהוּא הָיָה חָכָם בַּתַּלְמוּד, וְרָאָה בְּפִילוֹסוֹפְיָה, וְהָיָה מְקֻבָּל וְחָסִיד גָּדוֹל, וּמְדַקְדֵּק בַּמִּצְוָה. וּבֵינִי וּבֵינוֹ הָיְתָה אַהֲבָה וְחֵשֶׁק גָּדוֹל, וּפַעַם שָׁאַלְתִּי לוֹ, אֵיךְ אַתֶּם הַמְקֻבָּלִים בִּבְרָכָה אַחַת, מְכַוְּנִים לִסְפִירָה יְדוּעָה, וּבִבְרָכָה אַחֶרֶת לִסְפִירָה אַחֶרֶת, וְעוֹד וְכִי יֵשׁ אלהו"ת לִסְפִירוֹת, שֶׁיִּתְחַלֵּל אָדָם לָהֶם. וְעָנָה לִי חָלִילָה שֶׁתִּהְיֶה הַתְּפִלָּה כִּי אִם לְשֵׁם יִתְבָּרֵךְ עִלַּת הָעִלּוֹת, אֲבָל הַדָּבָר כְּמוֹ מִי שֶׁיֵּשׁ לוֹ רִיב, וְשׁוֹאֵל מִן הַמֶּלֶךְ שֶׁיַּעֲשֶׂה לוֹ דִּין, יְבַקֵּשׁ מִמֶּנּוּ שֶׁיְּצַוֶּה אֶל הַיּוֹשֵׁב עַל הַמִּשְׁפָּט שֶׁיָּדִין לוֹ, לֹא שֶׁיְּצַוֶּה זֶה אֶל הַסּוֹכֵן הַמְּמֻנֶּה עַל הָאוֹצָרוֹת, כִּי תִּהְיֶה שְׁאֵלָתוֹ

---

68 תיקוני הזוהר, תיקון ו' דכ"ד דף א

69 ויקרא כה י

70 הרב רבי יצחק בר ששת

בְּטָעוּת. וְכֵן אִם יִשְׁאַל מִן הַמֶּלֶךְ שֶׁיִּתֵּן לוֹ מַתָּן, לֹא יֹאמַר לוֹ שֶׁיְּצַוֶּה אֶל הַשּׁוֹפֵט, אֶלָּא שֶׁיְּצַוֶּה הַסּוֹכֵן. וְכֵן אִם יִשְׁאַל יַיִן, יְבַקֵּשׁ שֶׁיְּצַוֶּה זֶה לְשַׂר הַמַּשְׁקִים, וְאִם יִשְׁאַל לֶחֶם יֹאמַר לְשַׂר הָאוֹפִים, לֹא בְּהֶפֶךְ זֶה. כָּךְ הוּא בְּעִנְיַן הַתְּפִלָּה שֶׁהִיא לְעוֹלָם לְעִלַּת הָעִלּוֹת, אֶלָּא שֶׁמְּכַוֵּן הַמַּחֲשָׁבָה, לְהַמְשִׁיךְ שֶׁפַע לְאוֹתָהּ סְפִירָה הַמִּתְיַחֶסֶת לְאוֹתוֹ דָּבָר, שֶׁהוּא מְבַקֵּשׁ עָלָיו. כְּמוֹ[71] שֶׁתֹּאמַר שֶׁבְּבִרְכַּת עַל הַצַּדִּיקִים, יְכַוֵּן לַסְּפִירָה הַנִּקְרֵאת חֶסֶד, שֶׁהִיא מִדַּת רַחֲמִים. וּבְבִרְכַּת הַמִּינִין, יְכַוֵּן לַסְּפִירָה הַנִּקְרֵאת גְּבוּרָה, שֶׁהִיא מִדַּת הַדִּין, וְהֶקֵּשׁ עַל זֶה. זֶה בֵּאֵר לִי הֶחָסִיד הַנִּזְכָּר מְכֻוֶּנֶת הַמְקֻבָּלִים, וְהִנֵּה טוֹב מְאֹד, עַד כָּאן לְשׁוֹנוֹ.

---

[71] בכוונות הנזכרות כאן, הם **לא לפי דעת** האר"י זלה"ה והרש"ש

שׁוּבִי שׁוּבִי הַשּׁוּלַמִּית – פַּתִיזָזָה שְׁנִיָּה

שׁוּבִי שׁוּבִי הַשּׁוּלַמִּית

פְּתִיחָה שְׁלִישִׁית

הִנֵּה דָּוִד הע"ה אָמַר - אדנ"י[1] שְׂפָתַי תִּפְתָּח יְפִי יַגִּיד תְּהִלָּתֶךָ. הֲרֵי זֶה כְּלָל גָּדוֹל בְּיָדְךָ קֹדֶם כֹּל דָּבָר צָרִיךְ לְהַבִּיט בִּגְדֻלָּתוֹ יִתְבָּרַךְ בָּרוּךְ הוּא וּבָרוּךְ שְׁמוֹ, וּבְרוֹמְמוּתוֹ הָעֶלְיוֹנָה, הֵן קֹדֶם תְּפִלָּה, הֵן קֹדֶם עֵסֶק הַתּוֹרָה. וּבִפְרָט כַּאֲשֶׁר תָּבוֹא לִלְמֹד בְּסִתְרֵי תּוֹרָה, עַל כֵּן בְּכָל עֵת וּבְכָל פַּעַם אֲשֶׁר תִּלְמוֹד, אֱמֹר בְּפִיךָ וְרָחוּשׁ בִּלְבָבֶךָ - פְּתִיחַת אֵלִיָּהוּ הַנָּבִיא זָכוּר לַטּוֹב, אֲשֶׁר פָּתַח וְאָמַר - רִבּוֹן עָלְמִין דְּאַנְתְּ הוּא חָד וְלָא בְחֻשְׁבָּן, אַנְתְּ הוּא עִלָּאָה עַל כָּל עִלָּאִין, סְתִימָא עַל כָּל סְתִימִין, לֵית מַחֲשָׁבָה תְּפִיסָא בָךְ כְּלָל וכו'.

> רִבּוֹן הָעוֹלָמִים שֶׁאַתָּה הוּא אֶחָד בְּתַכְלִית הָאַחְדוּת, וְלֹא בְחֶשְׁבּוֹן. אַתָּה הוּא עֶלְיוֹן עַל כָּל הָעֶלְיוֹנִים, אַתָּה הוּא סָתוּם עַל כָּל הַסְּתוּמִים, אֵין שׁוּם מַחְשָׁבָה וְשֵׂכֶל תּוֹפֶסֶת בְּךָ כְּלָל.

עַד סוֹף פְּתִיחַת אֲמָרָיו הַיְּשָׁרִים, וְתֵן דַּעְתְּךָ הֵיטֵב עַל הַדְּבָרִים הַקְּדוֹשִׁים וְהַטְּהוֹרִים, וְאָז עֵינֶיךָ תֶּחֱזֶינָה מֵישָׁרִים לְהָבִין וּלְהַשְׂכִּיל בְּסוֹדוֹת הַנִּפְתָּרִים.

---

[1] תהלים נא יז

גַּם עוֹד שִׂים עֵינֶיךָ וְלִבְּךָ בְּמַאֲמַר רַעְיָא מְהֵימְנָא בְּפָרָשַׁת בָּא דַּף מ"ב ע"ב, וְזֶה לְשׁוֹנוֹ - וַאֲפִילּוּ הַאי תְּמוּנָה, לֵית לֵיהּ בְּאַתְרֵיהּ, אֶלָּא כַּד נָחִית לְאַמְלָכָא עַל בִּרְיָין, וְיִתְפַּשַּׁט עֲלַיְיהוּ, יִתְחֲזֵי לוֹן לְכָל חַד, כְּפוּם מַרְאֶה וְחֶזְיוֹן וְדִמְיוֹן דִּלְהוֹן, וְהַאי אִיהוּ - וּבְיַד[2] הַנְּבִיאִים אֲדַמֶּה.

וַאֲפִילּוּ תְּמוּנָה זוֹ אֵין לוֹ בִּמְקוֹמוֹ, אֶלָּא כְּשֶׁיּוֹרֵד לִמְלֹךְ עַל הַבְּרִיּוֹת וּמִתְפַּשֵּׁט עֲלֵיהֶם, יֵרָאֶה לָהֶם לְכָל אֶחָד כְּפִי מַרְאֶה וְחִזָּיוֹן וְדִמְיוֹן שֶׁלָּהֶם, וְזֶהוּ וּבְיַד הַנְּבִיאִים אֲדַמֶּה.

וּבְגִין דָּא יֵימָא אִיהוּ, אַף עַל גַּב דַּאֲנָא אֲדַמֶּה לְכוּ בְּדִיוֹקְנַיְיכוּ, אֶל מִי תְּדַמְּיוּנִי וְאֶשְׁוֶה, דְּהָא קֹדֶם דְּבָרָא קוּדְשָׁא בְּרִיךְ הוּא דְּיוֹקְנָא בְּעָלְמָא, וְצַיֵּיר צוּרָה, הֲוָה הוּא יְחִידָאי בְּלָא צוּרָה וְדִמְיוֹן, וּמַאן דְּאִשְׁתְּמוֹדַע לֵיהּ, קֹדֶם בְּרִיאָה, דְּאִיהוּ לְבַר מִדְּיוֹקְנָא, אָסוּר לְמֶעְבַּד לֵיהּ צוּרָה וּדְיוֹקְנָא בְּעָלְמָא, לָא בְּאוֹת **ה'**, וְלָא בְּאוֹת **י'** וַאֲפִילּוּ בִּשְׁמָא קַדִּישָׁא, וְלָא בְּשׁוּם אוֹת וּנְקוּדָה בְּעָלְמָא, וְהַאי אִיהוּ כִּי לֹא רְאִיתֶם כָּל תְּמוּנָה, מִכָּל דָּבָר דְּאִית בֵּיהּ תְּמוּנָה וְדִמְיוֹן לֹא רְאִיתֶם.

וְלָכֵן הוּא יֹאמַר, אַף עַל פִּי שֶׁאֲנִי אֲדַמֶּה לָכֶם בִּדְיוֹקְנְכֶם, אֶל מִי תְּדַמְּיוּנִי וְאֶשְׁוֶה. שֶׁהֲרֵי קֹדֶם שֶׁבָּרָא הַקָּדוֹשׁ בָּרוּךְ הוּא דְּיוֹקָן בָּעוֹלָם וְצִיֵּר צוּרָה, הָיָה הוּא יְחִידִי בְּלִי צוּרָה וְדִמְיוֹן, וּמִי שֶׁנּוֹדַע לוֹ קֹדֶם בְּרִיאָה שֶׁהוּא מִחוּץ לַדְּיוֹקָן, אָסוּר לַעֲשׂוֹת לוֹ צוּרָה וּדְמוּת אוֹ דְּיוֹקָן בָּעוֹלָם, לֹא בְּאוֹת **ה'** וְלֹא בְּאוֹת **י'**,

---

[2] הושע יב יא

וַאֲפִלּוּ בְּשֵׁם הַקָּדוֹשׁ, וְלֹא בְּשׁוּם אוֹת וּנְקֻדָּה בָּעוֹלָם, וְזֶהוּ כִּי לֹא רְאִיתֶם כָּל תְּמוּנָה, מִכָּל דָּבָר שֶׁיֵּשׁ בּוֹ תְּמוּנָה וְדִמְיוֹן לֹא רְאִיתֶם.

אֲבָל בָּתַר דְּעָבַד הַאי דְּיוּקְנָא דְּמֶרְכָּבָה דְּאָדָם עִלָּאָה, נָחִית תַּמָּן, וְאִתְקְרֵי בְּהַהוּא דְּיוּקְנָא הוי"ה, בְּגִין דְּיִשְׁתְּמוֹדְעוּן לֵיהּ בְּמִדּוֹת דִּילֵיהּ, בְּכָל מִדָּה וּמִדָּה, וְקָרָא - א"ל, אלהי"ם, שד"י, צבאו"ת, אהי"ה. בְּגִין דְּיִשְׁתְּמוֹדְעוּן לֵיהּ, בְּכָל מִדָּה וּמִדָּה, אֵיךְ יִתְנַהֵג עָלְמָא, בְּחֶסֶד וּבְדִינָא, כְּפוּם עוֹבָדֵיהוֹן דִּבְנֵי נָשָׁא, דְּאִי לָא יִתְפַּשַּׁט נְהוֹרֵיהּ עַל כָּל בִּרְיָין, אֵיךְ יִשְׁתְּמוֹדְעוּן לֵיהּ, וְאֵיךְ יִתְקַיֵּים, מְלֹא[3] כָל הָאָרֶץ כְּבוֹדוֹ.

אֲבָל אַחַר שֶׁעָשָׂה דְּיוֹקָן זֶה שֶׁל הַמֶּרְכָּבָה שֶׁל אָדָם עֶלְיוֹן, יָרַד לְשָׁם, וְנִקְרָא בְּאוֹתוֹ דְּיוֹקָן הוי"ה, כְּדֵי שֶׁיֵּדְעוּ אוֹתוֹ בַּמִּדּוֹת שֶׁלּוֹ בְּכָל מִדָּה וּמִדָּה, וְקָרָא - א"ל, אלהי"ם, שד"י, צבאו"ת, אהי"ה. כְּדֵי שֶׁיֵּדְעוּ אוֹתוֹ בְּכָל מִדָּה וּמִדָּה אֵיךְ יִתְנַהֵג הָעוֹלָם, בְּחֶסֶ"ד וּבְדִין, כְּפִי מַעֲשֵׂי בְּנֵי הָאָדָם, שֶׁאִם לֹא יִתְפַּשֵּׁט אוֹרוֹ עַל כָּל הַבְּרִיּוֹת, אֵיךְ יֵדְעוּ אוֹתוֹ וְאֵיךְ יִתְקַיֵּם - מְלֹא כָל הָאָרֶץ כְּבוֹדוֹ.

וַוי לֵיהּ, מַאן דְּיַשְׁוֶה לֵיהּ, לְשׁוּם מִדָּה, וַאֲפִילוּ מֵאִלֵּין מִדּוֹת דִּילֵיהּ, כָּל שֶׁכֵּן לִבְנֵי הָאָדָם, אֲשֶׁר[4] בֶּעָפָר יְסוֹדָם. דְּכָלִים וְנִפְסָדִים, אֶלָּא דִּמְיוֹנָא דִּילֵיהּ, כְּפוּם

[3] ישעיהו ו ג

[4] איוב ד יט

שָׁלְטָנוּתֵיהּ עַל הַהִיא מִדָּה, וַאֲפִילוּ עַל כָּל בִּרְיָין. וּלְעֵילָּא מֵהַהִיא מִדָּה. וְכַד אִסְתְּלִיק מִינָהּ, לֵית לֵיהּ מִדָּה, וְלָא דִּמְיוֹן, וְלָא צוּרָה.

אוֹי לְמִי שֶׁיַּשְׁוֶה אוֹתוֹ לְשׁוּם מִדָּה, וַאֲפִלּוּ מֵעֶשֶׂר הַמִּדּוֹת הַלָּלוּ שֶׁלּוֹ, כָּל שֶׁכֵּן לִבְנֵי הָאָדָם - אֲשֶׁר בֶּעָפָר יְסוֹדָם, שֶׁכָּלִים וְנִפְסָדִים. אֶלָּא הַדִּמְיוֹן שֶׁלּוֹ כְּפִי שִׁלְטוֹנוֹ עַל אוֹתָהּ הַמִּדָּה, וַאֲפִלּוּ עַל כָּל הַבְּרִיּוֹת, וּלְמַעְלָה מֵאוֹתָהּ מִדָּה. וּכְשֶׁמִּסְתַּלֵּק מִמֶּנָּה, אֵין לוֹ מִדָּה וְלֹא דִמְיוֹן וְלֹא צוּרָה.

כְּגַוְונָא דְּיַמָּא, דְּלֵית בְּמַיָּא דְּיַמָּא דְּנָפְקֵי מִינֵּיהּ, תְּפִיסוּ כְּלָל וְלָא צוּרָה, אֶלָּא דְּאִתְפַּשְּׁטוּתָא דְּמַיָּא דְּיַמָּא עַל מָאנָא, דְּאִיהוּ אַרְעָא, אִתְעֲבִיד דִּמְיוֹן, וְיָכִילְנָא לְמֶעְבַּד חוּשְׁבַּן תַּמָּן, כְּגוֹן הַמָּקוֹר דְּיַמָּא הָא חַד. נָפִיק מִינֵּיהּ מַעְיָן, כְּפוּם אִתְפַּשְּׁטוּתָא דִילֵיהּ מֵהַהוּא מָאנָא, כְּעִגּוּלָא דְּאִיהִי י', הָא מָקוֹר חַד, וּמַעְיָן דְּנָפִיק מִנֵּיהּ הָא תְּרֵין.

כְּמוֹ שֶׁהַיָּם, שֶׁאֵין בַּמַּיִם שֶׁל הַיָּם שֶׁיּוֹצְאִים מִמֶּנּוּ תְּפִיסָה כְּלָל וְלֹא צוּרָה, אֶלָּא שֶׁהִתְפַּשְּׁטוּת שֶׁל הַמַּיִם שֶׁל הַיָּם עַל כְּלִי שֶׁהוּא אֶרֶץ, נַעֲשֶׂה דִמְיוֹן, וְיָכֹלְנוּ לַעֲשׂוֹת חֶשְׁבּוֹן שָׁם, כְּמוֹ הַמָּקוֹר שֶׁל הַיָּם - הֲרֵי אֶחָד. יוֹצֵא מִמֶּנּוּ מַעְיָן כְּפִי הִתְפַּשְּׁטוּתוֹ בְּאוֹתוֹ הַכְּלִי, כְּמוֹ עִגּוּל שֶׁהוּא י' - הֲרֵי מָקוֹר אֶחָד, וּמַעְיָן שֶׁיּוֹצֵא מִמֶּנּוּ - הֲרֵי שְׁנַיִם.

לְבָתַר עָבֵד מָאנָא רַבְרְבָא כְּגוֹן מַאן דְּעָבֵד חֲפִירָא

רַבְרְבָא וְאִתְמְלֵי מִן מַיָּא, דְּנָפִיק מִן מַעְיָן. הַהִיא מָאנָא אִתְקְרֵי יָם, וְהוּא מָאנָא תְּלִיתָאָה, וְהַהוּא מָאנָא רַבְרְבָא, וְאִתְפְּלִיג לְז' נְחָלִין, כְּפוּם מָאנִין אֲרִיכִין, הָכִי אִתְפָּשַׁט מַיָּא מִן יַמָּא, לְשִׁבְעָה נְחָלִין וְהָא מָקוֹר, וּמַעְיָן, וְיַמָּא, וְז' נְחָלִין, אִינּוּן י' וְאִי יְתַבַּר אוּמָנָא אִלֵּין מָאנִין דְּתַקִּין, יַהַדְרוּן מַיָּא לְמָקוֹר, וְיִשְׁתָּאֲרוּ מָאנִין תְּבִירִין יְבֵשִׁין בְּלָא מַיָּא.

אַחַר כָּךְ עוֹשֶׂה כְּלִי גָּדוֹל כְּמוֹ מִי שֶׁעוֹשֶׂה חֲפִירָה גְּדוֹלָה שֶׁמִּתְמַלֵּאת מִמַּיִם שֶׁיּוֹצְאִים מִמַּעְיָן. אוֹתוֹ כְּלִי נִקְרָא יָם, וְהוּא כְּלִי שְׁלִישִׁי, וְאוֹתוֹ כְּלִי גָּדוֹל שֶׁנֶּחֱלָק לְשִׁבְעָה נְחָלִים כְּפִי כֵּלִים אֲרֻכִּים. כָּךְ מִתְפַּשְּׁטִים הַמַּיִם מִן הַיָּם לְשִׁבְעָה נְחָלִים, וַהֲרֵי מָקוֹר וּמַעְיָן וְיָם וְשִׁבְעָה נְחָלִים הֵם עֲשָׂרָה. וְאִם יִשְׁבֹּר הָאֻמָּן אֶת הַכֵּלִים הַלָּלוּ שֶׁתִּקֵּן, יַחְזְרוּ הַמַּיִם לַמָּקוֹר, וְיִשָּׁאֲרוּ כֵּלִים שְׁבוּרִים יְבֵשִׁים בְּלִי מַיִם.

הָכִי עִלַּת הָעִלּוֹת, עָבִיד עֶשֶׂר סְפִירוֹת, וְקָרָא לְכֶתֶר מָקוֹר, וּבֵיהּ לֵית סוֹף לִנְבִיעוּ דִּנְהוֹרֵיהּ. וּבְגִין דָּא קָרָא לְגַרְמֵיהּ אֵין סוֹף, וְלֵית לֵיהּ דְּמוּת וְצוּרָה, וְתַמָּן לֵית מָאנָא לְמִתְפַּס לֵיהּ, לְמִנְדַּע בֵּיהּ יְדִיעָא כְּלָל. וּבְגִין דָּא אָמְרוּ בֵּיהּ, בַּמּוּפְלָא מִמְּךָ אַל תִּדְרוֹשׁ, וּבַמְכוּסֶּה מִמְּךָ אַל תַּחְקוֹר.

כָּךְ עִלַּת הָעִלּוֹת עָשָׂה עֶשֶׂר סְפִירוֹת, וְקָרָא לַכֶּתֶר מָקוֹר, וּבוֹ אֵין סוֹף לִנְבִיעַת אוֹרוֹ, וְלָכֵן קָרָא לְעַצְמוֹ אֵין סוֹף, וְאֵין לוֹ דְּמוּת וְצוּרָה, וְשָׁם אֵין כְּלִי לִתְפֹּס אוֹתוֹ, לָדַעַת בּוֹ יְדִיעָה כְּלָל. וְלָכֵן אָמְרוּ בוֹ, בַּמֻּפְלָא מִמְּךָ אַל תִּדְרֹשׁ

וּבַמְכֻסֶּה מִמְּךָ אַל תַּחְקֹר.

לְבָתַר עָבֵד מָאנָא זְעֵירָא, וְדָא י', וְאִתְמַלְיָא מִנֵּיהּ, וְקָרָא לֵיהּ מַעְיָן נוֹבֵעַ חָכְמָה, וְקָרָא גַּרְמֵיהּ בָּהּ חָכָם, וּלְהַהוּא מָאנָא קָרָא לֵיהּ חָכְמָ"ה. וּלְבָתַר עָבֵד מָאנָא רַבְרְבָא, וְקָרָא לֵיהּ יָם, וְקָרָא לֵיהּ בִּינָה, וְהוּא קָרָא לְגַרְמֵיהּ מֵבִין בָּהּ.

אַחַר כָּךְ עָשָׂה כְּלִי קָטָן, וְזֶה י', וְהִתְמַלֵּא מִמֶּנּוּ, וְקָרָא לוֹ מַעְיָן נוֹבֵעַ חָכְמָה, וְקָרָא אֶת עַצְמוֹ בּוֹ חָכָם, וּלְאוֹתוֹ הַכְּלִי קָרָא לוֹ חָכְמָ"ה. וְאַחַר כָּךְ עָשָׂה כְּלִי גָּדוֹל, וְקָרָא לוֹ יָם, וְקָרָא לוֹ בִּינָה, וְהוּא קָרָא אֶת עַצְמוֹ מֵבִין בָּהּ.

חָכָם מֵעַצְמוֹ, וּמֵבִין מֵעַצְמוֹ, כִּי חָכְמָה אִיהִי לָא אִתְקְרִיאַת חָכְמָה מִגַּרְמָהּ, אֶלָּא בְּגִין הַהוּא חָכָם דְּאַמְלֵי לָהּ מִנְּבִיעוּ דִּילֵיהּ. וְאִיהִי לָא אִתְקְרִיאַת בִּינָה מִגַּרְמָהּ, אֶלָּא עַל שֵׁם הַהוּא מֵבִין דְּאַמְלֵי לָהּ מִנֵּיהּ. דְּאִי הֲוָה מִסְתַּלֵּק מִנָּהּ, אִשְׁתְּאֲרַת יְבֵשָׁה. הֲדָא הוּא דִכְתִיב, אָזְלוּ[5] מַיִם מִנִּי יָם וְנָהָר יֶחֱרַב וְיָבֵשׁ.

חָכָם מֵעַצְמוֹ וּמֵבִין מֵעַצְמוֹ, כִּי חָכְמָה לֹא נִקְרֵאת חָכְמָה מֵעַצְמָהּ, אֶלָּא מִשּׁוּם אוֹתוֹ חָכָם שֶׁמִּלֵּא אוֹתָהּ מִמַּעְיָנוֹ. וְהִיא לֹא נִקְרֵאת בִּינָה מֵעַצְמָהּ, אֶלָּא עַל שֵׁם אוֹתוֹ מֵבִין שֶׁמִּלֵּא אוֹתָהּ מִמֶּנּוּ, שֶׁאִם הָיָה מִסְתַּלֵּק מִמֶּנָּה, הִיא תִּשָּׁאֵר יְבֵשָׁה. זֶהוּ שֶׁכָּתוּב - אָזְלוּ מַיִם מִנִּי יָם וְנָהָר יֶחֱרַב וְיָבֵשׁ.

---

[5] איוב יד יא

לְבָתַר וְהִכָּהוּ לְשִׁבְעָה נְחָלִים. וְעָבִיד לֵיהּ לְשִׁבְעָה מָאנִין יַקִּירִין, וְקָרָא לוֹן - גְּדוּלָ"ה. גְּבוּרָ"ה. תִּפְאֶרֶ"ת. נֶצַ"ח. הוֹ"ד. יְסוֹ"ד. מַלְכוּ"ת. וְקָרָא גַּרְמֵיהּ גָּדוֹל בִּגְדוּלָ"ה וְחָסִי"ד. גִּבּוֹר, בִּגְבוּרָ"ה. מְפוֹאָר, בְּתִפְאֶרֶ"ת. מָארֵי נִצְחָן קְרָבִין, בְּנֶצַ"ח נְצָחִים. וּבְהוֹ"ד קָרָא שְׁמֵיהּ, הוֹד יוֹצְרֵנוּ. וּבִיְסוֹ"ד קָרָא שְׁמֵיהּ צַדִּיק. וִיסוֹ"ד, כֹּלָּא סָמִיךְ בֵּיהּ, כָּל מָאנִין וְכָל עָלְמִין. וּבְמַלְכוּת, קָרָא שְׁמֵיהּ מֶלֶךְ. וְלוֹ הַגְּדוּלָ"ה וְהַגְּבוּרָ"ה וְהַתִּפְאֶרֶ"ת וְהַנֵּצַ"ח וְהַהוֹ"ד כִּי כֹ"ל בַּשָּׁמַיִם, דְּאִיהוּ צַדִּי"ק. וְלוֹ הַמַּמְלָכָה - דְּאִיהוּ מַלְכוּ"ת.

גְּדֻלָּ"ה, גְּבוּרָ"ה, תִּפְאֶרֶ"ת, נֶצַ"ח, הוֹ"ד, יְסוֹ"ד, מַלְכוּ"ת. וְקָרָא אֶת עַצְמוֹ גָּדוֹל בִּגְדֻלָּ"ה וְחָסִי"ד. גִּבּוֹר בִּגְבוּרָ"ה. מְפֹאָר בְּתִפְאֶרֶ"ת. בַּעַל נִצָּחוֹן קְרָבוֹת בְּנֶצַ"ח נְצָחִים. וּבְהוֹ"ד קָרָא אֶת שְׁמוֹ הוֹד יוֹצְרֵנוּ. וּבִיְסוֹד קָרָא שְׁמוֹ צַדִּיק. וּבִיְסוֹ"ד הַכֹּל סָמוּךְ בּוֹ, כָּל הַכֵּלִים וְכָל הָעוֹלָמוֹת. וּבְמַלְכוּת קָרָא שְׁמוֹ מֶלֶךְ. וְלוֹ הַגְּדֻלָּ"ה וְהַגְּבוּרָ"ה וְהַתִּפְאֶרֶ"ת וְהַנֵּצַ"ח וְהַהוֹ"ד כִּי כֹל בַּשָּׁמַיִם, שֶׁהוּא צַדִּי"ק. וְלוֹ הַמַּמְלָכָה, שֶׁהִיא מַלְכוּ"ת.

כֹּלָּא בִּרְשׁוּתֵיהּ, לְמֶחסַר בְּמָאנִין, וּלְאוֹסָפָא בְּהוֹן נְבִיעוּ, וּלְמֶחֱסַר כְּפוּם רְעוּתֵיהּ וְלֵית עָלֵיהּ אֱלָהָא, דְּיוֹסִיף בֵּיהּ, אוֹ יִגְרַע בֵּיהּ.

הַכֹּל בִּרְשׁוּתוֹ לְחַסֵּר בַּכֵּלִים וּלְהוֹסִיף בָּהֶם נְבִיעָה וּלְחַסֵּר כְּפִי רְצוֹנוֹ, וְאֵין עָלָיו אֱלוֹהַּ שֶׁיּוֹסִיף בּוֹ אוֹ יִגְרַע בּוֹ.

לְבָתַר עָבֵד מְשַׁמְּשִׁין, לְאִלֵּין מָאנִין, כֻּרְסְיָא בְּאַרְבַּע סַמְכִין. וְשִׁית דַּרְגִּין לְכֻרְסְיָא. הָא עֶשֶׂר. וְכֹלָּא אִיהוּ כֻּרְסְיָא. כְּגוֹן כּוֹס דִּבְרָכָה, דְּתָקִינוּ בּוֹ עֲשָׂרָה דְּבָרִים, בְּגִין תּוֹרָה דְּאִתְיְיהִיבַת בַּעֲשָׂרָה דִּבְרָן. בְּגִין עָלְמָא דְּאִיהוּ מַעֲשֵׂה בְרֵאשִׁית, דְּאִתְבְּרֵי בַּעֲשָׂרָה מַאֲמָרוֹת.

אַחַר כָּךְ עָשָׂה מְשַׁמְּשִׁים לַכֵּלִים הַלָּלוּ, כִּסֵּא בְּאַרְבָּעָה עַמּוּדִים, וְשֵׁשׁ דְּרָגוֹת לַכִּסֵּא - הֲרֵי עֶשֶׂר. וְהַכֹּל הוּא בַּכִּסֵּא. כְּמוֹ כּוֹס שֶׁל בְּרָכָה שֶׁתִּקְּנוּ בּוֹ עֲשָׂרָה דְּבָרִים מִשּׁוּם הַתּוֹרָה שֶׁנִּתְּנָה בְּעֶשֶׂר דִּבְּרוֹת, וּמִשּׁוּם הָעוֹלָם שֶׁהוּא מַעֲשֵׂה בְרֵאשִׁית שֶׁנִּבְרָא בַּעֲשָׂרָה מַאֲמָרוֹת.

וְתָקִין לְכֻרְסְיָא כִּתּוֹת לְשַׁמְּשָׁא לֵיהּ, דְּאִינּוּן מַלְאָכִים. אֶרְאֶלִּים. שְׂרָפִים. חַיּוֹת. אוֹפַנִּים. חַשְׁמַלִּים. אֵלִים. אֱלֹהִים. בְּנֵי אֱלֹהִי"ם. אִישִׁי"ם. וּלְאִלֵּין עָבִיד שַׁמָּשִׁין, סמא"ל, וְכָל כִּתּוֹת דִּילֵיהּ, דְּאִינּוּן כַּעֲנָנִים לְמִרְכַּב בְּהוֹן לְנַחְתָּא בְּאַרְעָא, וְאִינּוּן כְּסוּסִין לוֹן. עַיֵּן שָׁם.

וְתִקֵּן לַכִּסֵּא כִּתּוֹת לְשַׁמֵּשׁ אוֹתוֹ, שֶׁל אוֹתָם מַלְאָכִים, אֶרְאֶלִּים, שְׂרָפִים, חַיּוֹת, אוֹפַנִּים, חַשְׁמַלִּים, אֵלִים, אֱלֹהִים, בְּנֵי אֱלֹהִי"ם, אִישִׁי"ם. וּלְאֵלֶּה הוּא עָשָׂה שַׁמָּשִׁים, סמא"ל וְכָל הַכִּתּוֹת שֶׁלּוֹ, שֶׁהֵם כְּמוֹ עֲנָנִים לִרְכֹּב בָּהֶם לָרֶדֶת לָאָרֶץ, וְהֵם כְּמוֹ סוּסִים לָהֶם.

וְעוֹד שִׂים עֵינֶיךָ וְלִבְּךָ אֶל לְשׁוֹן רַעְיָא מְהֵימְנָא בְּפָרָשַׁת בְּהַר דַּף ק"ט ע"ב, וְזֶה לְשׁוֹנוֹ - הָכִי יִחוּד קוּדְשָׁא בְּרִיךְ הוּא וּשְׁכִינְתֵּיהּ, אַף עַל גַּב דְּאִינּוּן כְּנִשְׁמָתִין לְגַבֵּי כּוּרְסְיָא וּמַלְאָכִין, הָכִי אִינּוּן לְגַבָּךְ

עִלַּת הָעִלּוֹת, כְּגוּפָא, דְּאַנְתְּ הוּא דִּמְיַיחֵד לוֹן, וּמְקָרֵב לוֹן, וּבְגִין דָּא אֱמוּנָה דִּילָךְ בְּהוֹן, וְאַנְתְּ לֵית עֲלָךְ נִשְׁמְתָא, דְּתֶהֱוֵי אַנְתְּ כְּגוּפָא לְגַבָּהּ, דְּאַנְתְּ הוּא נְשָׁמָה לַנְּשָׁמוֹת, וְלֵית נְשָׁמָה עֲלָךְ, וְלָא אֱלָהָא עֲלָךְ, אַנְתְּ לְבַר מִכֹּלָּא, וּלְגָאו מִכֹּלָּא, וּלְכָל סִטְרָא, וּלְעֵילָּא מִכֹּלָּא, וּלְתַתָּא מִכֹּלָּא. וְלֵית אֱלָהָא אָחֳרָא, עֵילָּא וְתַתָּא, וּמִכֹּל סִטְרָא, וּמִלְּגוֹ דְּעֶשֶׂר סְפִירָן, דְּמִנְּהוֹן כֹּלָּא, וּבְהוֹן כֹּלָּא תַּלְיָא וְאַנְתְּ בְּכָל סְפִירָה, בְּאָרְכָּהּ וְרָחְבָּהּ, עֵילָּא וְתַתָּא, וּבֵין כָּל סְפִירָה וּסְפִירָה, וּבְעוֹבִי דְּכָל סְפִירָה וּסְפִירָה.

כָּךְ יִחוּד הַקָּדוֹשׁ בָּרוּךְ הוּא וּשְׁכִינָתוֹ, אַף עַל גַּב שֶׁהֵם כִּנְשָׁמוֹת לְגַבֵּי הַכִּסֵּא וְהַמַּלְאָכִים, כָּךְ הֵם לְגַבֶּיךָ עִלַּת הָעִלּוֹת, כְּגוּף, שֶׁאַתָּה הוּא שֶׁמְּיַחֵד אוֹתָם וּמְקָרֵב אוֹתָם, וְלָכֵן אֱמוּנָתְךָ בָּהֶם, וְאַתָּה אֵין נְשָׁמָה עָלֶיךָ, שֶׁתִּהְיֶה אַתָּה כְּגוּף אֵלֶיהָ, שֶׁאַתָּה הוּא נְשָׁמָה לַנְּשָׁמוֹת, וְאֵין נְשָׁמָה עָלֶיךָ, וְלֹא אֱלוֹהַּ עָלֶיךָ. אַתָּה מִחוּץ לַכֹּל, וּבְתוֹךְ הַכֹּל, וּלְכָל צַד, וּלְמַעְלָה מֵהַכֹּל, וּלְמַטָּה מֵהַכֹּל. וְאֵין אֱלוֹהַּ אַחֵר לְמַעְלָה וּלְמַטָּה וּמִכָּל צַד, וּמִתּוֹךְ עֶשֶׂר הַסְּפִירוֹת, שֶׁמֵּהֶם הַכֹּל, וּבָהֶם הַכֹּל תָּלוּי, וְאַתָּה בְּכָל סְפִירָה, בְּאָרְכָּהּ וְרָחְבָּהּ, לְמַעְלָה וּלְמַטָּה, וּבֵין כָּל סְפִירָה וּסְפִירָה, וּבָעֳבִי כָּל סְפִירָה וּסְפִירָה.

וְאַנְתְּ הוּא דִּמְקָרֵב לְקוּדְשָׁא בְּרִיךְ הוּא וּשְׁכִינְתֵּיהּ, בְּכָל סְפִירָה וּסְפִירָה, וּבְכָל עַנְפִין דִּנְהוֹרִין דְּתַלְיָין מִנְּהוֹן, כְּגַרְמִין, וְגִידִין, וְעוֹר, וּבָשָׂר, דְּתַלְיָין מִן

גּוּפָא. וְאַנְתְּ לֵית לָךְ גּוּפָא, וְלָא אֵבָרִים, וְלֵית לָךְ נוּקְבָא. אֶלָּא אֶחָד בְּלָא שֵׁנִי. יְהֵא רַעֲוָא דִּילָךְ, דְּתְקָרֵב אַנְתְּ שְׁכִינְתָּא לְגַבֵּי קוּדְשָׁא בְּרִיךְ הוּא, בְּכָל דַּרְגִּין דְּאִינּוּן אֲצִילוּת דִּילָהּ, דְּאִינּוּן נִשְׁמָתִין דְּבַעֲלֵי מִדּוֹת. נְשִׂיאֵי יִשְׂרָאֵל. חֲכָמִים. נְבוֹנִים. חֲסִידִים. גִּבּוֹרִים. אַנְשֵׁי אֱמֶת. נְבִיאִים. צַדִּיקִים. מְלָכִים. כֻּלְּהוּ דַּאֲצִילוּת, דְּאִית אָחֳרָנִין דִּבְרִיאָה. עַד כָּאן, עַיֵּן שָׁם.

וְאַתָּה הוּא שֶׁמְּקָרֵב אֶת הַקָּדוֹשׁ בָּרוּךְ הוּא לִשְׁכִינָתוֹ בְּכָל סְפִירָה וּסְפִירָה, וּבְכָל הָעֲנָפִים שֶׁל הַמְּאוֹרוֹת שֶׁתְּלוּיִים מֵהֶם, כַּעֲצָמוֹת, וְגִידִים, וְעוֹר, וּבָשָׂר, הַתְּלוּיִים מִן הַגּוּף. וְאַתָּה אֵין לְךָ גּוּף, וְלֹא אֵיבָרִים, וְאֵין לְךָ נְקֵבָה. אֶלָּא אֶחָד בְּלִי שֵׁנִי. יְהִי רָצוֹן שֶׁלְּךָ, שֶׁתְּקָרֵב אַתָּה אֶת הַשְּׁכִינָה לַקָּדוֹשׁ בָּרוּךְ הוּא בְּכָל הַדְּרָגוֹת שֶׁהֵן אֲצִילוּת שֶׁלָּהּ, שֶׁהֵן נְשָׁמוֹת שֶׁל בַּעֲלֵי מִדּוֹת. נְשִׂיאֵי יִשְׂרָאֵל. חֲכָמִים. נְבוֹנִים. חֲסִידִים. גִּבּוֹרִים. אַנְשֵׁי אֱמֶת. נְבִיאִים. צַדִּיקִים. מְלָכִים. כֻּלָּם מֵאֲצִילוּת, שֶׁיֵּשׁ אֲחֵרִים שֶׁל בְּרִיאָה.

וְעוֹד שִׂים עֵינֶיךָ וְלִבְּךָ אֶל מַאֲמַר רַעְיָא מְהֵימְנָא בְּפָרָשַׁת פִּנְחָס דַּף רכ"ה ע"א וְזֶה לְשׁוֹנוֹ - אֲבָל עִלַּת הָעִלּוֹת עַל כֹּלָּא, דְּאִתְקְרֵי הוי"ה, אִתְּמַר בֵּיהּ - וְאֶל[6] מִי תְדַמְּיוּנִי וְאֶשְׁוֶה יֹאמַר קָדוֹשׁ. וְאֶל[7] מִי תְּדַמְּיוּן אֵל וּמַה דְּמוּת תַּעַרְכוּ לוֹ. אֲנִי[8] הוי"ה לֹא שָׁנִיתִי. לָא מָטֵי

---

[6] ישעיהו מ כה

[7] ישעיהו מ יח

[8] מלאכי ג ו

בֵּיהּ חוֹבִין לְאַפְרְשָׁא אַתְווֹי, **י' מַה', ו' מַה'**, דְּלֵית בֵּיהּ פְּרוּדָא. וַעֲלֵיהּ אִתְּמַר - לֹא[9] יְגוּרְךָ רָע. אִיהוּ שַׁלִּיט עַל כֹּלָּא, וְלֵית מַאן דְּשַׁלִּיט בֵּיהּ. אִיהוּ תָּפִיס בְּכֹלָּא, וְלֵית מַאן דְּתָפִיס בֵּיהּ. וְאִיהוּ לָא אִתְקְרֵי הוי"ה, וּבְכָל שְׁמָהָן, אֶלָּא בְּאִתְפַּשְּׁטוּת נְהוֹרֵיהּ עֲלַיְיהוּ. וְכַד אִסְתַּלִּיק מִנַּיְיהוּ, לֵית לֵיהּ מִגַּרְמֵיהּ שֵׁם כְּלָל מִנְּהוֹן. עָמוֹק[10] עָמוֹק מִי יִמְצָאֶנּוּ.

אֲבָל עִלַּת הָעִלּוֹת עַל הַכֹּל, שֶׁנִּקְרָא הוי"ה, נֶאֱמַר בּוֹ - וְאֶל מִי תְדַמְּיוּנִי וְאֶשְׁוֶה יֹאמַר קָדוֹשׁ. וְאֶל מִי תְּדַמְּיוּן אֵל וּמַה דְּמוּת תַּעַרְכוּ לוֹ. - אֲנִי הוי"ה לֹא שָׁנִיתִי. לָא מַגִּיעַ אֵלָיו חֲטָאִים לְהַפְרִיד אוֹתִיּוֹתָיו - **י' מַה', ו' מַה'**. שֶׁאֵין בָּהֶם פֵּרוּד. וְעָלָיו נֶאֱמַר - לֹא יְגֻרְךָ רָע. הוּא שׁוֹלֵט עַל הַכֹּל, וְאֵין מִי שֶׁשּׁוֹלֵט בּוֹ. הוּא תּוֹפֵס אֶת הַכֹּל, וְאֵין מִי שֶׁתּוֹפֵס בּוֹ. וְהוּא לֹא נִקְרָא יְהֹוָ"ה, וּבְכָל הַשֵּׁמוֹת, אֶלָּא בְּהִתְפַּשְּׁטוּת אוֹרוֹ עֲלֵיהֶם. וּכְשֶׁמִּסְתַּלֵּק מֵהֶם, אֵין לוֹ מֵעַצְמוֹ שֵׁם כְּלָל מֵהֶם. עָמֹק עָמֹק מִי יִמְצָאֶנּוּ.

לֵית נְהוֹרָא יָכִיל לְאִסְתַּכְּלָא בֵּיהּ, דְּלָא אִתְחַשְׁכַת. אֲפִילוּ כֶּתֶר עֶלְיוֹן, דְּאִיהוּ נְהוֹרֵיהּ תַּקִּיף עַל כָּל דַּרְגִּין, וְעַל כָּל חֵילֵי שְׁמַיָּא, עִלָּאִין וְתַתָּאִין, אִתְּמַר עָלֵיהּ - יָשֶׁת[11] חֹשֶׁךְ סִתְרוֹ. וְעַל חָכְמָה וּבִינָה, עָנָן[12] וַעֲרָפֶל סְבִיבָיו. כָּל שֶׁכֵּן שְׁאַר סְפִירָאן. כָּל שֶׁכֵּן חֵיוָן.

---

[9] תהלים ה ה

[10] קהלת ז כד

[11] תהלים יח יב

[12] תהלים צז ב

כָּל שֶׁכֵּן יְסוֹדִין, דְּאִינּוּן מֵתִים. אִיהוּ סוֹבֵב עַל כָּל עָלְמִין, וְלֵית סוֹבֵב לוֹן לְכָל סִטְרָא, עֵילָּא וְתַתָּא, וּלְאַרְבַּע סִטְרִין, בַּר מִנֵּיהּ. וְלֵית מַאן דְּנָפִיק מֵרְשׁוּתֵיהּ לְבַר. אִיהוּ מְמַלֵּא כָּל עָלְמִין. וְלֵית אוֹחֲרָא מְמַלֵּא לוֹן.

אֵין אוֹר יָכוֹל לְהִסְתַּכֵּל בּוֹ, שֶׁלֹּא נֶחְשָׁךְ. אֲפִלּוּ כֶּתֶר עֶלְיוֹן, שֶׁאוֹרוֹ חָזָק עַל כָּל הַדְּרָגוֹת וְעַל כָּל חֵילוֹת הַשָּׁמַיִם, עֶלְיוֹנִים וְתַחְתּוֹנִים, נֶאֱמַר עָלָיו - יָשֶׁת חֹשֶׁךְ סִתְרוֹ. וְעַל חָכְמָה וּבִינָה - עָנָן וַעֲרָפֶל סְבִיבָיו. כָּל שֶׁכֵּן שְׁאָר הַסְּפִירוֹת, כָּל שֶׁכֵּן הַחַיּוֹת, כָּל שֶׁכֵּן יְסוֹדוֹת, שֶׁהֵם מֵתִים. הוּא סוֹבֵב עַל כָּל הָעוֹלָמוֹת, וְאֵין סוֹבֵב אוֹתָם לְכָל צַד, לְמַעְלָה וּלְמַטָּה וּלְאַרְבָּעָה צְדָדִים, פְּרָט לוֹ. וְאֵין מִי שֶׁיּוֹצֵא מֵרְשׁוּתוֹ הַחוּצָה. הוּא מְמַלֵּא כָּל הָעוֹלָמוֹת, וְאֵין אַחֵר שֶׁמְּמַלֵּא אוֹתָם.

אִיהוּ מְחַיֶּה לוֹן וְלֵית עָלֵיהּ אֱלָהָא אַחֲרָא, לְמֵיהַב לֵיהּ חַיִּין. הֲדָא הוּא דִכְתִיב - וְאַתָּה מְחַיֶּה אֶת כּוּלָּם. וּבְגִינֵיהּ אָמַר דָּנִיאֵל - וְכָל[13] דָּאָרֵי אַרְעָא כְּלָא חֲשִׁיבִין וּכְמִצְבְּיֵיהּ עָבִיד בְּחֵיל שְׁמַיָּא. אִיהוּ מְקַשֵּׁר וּמְיַחֵד זִינָא לְזִינֵיהּ, עֵילָּא וְתַתָּא. עַד כָּאן, עַיֵּן שָׁם.

הוּא מְחַיֶּה אוֹתָם, וְאֵין אֱלוֹהַּ אַחֵר עָלָיו לָתֵת לוֹ חַיִּים. זֶהוּ שֶׁכָּתוּב - וְאַתָּה מְחַיֶּה אֶת כֻּלָּם. וּבִגְלָלוֹ אָמַר דָּנִיֵּאל, וְכָל דַּיָּרֵי הָאָרֶץ כְּאֵינָם חֲשׁוּבִים, וְכִרְצוֹנוֹ עוֹשֶׂה בְּחֵיל הַשָּׁמַיִם. הוּא מְקַשֵּׁר וּמְיַחֵד מִין לְמִינוֹ, לְמַעְלָה וּלְמַטָּה.

---

[13] דניאל ד לב

וְעוֹד שִׂים עֵינֶיךָ וְלִבְּךָ אֶל מַאֲמַר רַעְיָא מְהֵימְנָא בְּפָרָשַׁת פִּנְחָס דַּף רנ"ז ע"ב וְזֶה לְשׁוֹנוֹ - פִּקּוּדָא תְּלֵיסַר, קְרִיאַת שְׁמַע. וְאִית לְמִנְדַּע, דְּאִיהוּ אִתְקְרֵי חָכָם בְּכָל מִינֵי חָכְמוֹת. וּמֵבִין, בְּכָל מִינֵי תְּבוּנוֹת. וְחָסִיד, בְּכָל מִינֵי חֲסָדִים. וְגִבּוֹר, בְּכָל מִינֵי גְּבוּרוֹת. וְיוֹעֵץ, בְּכָל מִינֵי עֵצוֹת. וְצַדִּיק, בְּכָל מִינֵי צְדָקוֹת. וָמֶלֶךְ, בְּכָל מִינֵי מַלְכוּת. עַד אֵין סוֹף. עַד אֵין חֵקֶר. וּבְכָל אִלֵּין דַּרְגִּין, בְּחַד אִקְרֵי רַחֲמָן. וּבְחַד אִקְרֵי דַּיָּין. וְהָכִי בְּכַמָּה דַּרְגִּין, עַד אֵין סוֹף. אִי הָכִי שִׁנּוּי אִית, בֵּין רַחֲמָן לְדַיָּין. אֶלָּא קוֹדֶם דְּבָרָא עָלְמָא, אִתְקְרֵי הוּא בְּכָל אִלֵּין דַּרְגִּין, עַל שֵׁם בִּרְיָין דַּהֲווֹ עֲתִידִין לְהִבָּרְאוֹת, דְּאִי לָאו בִּרְיָין דְּעָלְמָא, אֲמַאי אִתְקְרֵי רַחוּם דַּיָּין, אֶלָּא עַל שֵׁם בִּרְיָין דַּעֲתִידִין.

מִצְוָה שְׁלֹשׁ עֶשְׂרֵה, קְרִיאַת שְׁמַע. וְיֵשׁ לָדַעַת שֶׁהוּא נִקְרָא חָכָם בְּכָל מִינֵי חָכְמוֹת, וּמֵבִין בְּכָל מִינֵי תְּבוּנוֹת, וְחָסִיד בְּכָל מִינֵי חֲסָדִים, וְגִבּוֹר בְּכָל מִינֵי גְּבוּרוֹת, וְיוֹעֵץ בְּכָל מִינֵי עֵצוֹת, וְצַדִּיק בְּכָל מִינֵי צְדָקוֹת, וּמֶלֶךְ בְּכָל מִינֵי מַלְכוּת, עַד אֵין סוֹף. עַד אֵין חֵקֶר. וּבְכָל אֵלּוּ הַדְּרָגוֹת, בְּאַחַת נִקְרָא רַחֲמָן, וּבְאַחַת נִקְרָא דַּיָּן. וְכָךְ בְּכַמָּה דְּרָגוֹת עַד אֵין סוֹף. אִם כָּךְ, שִׁנּוּי יֵשׁ בֵּין רַחֲמָן לְדַיָּן. אֶלָּא קֹדֶם שֶׁבָּרָא הָעוֹלָם נִקְרָא הוּא בְּכָל אֵלּוּ הַדְּרָגוֹת, עַל שֵׁם בְּרִיּוֹת שֶׁהָיוּ עֲתִידוֹת לְהִבָּרְאוֹת. שֶׁאִם לֹא בְּרִיּוֹת הָעוֹלָם, מַדּוּעַ נִקְרָא רַחוּם, דַּיָּן, אֶלָּא עַל שֵׁם הַבְּרִיּוֹת הָעֲתִידוֹת.

וּבְגִין דָּא, כָּל שְׁמָהָן, אִינּוּן כִּנּוּיִין דִּילֵיהּ. עַל שֵׁם

עוֹבָדִין דִּילֵיהּ. כְּגַוְונָא דָּא, בָּרָא נִשְׁמְתָא, בְּדִיוּקְנָא דִּילֵיהּ, דְּאִתְקְרִיאַת עַל שֵׁם פְּעוּלוֹת דִּילָהּ, בְּכָל אֵבֶר וְאֵבֶר דְּגוּפָא, דְּאִתְקְרֵי עָלְמָא זְעֵירָא. כְּגַוְונָא דְּמָארֵי עָלְמָא, אִתְנְהִיג בְּכָל בִּרְיָין. וּבְכָל דָּרָא, כְּפוּם עוֹבָדוֹי. כַּךְ נִשְׁמְתָא, כְּפוּם עוֹבָדוֹי דְּכָל אֵבֶר וְאֵבֶר. הַהוּא אֵבֶר דְּעָבִיד בֵּיהּ פִּקּוּדָא, אִתְקְרֵי נִשְׁמְתָא, לְגַבֵּי חֶמְלָה וְחִסְדָּא חִנָּא וְרַחֲמֵי. וּבְהַהוּא אֵבֶר דְּעָבִיד בֵּיהּ עֲבֵירָה, אִתְקְרֵי נִשְׁמְתָא לְגַבֵּי, דִּינָא וְחֵימָה וְכַעַס. אֲבָל לְבַר מִן גּוּפָא, לְמַאן תְּהֵא חֶמְלָה, אוֹ אַכְזָרִיּוּת.

וּמִפְּנֵי זֶה כָּל הַשֵּׁמוֹת הֵם כִּנּוּיִים שֶׁלּוֹ, עַל שֵׁם הַמַּעֲשִׂים שֶׁלּוֹ. כְּמוֹ כֵן בָּרָא הַנְּשָׁמָה בִּדְמוּת שֶׁלּוֹ, שֶׁנִּקְרֵאת עַל שֵׁם פְּעֻלּוֹת שֶׁלָּהּ בְּכָל אֵיבָר וְאֵיבָר שֶׁל הַגּוּף, שֶׁנִּקְרָא עוֹלָם קָטָן. כְּמוֹ שֶׁאֲדוֹן הָעוֹלָם נוֹהֵג בְּכָל הַבְּרִיּוֹת וּבְכָל דּוֹר כְּפִי מַעֲשָׂיו, כָּךְ הַנְּשָׁמָה כְּפִי מַעֲשָׂיו שֶׁל כָּל אֵיבָר וְאֵיבָר. אוֹתוֹ אֵיבָר שֶׁעוֹשֶׂה בּוֹ מִצְוָה, נִקְרֵאת הַנְּשָׁמָה לְגַבָּיו חֶמְלָה וָחֶסֶד וְחֵן וְרַחֲמִים. וּבְאוֹתוֹ אֵיבָר שֶׁעוֹשֶׂה בּוֹ עֲבֵרָה, נִקְרֵאת הַנְּשָׁמָה לְגַבָּיו דִּין וְחֵמָה וָכַעַס. אֲבָל לַחוּץ מִן הַגּוּף, לְמִי תִּהְיֶה חֶמְלָה אוֹ אַכְזָרִיּוּת.

אוּף הָכִי מָארֵי עָלְמָא, קֹדֶם דְּבָרָא עָלְמָא, וּבָרָא בִּרְיָין דִּילֵיהּ, לְמַאן אִתְקְרֵי רַחוּם וְחַנּוּן אוֹ דַּיָּין. אֶלָּא כָּל שְׁמָהָן דִּילֵיהּ, אִינּוּן כִּנּוּיִין, וְלָא אִתְקְרֵי בְּהוֹן, אֶלָּא עַל שֵׁם בִּרְיָין דְּעָלְמָא, וּבְגִין דָּא, כַּד מָארֵי דָּרָא אִינּוּן טָבִין, אִיהוּ אִתְקְרֵי לְגַבַּיְיהוּ, הוי"ה בְּמִדַּת רַחֲמִים. וְכַד מָארֵי דָּרָא אִינּוּן חַיָּיבִין, אִתְקְרֵי אדנ"י בְּמִדַּת הַדִּין. לְכָל דָּרָא, וּלְכָל בַּר נָשׁ, כְּפוּם מִדָּה

דִּילֵיהּ. אֲבָל לָאו דְּאִית לֵיהּ מִדָּה וְלָא שֵׁם יְדִיעַ.

אַף כָּךְ אֲדוֹן הָעוֹלָם, קֹדֶם שֶׁבָּרָא אֶת הָעוֹלָם וּבָרָא בְּרִיּוֹתָיו, לְמִי נִקְרָא רַחוּם וְחַנּוּן אוֹ דַּיָּן, אֶלָּא כָּל הַשֵּׁמוֹת שֶׁלּוֹ הֵם כִּנּוּיִים, וְלֹא נִקְרָא בָּהֶם אֶלָּא עַל שֵׁם בְּרִיּוֹת הָעוֹלָם. וּמִפְּנֵי זֶה, כַּאֲשֶׁר בַּעֲלֵי הַדּוֹר הֵם טוֹבִים, הוּא נִקְרָא אֶצְלָם הוי"ה, בְּמִדַּת הָרַחֲמִים. וְכַאֲשֶׁר בַּעֲלֵי הַדּוֹר הֵם רְשָׁעִים, נִקְרָא אדנ"י, בְּמִדַּת הַדִּין. לְכָל דּוֹר וּלְכָל בֶּן אָדָם כְּפִי מִדָּתוֹ. אֲבָל לֹא שֶׁיֵּשׁ לוֹ מִדָּה וְלֹא שֵׁם יָדוּעַ.

כְּגַוְונָא דִּסְפִירָאן, דְּכָל סְפִירָה אִית לָהּ שֵׁם יְדִיעַ, וּמִדָּה, וּגְבוּל, וּתְחוּם. וּבְאִלֵּין שְׁמָהָן מָארֵי עָלְמָא אִיהוּ אִתְפְּשַׁט, וְאַמְלִיךְ בְּהוֹן, וְאִתְקְרֵי בְּהוֹן, וְאִתְכַּסֵּי בְּהוֹן, וְדָר בְּהוֹן, כְּנִשְׁמְתָא לְגַבֵּי אֵבָרִים דְּגוּפָא. וּמָה רִבּוֹן עָלְמִין, לֵית לֵיהּ שֵׁם יְדִיעַ וְלָא אֲתָר יְדִיעַ, אֶלָּא בְּכָל סִטְרָא שׁוּלְטָנוּתֵיהּ. אוּף הָכִי לֵית לָהּ לְנִשְׁמְתָא שֵׁם יְדִיעַ, וְלָא אֲתָר יְדִיעַ, בְּכָל גּוּפָא אֶלָּא בְּכָל סְטָר שׁוּלְטָנוּתֵיהּ, וְלֵית אֵבֶר פָּנוּי מִנָּהּ.

כְּמוֹ הַסְּפִירוֹת, שֶׁכָּל סְפִירָה יֵשׁ לָהּ שֵׁם יָדוּעַ וּמִדָּה וּגְבוּל וּתְחוּם. וּבְאֵלּוּ הַשֵּׁמוֹת אֲדוֹן הָעוֹלָם הוּא מִתְפַּשֵּׁט, וּמוֹלֵךְ בָּהֶם, וְנִקְרָא בָּהֶם, וְנִתְכַּסֶּה בָּהֶם, וְגָר בָּהֶם, כַּנְּשָׁמָה אֵצֶל אֵבְרֵי הַגּוּף. וּמָה רִבּוֹן הָעוֹלָמִים אֵין לוֹ שֵׁם יָדוּעַ, וְלֹא מָקוֹם יָדוּעַ, אֶלָּא בְּכָל צַד שִׁלְטוֹנוֹ - אַף כָּךְ אֵין לָהּ לַנְּשָׁמָה שֵׁם יָדוּעַ, וְלֹא מָקוֹם יָדוּעַ בְּכָל הַגּוּף, אֶלָּא בְּכָל צַד שִׁלְטוֹנָהּ, וְאֵין אֵיבָר פָּנוּי מִמֶּנָּה.

וּבְגִין דָּא, לֵית לְרַשְׁמָא לָהּ בְּחַד אֲתַר, דְּאִי לָאו הָא חָסֵר שׁוּלְטָנוּתָא בִּשְׁאַר אֵבָרִים. וְלָא לְאִתְקְרֵי לָהּ בִּשְׁמָא חַד, אוֹ בִּתְרֵין, אוֹ בִּתְלָתָא. לְמֵימַר דְּאִיהִי חָכְמָה מְבִינָה, וְאִית לָהּ דַּעַת, וְלָא יַתִּיר. דְּאִי עָבִיד הָכִי, הָא חָסֵר לָהּ מִשְּׁאַר דַּרְגִּין.

וּמִפְּנֵי זֶה אֵין לְצַיֵּר אוֹתָהּ בְּמָקוֹם אֶחָד, שֶׁאִם לֹא הֲרֵי חָסֵר הַשִּׁלְטוֹן בִּשְׁאָר הָאֵיבָרִים. וְלֹא לִקְרֹא לָהּ בְּשֵׁם אֶחָד, אוֹ בִּשְׁנַיִם, אוֹ בִּשְׁלֹשָׁה, לוֹמַר שֶׁהִיא חָכְמָה מְבִינָה וְיֵשׁ לָהּ דַּעַת, וְלֹא יוֹתֵר. שֶׁאִם עוֹשֶׂה כָּךְ, הֲרֵי חָסֵר לָהּ מִשְּׁאָר דְּרָגוֹת.

כָּל שֶׁכֵּן לְמָארֵי עָלְמָא, דְּלֵית לְרַשְׁמָא לֵיהּ בַּאֲתָר יְדִיעַ, אוֹ לְאִתְקְרֵי לֵיהּ בִּשְׁמָהָן, אוֹ לְשַׁנָּאָה לֵיהּ בְּהוֹן, אוֹ לְשַׁלְטָאָה לֵיהּ כְּגוֹן דַּרְגָּא דְּמֶרְכַּבְתָּא, דְּאִתְּמַר בָּהּ קְדוּשָּׁה לְךָ יְשַׁלֵּשׁוּ, דְּכָל דַּרְגִּין דְּכָל מַרְכָּבוֹת דִּילֵיהּ, אִינּוּן מְשׁוּלָּשִׁים, כְּגוֹן הָאָבוֹת הֵן הֵן הַמֶּרְכָּבָה, דְּאִינּוּן דְּמוּת אַרְיֵה שׁוֹר נֶשֶׁר, דְּאִינּוּן מֶרְכָּבָה לְאָדָם. דְּאִתְּמַר עָלֵיהּ - וּדְמוּת[14] פְּנֵיהֶם פְּנֵי אָדָם. וּמִסִּטְרָא דְּנוּקְבָא, אִינּוּן שַׁלְטִין עַל אָדָם, וְנוּקְבָא אִיהִי מֶרְכָּבָה לְגַבַּיְיהוּ. וּבְגִין דָּא אִתְּמַר עָלָהּ, קְדוּשָּׁה לְךָ יְשַׁלֵּשׁוּ.

כָּל שֶׁכֵּן לַאֲדוֹן הָעוֹלָם שֶׁאֵין לְצַיֵּר אוֹתוֹ בְּמָקוֹם יָדוּעַ, אוֹ לִקְרֹא לוֹ בְּשֵׁמוֹת, אוֹ לְשַׁנּוֹת לוֹ בָּהֶם, אוֹ – לְהַשְׁלִיט לוֹ כְּמוֹ דַּרְגַּת הַמֶּרְכָּבָה שֶׁנֶּאֱמַר בָּהּ – קְדֻשָּׁה לְךָ יְשַׁלֵּשׁוּ. שֶׁכָּל הַדְּרָגוֹת שֶׁל הַמֶּרְכָּבוֹת שֶׁלּוֹ הֵן מְשֻׁלָּשׁוֹת, כְּמוֹ הָאָבוֹת הֵן הֵן הַמֶּרְכָּבָה, שֶׁהֵם

---

14 יחזקאל א י

דְּמוּת אַרְיֵה שׁוֹר נֶשֶׁר, שֶׁהֵם מֶרְכָּבָה לְאָדָם, שֶׁנֶּאֱמַר עָלָיו - וּדְמוּת פְּנֵיהֶם פְּנֵי אָדָם. וּמִצַּד הַנְּקֵבָה הֵם שׁוֹלְטִים עַל אָדָם, וְהַנְּקֵבָה הִיא מֶרְכָּבָה לְגַבֵּיהֶם. וּמִפְּנֵי זֶה נֶאֱמַר עָלֶיהָ, קְדֻשָּׁה לְךָ יְשַׁלֵּשׁוּ.

וְאוּף הָכִי אַתְוָון, דְּאִינּוּן אַנְפִּין דְּחֵיוָן, מְשׁוּלָּשִׁין, כְּגַוְונָא דָּא - יה"ו. הו"י. וה"י. **ה'** רְבִיעָאָה, קְדוּשָּׁה לְךָ יְשַׁלֵּשׁוּ. אִיהִי שְׁלָמִים דְּכֻלְּהוּ, לְאַשְׁלְמָא בְּכֻלְּהוּ שֵׁם הוי"ה. אֲבָל לְמָארֵיהּ דְּכֹלָּא, לֵית לְשַׁלְּשָׁא בֵּיהּ בִּשְׁמָהָן, וְלָא בְּאַתְוָון, אֶלָּא אִיהוּ אִתְקְרֵי בְּכָל שְׁמָהָן, וְלֵית לֵיהּ שֵׁם יְדִיעַ. וְכָל שֵׁם וְשֵׁם אַסְהִיד עָלֵיהּ, דְּאִיהוּ אֲדוֹן כָּל עָלְמִין. אַסְהִיד עָלֵיהּ אֲדֹנָי.

וְאַף כָּךְ הָאוֹתִיּוֹת, שֶׁהֵן פְּנֵי הַחַיּוֹת, מְשֻׁלָּשׁוֹת, כְּמוֹ זֶה - יה"ו. הו"י. וה"י. **ה'** רְבִיעִית - קְדֻשָּׁה לְךָ יְשַׁלֵּשׁוּ. הִיא שְׁלָמִים שֶׁל כֻּלָּם, לְהַשְׁלִים בְּכֻלָּם שֵׁם הוי"ה. אֲבָל לַאֲדוֹן הַכֹּל אֵין לְשַׁלֵּשׁ בּוֹ בְּשֵׁמוֹת וְלֹא בְּאוֹתִיּוֹת, אֶלָּא הוּא נִקְרָא בְּכָל הַשֵּׁמוֹת, וְאֵין לוֹ שֵׁם יָדוּעַ, וְכָל שֵׁם וְשֵׁם מֵעִיד עָלָיו שֶׁהוּא אֲדוֹן כָּל הָעוֹלָמוֹת. מֵעִיד עָלָיו אֲדֹנָי.

וְלֵית דְּיַדְעִין דְּאִית בַּר נָשׁ, דְּיָרִית שְׁלֹשׁ מֵאָה וְעֶשֶׂר עָלְמִין, הֲדָא הוּא דִכְתִיב - לְהַנְחִיל[15] אוֹהֲבַי יֵשׁ. כְּפוּם דַּרְגָּא דִּילֵיהּ, דְּאִתְקְרֵי יֵשׁ מֵאַיִן. וְדָא חָכְמָה עִלָּאָה. וְאִית בַּר נָשׁ דְּלָא יָרִית אֶלָּא עָלְמָא חַד, כְּפוּם דַּרְגָּא דִּילֵיהּ, כְּמָה דְּאוֹקְמוּהָ, כָּל צַדִּיק וְצַדִּיק יֵשׁ לוֹ עוֹלָם

---

[15] משלי ח כא

בִּפְנֵי עַצְמוֹ. וְהָכִי יָרִית עָלְמִין כָּל בַּר נָשׁ מִיִּשְׂרָאֵל, כְּפוּם דַּרְגָּא דִּילֵיהּ לְעֵילָּא. אֲבָל לְמָארֵי עָלְמָא, לֵית לְרַשְׁמָא לֵיהּ עָלְמִין בְּחוּשְׁבָּן, אֶלָּא אֲדוֹן כָּל עָלְמִין, וַאֲדֹנָ"י קָא סָהִיד עֲלֵיהּ.

וְאֵין שֶׁיּוֹדְעִים שֶׁיֵּשׁ בֶּן אָדָם שֶׁיּוֹרֵשׁ שְׁלֹשׁ מֵאוֹת וַעֲשָׂרָה עוֹלָמוֹת, זֶהוּ שֶׁכָּתוּב - לְהַנְחִיל אֹהֲבַי יֵשׁ. כְּפִי הַדַּרְגָּה שֶׁלּוֹ, שֶׁנִּקְרֵאת יֵשׁ מֵאַיִן. וְזוֹ חָכְמָה עֶלְיוֹנָה. וְיֵשׁ בֶּן אָדָם שֶׁלֹּא יוֹרֵשׁ אֶלָּא עוֹלָם אֶחָד, כְּפִי הַדַּרְגָּה שֶׁלּוֹ, כְּמוֹ שֶׁפֵּרְשׁוּהוּ, כָּל צַדִּיק וְצַדִּיק יֵשׁ לוֹ עוֹלָם בִּפְנֵי עַצְמוֹ. וְכָךְ יוֹרֵשׁ עוֹלָמוֹת כָּל אָדָם מִיִּשְׂרָאֵל כְּפִי הַדַּרְגָּה שֶׁלּוֹ לְמַעְלָה. אֲבָל לַאֲדוֹן הָעוֹלָם אֵין לְצַיֵּר לוֹ עוֹלָמוֹת בְּחֶשְׁבּוֹן, אֶלָּא אֲדוֹן כָּל הָעוֹלָמוֹת, וַאֲדֹנָ"י הוּא מֵעִיד עָלָיו.

אוּף הָכִי הוי"ה, מִנֵּיהּ תַּלְיָיא כָּל הֲוָיָין, וְאִיהוּ וְכָל הֲוָיָין דִּילֵיהּ, סָהֲדִין עַל מָארֵי עָלְמָא, דְּאִיהוּ הֲוָה קֹדֶם כָּל הֲוָיָין. וְאִיהוּ בְּתוֹךְ כָּל הֲוָיָה. וְאִיהוּ לְאַחַר כָּל הֲוָיָה. וְדָא רָזָא, דְּסָהֲדִין הֲוָיָין עֲלֵיהּ, הָיָה, הֹוֶה, וְיִהְיֶה.

אַף כָּךְ הוי"ה, מִמֶּנּוּ תְּלוּיוֹת כָּל הַהֲוָיוֹת, וְהוּא וְכָל הַהֲוָיוֹת שֶׁלּוֹ מְעִידִים עַל אֲדוֹן הָעוֹלָם, שֶׁהוּא הָיָה קֹדֶם כָּל הַהֲוָיוֹת, וְהוּא בְּתוֹךְ כָּל הֲוָיָה, וְהוּא לְאַחַר כָּל הֲוָיָה. וְזֶה סוֹד שֶׁמְּעִידוֹת הַהֲוָיוֹת עָלָיו - הָיָה, הֹוֶה, וְיִהְיֶה.

דִּינָא, בְּהִפּוּךְ אַתְוָון אדנ"י. וּבְגִין דָּא אָמְרוּ רַבּוֹתֵינוּ זִכְרוֹנָם לִבְרָכָה, דִּינָא דְּמַלְכוּתָא דִּינָא. שֵׁם א"ל סָהִיד

עַל מָארֵי דְּכֹלָּא, דְּלֵית יְכוֹלֶת לְכָל שֵׁם, וַהֲוָיָה וְדַרְגָּא. כָּל שֶׁכֵּן לִשְׁאַר בִּרְיָין, פָּחוּת מִנֵּיהּ. הָדָא הוּא דִּכְתִּיב - כָּלָא[16] חֲשִׁיבָין וּכְמִצְבְּיֵהּ עָבֵיד בְּחֵיל שְׁמַיָּא וְגוֹ'. אלהי"ם, סָעִיד עַל אלהו"ת דִּילֵיהּ, דְּאִיהוּ אלהי"ם ואלה"י האלהי"ם, וְאִיהוּ אלו"ה עַל כֹּלָּא, וְלֵית אֱלוֹהַּ עָלֵיהּ. צבאו"ת, סָהִיד עָלֵיהּ כִּדְכְתִיב, וּכְמִצְבְּיֵיהּ עָבִיד בְּחֵיל שְׁמַיָּא. שד"י, סָהִיד עָלֵיהּ, דְּכַד אִיהוּ אָמַר לְעוֹלָם דַּי עָמַד בִּתְחוּמֵיהּ, וְלָא אִתְפְּשַׁט יַתִּיר. וְאוּף לְמַיָּא וְרוּחָא וְאֶשָּׁא.

דִּינָא בְּהִפּוּךְ אוֹתִיּוֹת - אדנ"י. וּמִפְּנֵי זֶה אָמְרוּ רַבּוֹתֵינוּ זִכְרוֹנָם לִבְרָכָה, דִּין הַמַּלְכוּת - דִּין. שֵׁם א"ל מֵעִיד עַל אֲדוֹן הַכֹּל, שֶׁאֵין יְכֹלֶת לְכָל שֵׁם וַהֲוָיָה וְדַרְגָּה. כָּל שֶׁכֵּן לִשְׁאָר בְּרִיּוֹת פָּחוּת מִמֶּנּוּ. זֶהוּ שֶׁכָּתוּב - כְּלֹא נֶחְשָׁבִים וְכִרְצוֹנוֹ עוֹשֶׂה בִּצְבָא הַשָּׁמַיִם וְגוֹ'. אלהי"ם מֵעִיד עַל אלהו"ת שֶׁלּוֹ, שֶׁהוּא אלהי"ם ואלה"י האלהי"ם, וְהוּא אֱלוֹהַּ עַל הַכֹּל, וְאֵין אלו"ה עָלָיו. צבאו"ת מֵעִיד עָלָיו כְּמוֹ שֶׁכָּתוּב וְכִרְצוֹנוֹ עוֹשֶׂה בִּצְבָא הַשָּׁמַיִם. שד"י מֵעִיד עָלָיו, שֶׁכַּאֲשֶׁר הוּא אָמַר לָעוֹלָם דַּי, עָמַד בִּתְחוּמוֹ וְלֹא הִתְפַּשֵּׁט יוֹתֵר. וְגַם לַמַּיִם, וְרוּחַ וְאֵשׁ.

וְאוּף הָכִי, כָּל הֲוָיָה, וְשֵׁם, סָהֲדִין עָלֵיהּ. דְּכַד הֲוָה אִיהוּ יָחִיד קוֹדֶם דְּבָרָא עָלְמָא, אֲמַאי הֲוָה אִיהוּ צָרִיךְ לְאִתְקְרֵי בִּשְׁמָהָן אִלֵּין, אוֹ בִּשְׁאַר כִּנּוּיִין, כְּגוֹן –

[16] דניאל ד לב

רַחוּם[17] וְחַנּוּן אֶרֶךְ אַפַּיִם וְגוֹ', דַּיָּן אַמִּיץ חָזָק. וְסַגִּיאִין בְּכָל אִינּוּן שְׁמָהָן וְכִנּוּיִין, אִתְקְרֵי עַל שֵׁם כָּל עָלְמִין וּבִרְיָין דִּלְהוֹן, לְאַחֲזָאָה שׁוּלְטָנוּתֵיהּ עֲלַיְיהוּ.

וְאַף כָּךְ, כָּל הֲוָיָה וְשֵׁם מְעִידִים עָלָיו. שֶׁכַּאֲשֶׁר הָיָה הוּא יָחִיד קֹדֶם שֶׁבָּרָא הָעוֹלָם, מַדּוּעַ הָיָה הוּא צָרִיךְ לְהִקָּרֵא בְּשֵׁמוֹת אֵלּוּ, אוֹ בִּשְׁאָר כִּנּוּיִים, כְּגוֹן - רַחוּם וְחַנּוּן אֶרֶךְ אַפַּיִם וְגוֹ', דַּיָּן, אַמִּיץ, חָזָק. וְרַבִּים בְּכָל אֵלּוּ שֵׁמוֹת וְכִנּוּיִים. אֶלָּא נִקְרָא עַל שֵׁם כָּל עוֹלָמוֹת וּבְרִיּוֹת שֶׁלָּהֶם, לְהַרְאוֹת שִׁלְטוֹנוֹ עֲלֵיהֶם.

אוּף הָכִי נִשְׁמְתָא, עַל שׁוּלְטָנוּתָא דְּכָל אֵבָרִים דְּגוּפָא, אַמְתִּיל לָהּ לְגַבֵּיהּ. לָאו דְּאִיהִי אַדְמְיָא לֵיהּ אִיהִי בְּעַצְמָהּ, דְּהוּא בָּרָא לָהּ, וְלֵית לֵיהּ אֱלוֹהַּ עֲלֵיהּ דְּבָרָא לֵיהּ. וְעוֹד, נִשְׁמְתָא אִית לָהּ כַּמָּה שִׁנּוּיִים וּמִקְרִים וְסִבּוֹת, דְּאִתְקְרִיאוּ לָהּ. מַה דְּלָאו הָכִי לְמָארֵי כֹּלָּא. וּבְגִין דָּא הִיא אַדְמְיָא בְּשָׁלְטָנוּתָא דִּילָהּ עַל כָּל אֵבָרֵי גוּפָא, אֲבָל לָא בְּמִלָּה אַחֲרָא. עַד כָּאן לְשׁוֹנוֹ.

אַף כָּךְ הַנְּשָׁמָה, עַל שִׁלְטוֹן כָּל אֵבְרֵי הַגּוּף הִמְשִׁיל אוֹתָהּ אֶצְלוֹ. לֹא שֶׁהִיא דּוֹמָה לוֹ הִיא בְּעַצְמָהּ, שֶׁהוּא בָּרָא אוֹתָהּ, וְאֵין לוֹ אֱלוֹהַּ עָלָיו שֶׁבָּרָא אוֹתוֹ. וְעוֹד, הַנְּשָׁמָה יֵשׁ לָהּ כַּמָּה שִׁנּוּיִים וּמִקְרִים וְסִבּוֹת שֶׁקּוֹרִים לָהּ, מַה שֶּׁאֵין כָּךְ לַאֲדוֹן הַכֹּל. וּמִפְּנֵי זֶה הִיא דּוֹמָה בְּשִׁלְטוֹן שֶׁלָּהּ עַל כָּל אֵבְרֵי הַגּוּף, אֲבָל לֹא בְּדָבָר אַחֵר.

---

[17] שמות לד ו

וְעוֹד שִׂים עֵינֶיךָ וְלִבְּךָ אֶל מַאֲמַר הַזֹּהַר בְּרֵאשִׁית דַּף כ"א ע"א וְזֶה לְשׁוֹנוֹ - **אֵין סוֹף** לֵית בֵּיהּ רְשׁוּמָא כְּלָל וְלָא תַּלְיָא שְׁאֶלְתָּא בֵּיהּ וְלָא רַעֲיוֹנָא לְאִסְתַּכְּלוּתָא דְּמַחֲשָׁבָה כְּלָל. מִגּוֹ סְתִימָא דִסְתִימָא, מֵרֵישׁ נְחִיתוּ דְּאֵין סוֹף, נְהִיר נְהִירוּ דָּקִיק וְלָא יְדִיעַ. סָתִים בִּסְתִימוּ כְּחִדוּדָא דְמַחֲטָא. רָזָא סְתִימָא דְּמַחֲשָׁבָה לָא יְדִיעַ עַד דְּאִתְפְּשַׁט נְהִירוּ מִנֵּיהּ. בְּאֲתַר דְּאִית בֵּיהּ רְשִׁימִין דְּאַתְוָון כֻּלְהוּ. מִתַּמָּן נַפְקָן, וכו' עַיֵּן שָׁם.

בְּ**אֵין סוֹף** אֵין בּוֹ רֹשֶׁם כְּלָל, וּשְׁאֵלָה לֹא תְלוּיָה בּוֹ, וְלֹא רַעְיוֹן לְהִסְתַּכְּלוּת הַמַּחֲשָׁבָה כְּלָל. מִתּוֹךְ נִסְתָּר הַנִּסְתָּר, מֵרֹאשׁ תַּחְתִּית שֶׁל הָאֵין סוֹף, מֵאִיר אוֹר דַּקִּיק וְלֹא יָדוּעַ, נִסְתָּר בַּסֵּתֶר כְּחֹד הַמַּחַט. סוֹד נִסְתָּר שֶׁל הַמַּחֲשָׁבָה לֹא יָדוּעַ, עַד שֶׁמִּתְפַּשֵּׁט מִמֶּנּוּ אוֹר. בְּמָקוֹם שֶׁיֵּשׁ בּוֹ רְשׁוּמִים שֶׁל כָּל הָאוֹתִיּוֹת, מִשָּׁם יוֹצְאִים.

וְעוֹד שִׂים עֵינֶיךָ וּרְאֵה מַאֲמַר רַבִּי שִׁמְעוֹן בַּר יוֹחַאי ע"ה שָׁם בְּדַף כ"ב ע"ב וְזֶה לְשׁוֹנוֹ - פָּתַח עוֹד רַבִּי שִׁמְעוֹן וְאָמַר - רְאוּ[18] עַתָּה כִּי אֲנִי אֲנִי הוּא וְאֵין אלהי"ם עִמָּדִי אֲנִי אָמִית וַאֲחַיֶּה מָחַצְתִּי וַאֲנִי אֶרְפָּא וְאֵין מִיָּדִי מַצִּיל. אָמַר חַבְרַיָּיא שִׁמְעוּ מִלִּין עַתִּיקִין דְּבָעֵינָא לְגַלָּאָה בָּתַר דְּאִתְיְהִיב רְשׁוּ עִלָּאָה לְמֵימַר. מַאי נִיהוּ דְּאָמַר רְאוּ עַתָּה כִּי אֲנִי אֲנִי הוּא. אֶלָּא דָּא הוּא עִילַּת עַל כָּל עִלָּאִין. הַהוּא דְּאִתְקְרֵי עִלַּת הָעִלּוֹת עִלַּת מֵאִלֵּין עִלּוֹת. דְּלָא יַעֲבִיד חַד מֵאִלֵּין עִלּוֹת שׁוּם עוּבְדָא עַד דְּנָטִיל רְשׁוּת מֵהַהוּא דְּעֲלֵיהּ. כְּמָה

18 דברים לב לט

דְאוֹקִימְנָא לְעֵילָא בְּנַעֲשֶׂה אָדָם.

פָּתַח עוֹד רַבִּי שִׁמְעוֹן וְאָמַר - רְאוּ עַתָּה כִּי אֲנִי אֲנִי הוּא וְאֵין אלהי"ם עִמָּדִי אֲנִי אָמִית וַאֲחַיֶּה מָחַצְתִּי וַאֲנִי אֶרְפָּא וְאֵין מִיָּדִי מַצִּיל. אָמַר, חֲבֵרִים שִׁמְעוּ דְבָרִים עַתִּיקִים שֶׁרָצִיתִי לְגַלּוֹת אַחַר שֶׁנִּתְּנָה רְשׁוּת עֶלְיוֹנָה לוֹמַר. מִי זֶה שֶׁאָמַר רְאוּ עַתָּה כִּי אֲנִי אֲנִי הוּא, אֶלָּא זֶהוּ עִלַּת עַל כָּל הָעֶלְיוֹנִים, אוֹתוֹ שֶׁנִּקְרָא עִלַּת הָעִלּוֹת, עִלַּת מֵהָעִלּוֹת הָאֵלֶּה, שֶׁלֹּא יַעֲשֶׂה אֶחָד מֵהָעִלּוֹת הַלָּלוּ שׁוּם מַעֲשֶׂה עַד שֶׁיִּקַּח רְשׁוּת מֵאוֹתוֹ שֶׁעָלָיו, כְּמוֹ שֶׁבֵּאַרְנוּ לְמַעְלָה בְּנַעֲשֶׂה אָדָם.

נַעֲשֶׂה וַדַּאי. עַל תְּרֵין אִתְּמָר. דְּאָמַר דָּא לְהַהוּא דִלְעֵילָא מִינֵּיהּ נַעֲשֶׂה. וְלָא עָבִיד מִדָּעַם אֶלָּא בִּרְשׁוּ וַאֲמִירָה מֵהַהוּא דִלְעֵילָא מִינֵּיהּ. וְהַהוּא דִּלְעֵילָא מִנֵּיהּ לָא עָבִיד מִדָּעַם עַד דְּנָטִיל עֵצָה מֵחַבְרֵיהּ. אֲבָל הַהוּא דְּאִתְקְרֵי עִלַּת עַל כָּל עִלּוֹת דְּלֵית לְעֵילָא מִנֵּיהּ וְלָא לְתַתָּא שָׁוֶה לֵיהּ. כְּמָא דְאַתְּ אָמַר - וְאֶל[19] מִי תְדַמְּיוּנִי וְאֶשְׁוֶה יֹאמַר קָדוֹשׁ. אָמַר רְאוּ עַתָּה כִּי אֲנִי אֲנִי הוּא וְאֵין אלהי"ם עִמָּדִי, דְּנָטִיל עֵצָה מִנֵּיהּ.

נַעֲשֶׂה וַדַּאי. עַל שְׁנַיִם נֶאֱמַר. שֶׁאָמַר זֶה לְאוֹתוֹ שֶׁלְּמַעְלָה מִמֶּנּוּ נַעֲשֶׂה. וְלֹא עוֹשֶׂה דָּבָר אֶלָּא בִּרְשׁוּת וַאֲמִירָה מֵאוֹתוֹ שֶׁלְּמַעְלָה מִמֶּנּוּ. וְאוֹתוֹ שֶׁלְּמַעְלָה מִמֶּנּוּ לֹא עוֹשֶׂה דָּבָר עַד שֶׁלּוֹקֵחַ עֵצָה מֵחֲבֵרוֹ. אֲבָל אוֹתוֹ שֶׁנִּקְרָא עִלַּת עַל כָּל עִלּוֹת, שֶׁאֵין לְמַעְלָה מִמֶּנּוּ וְלֹא לְמַטָּה

[19] ישעיהו מ כה

שָׁוֶה לוֹ, כְּמוֹ שֶׁנֶּאֱמַר - וְאֶל מִי תְדַמְּיוּנִי וְאֶשְׁוֶה יֹאמַר קָדוֹשׁ. אָמַר, רְאוּ עַתָּה כִּי אֲנִי אֲנִי הוּא וְאֵין אלהי"ם עִמָּדִי, שֶׁלּוֹקֵחַ מִמֶּנּוּ עֵצָה, כְּמוֹ שֶׁאוֹתוֹ שֶׁאָמַר - וַיֹּאמֶר אלהי"ם נַעֲשֶׂה אָדָם.

כְּגַוְונָא דְהַהוּא דְּאָמַר וַיֹּאמֶר אלהי"ם נַעֲשֶׂה אָדָם. קָמוּ כֻּלְּהוּ חַבְרַיָּיא וְאָמְרוּ רִבִּי הַב לָנָא רְשׁוּ לְמַלָּלָא בְּהַאי אֲתַר. אָמְרוּ וְהָא לָא אוֹקְמַת לְעֵילָא דְּעִלּוֹת הָעִלּוֹת אָמַר לְכת"ר נַעֲשֶׂה אָדָם. אָמַר לוֹן הֲווּ שָׁמְעִין אוּדְנַיְיכוּ מַה דְּפוּמְכוֹן מְמַלְּלָן. וְהָא לָא אֲמָרִית לְכוּ הַשְׁתָּא דְּאִית דְּאִתְקְרֵי עִלַּת הָעִלּוֹת וְלָאו אִיהוּ הַהוּא דְּאִתְקְרֵי עִלַּת עַל כָּל עִלּוֹת. דִּלְעִלַּת עַל כָּל עִלּוֹת לֵית לֵיהּ תִּנְיָינָא דְּנָטִיל עֵצָה מִנֵּיהּ דְּאִיהוּ יָחִיד קֳדָם כֹּלָּא וְלֵית לֵיהּ שׁוּתָּפָא.

קָמוּ כָּל הַחֲבֵרִים וְאָמְרוּ, רַבִּי, תֵּן לָנוּ רְשׁוּת לְדַבֵּר בְּמָקוֹם זֶה. אָמְרוּ, וַהֲרֵי לֹא בֵאַרְתָּ לְמַעְלָה שֶׁעִלַּת הָעִלּוֹת אָמַר לְכת"ר נַעֲשֶׂה אָדָם, אָמַר לָהֶם, הֱיוּ שׁוֹמְעִים אָזְנֵיכֶם מַה שֶּׁפִּיכֶם מְדַבֵּר, וַהֲרֵי לֹא אָמַרְתִּי לָכֶם עַכְשָׁו שֶׁיֵּשׁ מִי שֶׁנִּקְרָא עִלַּת הָעִלּוֹת, וְזֶה אֵינוֹ אוֹתוֹ שֶׁנִּקְרָא עִלַּת עַל כָּל עִלּוֹת, שֶׁלְּעִלַּת עַל כָּל עִלּוֹת אֵין לוֹ שֵׁנִי שֶׁלּוֹקֵחַ מִמֶּנּוּ עֵצָה, שֶׁהוּא יָחִיד לִפְנֵי הַכֹּל, וְאֵין לוֹ שֻׁתָּף.

וּבְגִין דָּא אָמַר רְאוּ עַתָּה כִּי אֲנִי אֲנִי הוּא וְאֵין אלהי"ם עִמָּדִי דְּנָטִיל עֵצָה מִנֵּיהּ, דְּלָא אִית לֵיהּ תִּנְיָינָא וְלָא שׁוּתָּפָא וְלָאו חוּשְׁבְּנָא. דְּאִית אֶחָד

בְּשִׁתּוּף כְּגוֹן דְּכַר וְנוּקְבָא וְאִתְּמַר בְּהוֹן - כִּי[20] אֶחָד קְרָאתִיו. אֲבָל אִיהוּ חַד בְּלָא חוּשְׁבָּן וְלָא שִׁתּוּף. וּבְגִין דָּא אָמַר וְאֵין אלהי"ם עִמָּדִי. קָמוּ כֻּלְּהוּ וְאִשְׁתַּטָּחוּ קַמֵּיהּ וְאָמְרוּ זַכָּאָה בַּר נָשׁ דְּמָארֵיהּ אִסְתְּכַם עִמֵּיהּ לְגַלָּאָה רָזִין טְמִירִין דְּלָא הֲווּ מִתְגַּלְיָין לְמַלְאָכַיָּא קַדִּישַׁיָּא. עַד כָּאן, עַיֵּן שָׁם.

וְלָכֵן אָמַר רְאוּ עַתָּה כִּי אֲנִי אֲנִי הוּא וְאֵין אלהי"ם עִמָּדִי, שֶׁלּוֹקֵחַ מִמֶּנּוּ עֵצָה, שֶׁאֵין לוֹ שֵׁנִי וְלֹא שֻׁתָּף וְלֹא חֶשְׁבּוֹן. שֶׁיֵּשׁ אֶחָד בְּשִׁתּוּף כְּמוֹ זָכָר וּנְקֵבָה, וְנֶאֱמַר בָּהֶם - כִּי אֶחָד קְרָאתִיו, אֲבָל הוּא אֶחָד בְּלִי חֶשְׁבּוֹן וְלֹא שִׁתּוּף, וְלָכֵן אָמַר וְאֵין אלהי"ם עִמָּדִי. קָמוּ כֻּלָּם וְהִשְׁתַּטְחוּ לְפָנָיו וְאָמְרוּ, אַשְׁרֵי הָאִישׁ שֶׁרִבּוֹנוֹ מַסְכִּים עִמּוֹ לְגַלּוֹת סוֹדוֹת טְמִירִים שֶׁלֹּא הָיוּ מִתְגַּלִּים לְמַלְאָכִים קְדוֹשִׁים.

וְעוֹד שִׂים עֵינֶיךָ וְלִבְּךָ אֶל מַאֲמַר הַקְדָּמַת הַתִּקּוּנִים דַּף ו' ע"ב וְזֶה לְשׁוֹנוֹ - וְאִית כָּבוֹד נִבְרָא כְּגַוְונָא דְּכָבוֹד נֶאֱצָל, מִסִּטְרָא דְּכָבוֹד נִבְרָא אָמְרִין יִשְׂרָאֵל לְגַבֵּי אָדוֹן עַל כֹּלָּא אִם כַּעֲבָדִים, וּמִסִּטְרָא דְּכָבוֹד נֶאֱצָל אִתְּמַר בְּהוֹן אִם כְּבָנִים, אִיהוּ עִלַּת עַל כֹּלָּא לֵית אֱלָהַּ עֲלֵיהּ, וְלָא תְּחוֹתֵיהּ, וְלָא לְאַרְבַּע סִטְרִין דְּעָלְמָא, אִיהוּ מְמַלֵּא כָּל עָלְמִין.

וְיֵשׁ כָּבוֹד נִבְרָא, כְּמוֹ שֶׁכָּבוֹד נֶאֱצָל. מִצַּד שֶׁל כָּבוֹד נִבְרָא אוֹמְרִים יִשְׂרָאֵל אֶל אָדוֹן עַל הַכֹּל, אִם כַּעֲבָדִים. וּמִצַּד שֶׁל כָּבוֹד נֶאֱצָל נֶאֱמַר בָּהֶם אִם כְּבָנִים, הוּא עִלַּת עַל הַכֹּל, אֵין

---

20 ישעיהו נא ב

אֱלֹהַ עָלָיו, וְלֹא תַחְתָּיו, וְלֹא לְאַרְבָּעָה צְדָדִים,
הוּא מְמַלֵּא כָּל הָעוֹלָמוֹת.

וְאִיהוּ אַסְחַר לְכָל סִטְרִין, דְּלָא מִתְפַּשְּׁטִין יַתִּיר מִגְּבוּל דְּשַׁוִּי לְכָל חַד, וּמִדָּה דְּשַׁוִּי לְכָל חַד, וְכֻלְּהוּ בִּרְשׁוּ דִילֵיהּ בִּרְשׁוּת הַיָּחִיד.

וְהוּא סוֹבֵב אֶת כָּל הַצְּדָדִים, שֶׁלֹּא מִתְפַּשְּׁטִים יוֹתֵר מֵהַגְּבוּל שֶׁשָּׂם לְכָל אֶחָד, וְהַמִּדָּה שֶׁשָּׂם לְכָל אֶחָד, וְכֻלָּם בִּרְשׁוּתוֹ, בִּרְשׁוּת הַיָּחִיד.

אדנ"י מֶרְכָּבָה לְהוי"ה, וּבָהּ אִתְעַטַּף, וְאוּף הָכִי הוי"ה אִתְעַטַּף בְּאהי"ה לְמִבְרֵי עָלְמָא, אֲבָל שֵׁם הוי"ה אִיהוּ מֶרְכָּבָה לְמָארֵיהּ לְכֶתֶר עִלָּאָה, וּבְגִין דָּא - אֵין[21] קָדוֹשׁ כַּהוי"ה. עִלַּת עַל כֹּלָּא טָמִיר וְגָנִיז בְּכֶתֶר, וּמִנֵּיהּ אִתְפַּשַּׁט נְהוֹרֵיהּ עַל **הוי"ה**, דְּאִיהוּ **י'** חָכְמָה, **ה'** בִּינָה, **ו'** כְּלִיל שִׁית סְפִירָן, **ה'** מַלְכוּת, וְהַאי אִיהוּ אִתְפַּשְּׁטוּתֵיהּ מֵעֵילָא לְתַתָּא, וְאוּף הָכִי אִתְפַּשַּׁט נְהוֹרֵיהּ עַל **י'** מִן אדנ"י מִתַּתָּא לְעֵילָא, עַד אֵין סוֹף, דְּאִתְרְמִיז באדנ"י אַיִ"ן, וּבְגִין דָּא **י' י'** מִן **יאהדונה"י** עֲשָׂרָה עֲשָׂרָה הַכַּף, דָּא כ' מִן כֶּתֶר, וּמָארֵי דְכֹלָּא לֵית בֵּיהּ צִיּוּר דְּאוֹת וּנְקוּדָה, הֲדָא הוּא דִכְתִיב - וְאֶל[22] מִי תְדַמְּיוּנִי וְאֶשְׁוֶה. וְאֶל[23] מִי תְּדַמְּיוּן א"ל. וּמַה דְּמוּת תַּעַרְכוּ לוֹ. עַד כָּאן, עַיֵּן שָׁם.

אדנ"י מֶרְכָּבָה לַהיו"ה, וּבָהּ הִתְעַטֵּף, וְאַף כָּךְ הוי"ה מִתְעַטֵּף בְּאהי"ה לִבְרֹא עוֹלָם, אֲבָל שֵׁם

---

21 שמואל-א ב ב
22 ישעיהו מ כה
23 ישעיהו מ יח

הוי"ה הוּא מֶרְכָּבָה לְרִבּוֹנוֹ לְכֶתֶר עֶלְיוֹן, וְלָכֵן אֵין קָדוֹשׁ כַּיהו"ה, עִלַּת עַל הַכֹּל, טָמִיר וְגָנוּז בְּכֶתֶר, וּמִמֶּנּוּ מִתְפַּשֵּׁט אוֹרוֹ עַל **הוי"ה**, שֶׁהִיא **י'** חָכְמָה, **ה'** בִּינָה, **ו'** כּוֹלֵל שֵׁשׁ סְפִירוֹת, **ה'** מַלְכוּת. וְזוֹהִי הִתְפַּשְּׁטוּתוֹ מִלְמַעְלָה לְמַטָּה. וְאַף כָּךְ מִתְפַּשֵּׁט אוֹרוֹ עַל **י'** מִן **אדנ"י** מִלְּמַטָּה לְמַעְלָה עַד אֵין סוֹף שֶׁנִּרְמָז בְּאדנ"י אַיִ"ן, וּמִשּׁוּם זֶה **י' י'** מִן **יאהדונה"י**, עֲשָׂרָה עֲשָׂרָה הַכַּף, זֶה **כ'** מִן כֶּתֶר, וּבַעַל הַכֹּל, אֵין בּוֹ צִיּוּר שֶׁל אוֹת וּנְקֻדָּה. זֶהוּ שֶׁכָּתוּב וְאֶל מִי תְדַמְּיוּנִי וְאֶשְׁוֶה, וְאֶל מִי תְּדַמְּיוּן אֵ"ל וּמַה דְּמוּת תַּעַרְכוּ לוֹ.

וְעוֹד שִׂים עֵינֶיךָ וְלִבְּךָ אֶל מַאֲמַר תִּקּוּן ס"ט דַּף קט"ו ע"ב וְזֶה לְשׁוֹנוֹ - אֲבָל עִלַּת עַל כָּל הָעִלּוֹת אִיהוּ עַל כָּל נְהוֹרִין גְּנִיזִין וּסְתִימִין כְּנִשְׁמָתָא בְגוּפָא, וְאוֹר קַדְמוֹן אַף עַל גַּב דְּאִיהוּ סָתִים וְגָנִיז וְאִיהוּ קַדְמוֹן לְכָל סְפִירָן וּלְכָל אַתְוָון וּנְקוּדֵי וְטַעֲמֵי, הָכִי אִיהוּ לְגַבֵּי עִלַּת עַל כָּל הָעִלּוֹת, כְּגוּפָא לְגַבֵּי נִשְׁמָתָא, דִּבְעִלַּת הָעִלּוֹת לֵית בֵּיהּ גַּוָּון וְלָא צוּרָה וְלָא דִיוֹקְנָא וְלָא שׁוּתָּפוּ, וּבַאֲתַר דְּעַיִן לָא שַׁלִּיט מָאן יָכִיל לְמֶעֱבַד דִּמְיוֹן. עַד כָּאן, עַיֵּן שָׁם.

אֲבָל עִלַּת עַל כָּל הָעִלּוֹת הוּא עַל כָּל הָאוֹרוֹת הַגְּנוּזִים וְהַנִּסְתָּרִים כִּנְשָׁמָה בְּגוּף, וְהָאוֹר הַקַּדְמוֹן, אַף עַל גַּב שֶׁהוּא נִסְתָּר וְגָנוּז וְהוּא קַדְמוֹן לְכָל הַסְּפִירוֹת וּלְכָל הָאוֹתִיּוֹת וְהַנְּקֻדּוֹת וְהַטְּעָמִים, כָּךְ הוּא לְגַבֵּי עִלַּת עַל כָּל הָעִלּוֹת כְּמוֹ גוּף לַנְּשָׁמָה, שֶׁבְּעִלַּת הָעִלּוֹת אֵין

בּוֹ גָּוֶן וְלֹא צוּרָה וְלֹא דְמוּת וְלֹא שֶׁתְּפוּת, וּבְמָקוֹם שֶׁהָעַיִן לֹא שׁוֹלֶטֶת, מִי יָכוֹל לַעֲשׂוֹת דִּמְיוֹן

וְעוֹד שִׂים עֵינֶיךָ וְלִבֶּךָ, אֶל מַאֲמָר תִּקּוּן ע' דַּף קל"ה וְזֶה לְשׁוֹנוֹ - וְכַמָּה עִלּוֹת אִינוּן עַל עִלּוֹת דְּסָלְקִין עַל כָּל בִּרְכָאָן וּפִקּוּדִין.

וְכַמָּה עֲלוּת הֵן עַל עֲלוּת שֶׁעוֹלוֹת עַל כָּל בְּרָכוֹת וּמִצְווֹת.

וְכָל סְפִירָן סָלְקִין כָּל חַד וְחַד לְמֵאָה בְּאָת **י'**, וּבְאָת **א'** סָלְקִין לַעֲשֶׂרֶת אֲלָפִים, וְאִית לְעֵילָא מִנַּיְיהוּ הַהוּא דְּאִתְקְרֵי עִלַּת עַל כָּל הָעִלּוֹת, דְּסָלִיק עַל כָּל עִלָּאִין, וְלֵית מַאן דְּסָלִיק עֲלֵיהּ, וְכַמָּה אַתְוָון אִית בְּאוֹרַיְיתָא מְעוּטָּרִים וּמְכוּתָּרִים, וּמֵאִלֵּין עִלָּאִין נָחֲתִין בִּרְכָאָן וּמַבּוּעִין לְכָל סְפִירָה וּסְפִירָה דְּאִינוּן **י"א**, עַל כָּל סְפִירָה וּסְפִירָה, וְאִינוּן **י"א י"א** מִן - **יְ**הֹוָהֿ[24] **אֱ**לֹהֵינוּ **יְ**הֹוָה **אֶ**חָד. **בְּא'** אִתְקְרֵי א"ל עֶלְיוֹן, **בְּי'** הוי"ה, וְכֵן **בְּא'** אִתְקְרֵי אלהינ"ו אהי"ה אלהי"ם אדנ"י וְהָא אוּקְמוּהָ. וְעוֹד כֶּתֶר עִלָּאָה אַף עַל גַּב דְּאִיהוּ אוֹר קַדְמוֹן אוֹר צַח וְאוֹר מְצוּחְצָח, אִיהוּ אוּכַם קֳדָם עִלַּת הָעִלּוֹת, וְכָל חֲיָילִין דְּתַלְיָין מִנֵּיהּ אִתְּמַר בְּהוֹן - קְוּוּצּוֹתָיו[25] תַּלְתַּלִּים שְׁחוֹרוֹת כָּעוֹרֵב, לֵית נְהוֹרָא קַיְימָא קַמֵּי נְהוֹרֵיהּ, דְּכֻלְּהוּ נְהוֹרִין אִתְחַשְׁכָאן קַמֵּיהּ.

וְכָל סְפִירוֹת עוֹלוֹת כָּל אַחַת עַל אַחַת לְמֵאָה

---

[24] דברים ו ד
[25] שיר השירים ה יא

בָּאוֹת **י'**. וּבָאוֹת **א'** עוֹלוֹת לַעֲשֶׂרֶת אֲלָפִים. וְיֵשׁ לְמַעְלָה מֵהֶן אוֹתוֹ שֶׁנִּקְרָא עִלַּת עַל כָּל הָעִלּוֹת, שֶׁעוֹלָה עַל כָּל עֶלְיוֹנִים, וְאֵין מִי שֶׁעוֹלֶה עָלָיו. וְכַמָּה אוֹתִיּוֹת יֵשׁ בְּצוּרָה מְעֻטָּרִים וּמֻכְתָּרִים, וּמֵאֵלּוּ עֶלְיוֹנִים יוֹרְדוֹת בְּרָכוֹת וּמַעְיָנוֹת לְכָל סְפִירָה וּסְפִירָה, שֶׁהֵם **י"א**, וְעַל כָּל סְפִירָה וּסְפִירָה. וְהֵם **י"א י"א** מִן **יְ**הוָה **אֱ**לֹהֵינוּ **יְ**הוָה **אֶ**חָד. **בָּא'** נִקְרָא א"ל עֶלְיוֹן. **בַּי'** הוי"ה, וְכֵן **בַּא'** נִקְרָא אלהינ"ו אהי"ה אלהי"ם אדנ"י וַהֲרֵי הֶעֱמִידוּהוּ. וְעוֹד כֶּתֶר עֶלְיוֹן אַף עַל פִּי שֶׁהוּא אוֹר קַדְמוֹן, אוֹר צַח, וְאוֹר מְצֻחְצָח, הוּא שָׁחֹר לִפְנֵי עִלַּת הָעִלּוֹת. וְכָל צִבְאוֹת שֶׁתְּלוּיִם מִמֶּנּוּ, שֶׁנֶּאֱמַר – קְוֻצּוֹתָיו תַּלְתַּלִּים שְׁחֹרוֹת כָּעוֹרֵב. אֵין אוֹר קַיָּם לִפְנֵי אוֹרוֹ, שֶׁכָּל הָאוֹרוֹת נֶחְשָׁכִים לְפָנָיו.

תָּא חֲזִי כַּמָּה עִלּוֹת סְתִימִין, דְּאִינּוּן מִתְלַבְּשִׁין וְאִינּוּן מוּרְכָּבִין בִּסְפִירָן, וּסְפִירָן מֶרְכָּבָה לְגַבַּיְיהוּ, דְּאִינּוּן טְמִירִין מִמַּחְשְׁבוֹת בְּנֵי אָדָם, וַעֲלַיְיהוּ אִתְּמַר – כִּי[26] גָבֹהַּ מֵעַל גָּבֹהַּ שֹׁמֵר וּגְבֹהִים עֲלֵיהֶם, נְהוֹרִין מְצוּחְצָחִין אִלֵּין עַל אִלֵּין, וְאִלֵּין דִּמְקַבְּלִין אִינּוּן כַּחֲשׁוֹכִין מֵאֲחָרָנִין דַּעֲלַיְיהוּ דִּמְקַבְּלִין מִנַּיְיהוּ, וְעִלַּת עַל כָּל הָעִלּוֹת, לֵית נְהוֹרָא קַיְימָא קַמֵּיהּ, כָּל נְהוֹרִין מְצוּחְצָחִין מִתְחַשְּׁכָאן קַמֵּיהּ.

בֹּא וּרְאֵה, כַּמָּה הָעִלּוֹת סְתוּמוֹת, שֶׁהֵן מִתְלַבְּשׁוֹת וְהֵן מֻרְכָּבוֹת בִּסְפִירוֹת. וּסְפִירוֹת

---

[26] קהלת ה ז

מֶרְכָּבָה לְגַבְהָן, שֶׁהֵן גְּנוּזוֹת מִמַּחְשְׁבוֹת בְּנֵי אָדָם, וַעֲלֵיהֶם נֶאֱמַר - כִּי גָבֹהַּ מֵעַל גָּבֹהַּ שֹׁמֵר וּגְבֹהִים עֲלֵיהֶם. אוֹרוֹת מְצַחְצָחִים אֵלּוּ עַל אֵלּוּ, וְאֵלּוּ שֶׁמְּקַבְּלִים הֵם כַּחֲשׁוּכִים מֵאֲחֵרִים שֶׁעֲלֵיהֶם, שֶׁמְּקַבְּלִים מֵהֶם. וְעִלַּת עַל כָּל הָעִלּוֹת אֵין אוֹר קַיָּם לְפָנָיו, כָּל הָאוֹרוֹת מְצֻחְצָחִים נֶחְשָׁכִים לְפָנָיו.

וְכָל נְהוֹרִין דְּאִינּוּן לְעֵילָּא מִנְּהוֹרִין אִינּוּן כִּתְרִין עַל רֵישַׁיְיהוּ, וְרָזָא דְּמִלָּה אל"ף ה"א יו"ד ה"א[27], דָּא רָזָא דַּעֲשָׂרָה כִּתְרִין דְּאִינּוּן מוּרְכָּבִין עַל עֶשֶׂר סְפִירָן, וְדָא אִיהוּ כִּי גָבֹהַּ מֵעַל גָּבֹהַּ שֹׁמֵר, וּגְבֹהִים עֲלֵיהֶם יו"ד ה"א וא"ו ה"א[28], יו"ד ה"י וא"ו ה"י[29], אִלֵּין עַל אִלֵּין, עֶשֶׂר נְהוֹרִין בְּעֶשֶׂר, הֲדָא הוּא דִכְתִיב - עֲשָׂרָה[30] עֲשָׂרָה הַכַּף בְּשֶׁקֶל הַקֹּדֶשׁ, לְעֵילָּא עַל כֻּלְּהוּ עִלַּת הָעִלּוֹת דְּרָכִיב עַל כֹּלָּא וְשַׁלִּיט עַל כֹּלָּא, וְכֻלְּהוּ שְׁמָהָן אִינּוּן מֶרְכָּבָה דִּילֵיהּ, וְלֵית דְּרָכִיב עֲלֵיהּ, דְּלֵית לְעֵילָּא מִנֵּיהּ, וּבְגִין דָּא אִתְקְרֵי עִלַּת עַל כָּל עִלָּאִין.

וְכָל אוֹרוֹת שֶׁהֵם לְמַעְלָה מְאוֹרוֹת, הֵם כְּתָרִים עַל רֹאשָׁם. וְסוֹד הַדָּבָר - אָלֶ"ף ה"י יוֹ"ד ה"א, זֶה סוֹד עֲשָׂרָה כְּתָרִים שֶׁהֵם מֻרְכָּבִים עַל עֶשֶׂר סְפִירוֹת. וְזֶה הוּא כִּי גָבֹהַּ מֵעַל גָּבֹהַּ שֹׁמֵר, וּגְבוֹהִים עֲלֵיהֶם, יו"ד ה"א וא"ו ה"א. יו"ד ה"י וא"ו ה"י. אֵלּוּ עַל אֵלּוּ, עֶשֶׂר אוֹרוֹת

---

27 שם אהי"ה באלפי"ן העולה קמ"ג - אל"ף ה"א יו"ד ה"א
28 שם הוי"ה באלפי"ן העולה מ"ה - יו"ד ה"א וא"ו ה"א
29 שם הוי"ה ביוד"ין ואלפי"ן העולה ס"ג - יו"ד ה"י וא"ו ה"י
30 במדבר ז פו

בְּעֶשֶׂר, זֶה הוּא שֶׁכָּתוּב - עֲשָׂרָה עֲשָׂרָה הַכַּף בְּשֶׁקֶל הַקֹּדֶשׁ. לְמַעְלָה עַל כֻּלָּם עִלַּת הָעִלּוֹת שֶׁרוֹכֵב עַל הַכֹּל וְשׁוֹלֵט עַל הַכֹּל. וְכָל הַשֵּׁמוֹת הֵם מֶרְכָּבָה שֶׁלּוֹ. וְאֵין שֶׁרוֹכֵב עָלָיו, שֶׁאֵין לְמַעְלָה מִמֶּנּוּ, וּמִפְּנֵי זֶה נִקְרָא - עִלַּת עַל כָּל עֶלְיוֹנִים.

וּשְׁמָהָן אִלֵּין אִינּוּן צִנּוֹרִין, וּשְׁמָהָן דַּעֲלַיְיהוּ מַבּוּעִין דְּנָחֲתִין לְצִנּוֹרִין, וְכָל צִנּוֹרִין אִינּוּן כְּאֵבָרִין דְּשִׁעוּר קוֹמָה, דְּאָזְלִין בְּשִׁעוּר וּבְמִדָּה וּבְתִקְלָא, הָדָא הוּא דִכְתִיב - וּמַיִם[31] תִּכֵּן בְּמִדָּה, וְהָא אוּקְמוּהָ כָּל חַד אִיהוּ מְקַבֵּל כְּפִי שִׁעוּרֵיהּ, וּכְפִי מִדָּה דִילֵיהּ, וְאִית נְבִיעוּ לְעֵילָא דְלֵית לֵיהּ מִדָּה וְשִׁעוּר וּמִשְׁקָל, וְהָא אוּקְמוּהָ, - לֹא[32] תַעֲשׂוּ עָוֶל בַּמִּשְׁפָּט בַּמִּדָּה בַּמִּשְׁקָל וּבַמְּשׂוּרָה, וכו'. עַד כָּאן, עַיֵּן שָׁם.

וְשֵׁמוֹת אֵלּוּ הֵם צִנּוֹרוֹת, וְשֵׁמוֹת שֶׁעֲלֵיהֶם נְבִיעוֹת שֶׁיּוֹרְדִים לְצִנּוֹרוֹת, וְכָל צִנּוֹרוֹת הֵם כְּאֵבָרִים שֶׁל שִׁעוּר קוֹמָה, שֶׁהוֹלְכִים בְּשִׁעוּר וּמִדָּה וּמִשְׁקָל, זֶה הוּא שֶׁכָּתוּב - וּמַיִם תִּכֵּן בְּמִדָּה. וַהֲרֵי הֶעֱמִידוּהוּ כָּל אֶחָד הוּא מְקַבֵּל כְּפִי שֶׁעוּרוֹ וּכְפִי הַמִּדָּה שֶׁלּוֹ. וְיֵשׁ נְבִיעָה לְמַעְלָה שֶׁאֵין לָהּ מִדָּה וְשֶׁעוּר וּמִשְׁקָל, וַהֲרֵי הֶעֱמִידוּהוּ - לֹא תַעֲשׂוּ עָוֶל בַּמִּשְׁפָּט בַּמִּדָּה בַּמִּשְׁקָל וּבַמְּשׂוּרָה.

וְעוֹד שִׂים עֵינֶיךָ וְלִבְּךָ אֶל מַאֲמָר זֹהַר חָדָשׁ בְּפָרָשַׁת

---

31 איוב כח כה

32 ויקרא יט לה

יִתְרוֹ, וְזֶה לְשׁוֹנוֹ - יְהֵיב בְּבַר נָשׁ נֶפֶשׁ הַשִּׂכְלִית, לְמִנְדַע מִינָהּ בְּכָל עוֹבָדִין דְּאוֹרַיְיתָא, דְּאִינוּן פִּיקוּדִין דְּאוֹרַיְיתָא, לְהַהוּא דְּאִתְקְרֵי עוֹשֶׂה כֹּל.

וּמִמֶּנָּה נִתְּנָה בְּאָדָם נֶפֶשׁ הַשִּׂכְלִית, לָדַעַת מִמֶּנָּה וּלְהַשִּׂיג עַל יָדָהּ אֶת כָּל הַמַּעֲשִׂים שֶׁל קִיּוּם הַתּוֹרָה, שֶׁהֵם קִיּוּם מִצְוֹת מַעֲשִׂיּוֹת שֶׁבַּתּוֹרָה.

וְאִינוּן תְּלַת קְטִירִין, דִּיהֵיב בְּבַר נָשׁ. נְשָׁמָה הַשִּׂכְלִית, לְמִנְדַע בָּהּ לְעוֹשֶׂה כָּל עָלְמִין, דְּאִיהוּ אוֹמֵר וְעוֹשֶׂה, מְדַבֵּר וּמְקַיֵּים, וְאִיהוּ בּוֹרֵא יוֹצֵר וְעוֹשֶׂה. כֹּלָּא חַד. אִיהוּ מִלְּגָיו, אִיהוּ אַפִּיק כֹּלָּא מִכֹּחַ לַפּוֹעַל. וְאִיהוּ מְשַׁנֶּה עוֹבָדוֹי, וּבֵיהּ לֵית שִׁנּוּי.

לָזֶה הַנִּקְרָא עוֹשֶׂה כֹּל. וְהֵם שְׁלוֹשָׁה קְשָׁרִים שֶׁנִּתְּנוּ בְּאָדָם, דְּהַיְנוּ נְשָׁמָה שִׂכְלִית כְּדֵי לָדַעַת וּלְהַכִּיר בָּהּ אֶת הָעוֹשֶׂה כָּל הָעוֹלָמוֹת, שֶׁהוּא אוֹמֵר וְעוֹשֶׂה, מְדַבֵּר וּמְקַיֵּם, וְהוּא בּוֹרֵא יוֹצֵר וְעוֹשֶׂה, הַכֹּל אֶחָד, הוּא בִּפְנִים בְּכָל הַסְּפִירוֹת, הוּא הוֹצִיא הַכֹּל מִן הַכֹּחַ לַפֹּעַל, וְהוּא מְשַׁנֶּה מַעֲשָׂיו כִּרְצוֹנוֹ, אֲבָל בּוֹ אֵין שׁוּם שִׁנּוּי.

וְאִיהוּ הוּא דִּמְסַדֵּר כָּל סְפִירָאן, וְאִית בִּסְפִירָן, מִנַּיְיהוּ, רַב וּבֵינוֹנִי וּזְעֵיר, כָּל חַד עַל סִדּוּרָא, וּבֵיהּ לֵית סֵדֶר. וְאִיהוּ בָּרָא כֹּלָּא בְּבִינָה, וְלֵית מַאן דְּבָרָא לֵיהּ. אִיהוּ צַיָּיר וְיָצַר כֹּלָּא בְּתִפְאֶרֶת, וְלֵיהּ, לֵית צִיּוּר וְצַיָּיר. אִיהוּ עָבִיד כֹּלָּא בְּמַלְכוּת, וְלֵית מַאן דַּעֲבֵיד לֵיהּ.

וּבְאֵין סוֹף הוּא הַמְסַדֵּר אֶת כָּל הַסְּפִירוֹת, וְיֵשׁ

בִּסְפִירוֹת גְּדוֹלָה וּבֵינוֹנִית וּקְטַנָּה, כָּל אַחַת עַל מְקוֹמוֹ. וּבְאֵין סוֹף אֵין עִנְיָן שֶׁל סֵדֶר, כִּי הַכֹּל הוּא אוֹר פָּשׁוּט. וְהוּא בָּרָא אֶת הַכֹּל עַל יְדֵי הַבִּינָה, וְאֵין מִי שֶׁבָּרָא אוֹתוֹ, הוּא שֶׁצִּיֵּר וְיָצַר אֶת הַכֹּל עַל יְדֵי הַתִּפְאֶרֶת, וְלוֹ אֵין צִיּוּר וּתְמוּנָה, הוּא עָשָׂה אֶת הַכֹּל עַל יְדֵי הַמַּלְכוּת, וְאֵין מִי שֶׁעָשָׂה אוֹתוֹ.

וּבְגִין דְּאִיהוּ בְּאִלֵּין עֶשֶׂר סְפִירָן מִלְּגַו, דִּבְהוֹן בְּרָא וְצַיֵּיר וַעֲבַד כֹּלָּא, שַׁוֵּי תַּמָּן יִחוּדֵיהּ, לְאִשְׁתְּמוֹדְעָא לֵיהּ תַּמָּן. וְכָל מַאן דְּאַפְרִיד בְּשׁוּם סְפִירָה מֵחֲבֶרְתָּהּ מֵאִלֵּין עֶשֶׂר סְפִירָן, דְּאִתְקְרִיאוּ **יו"ד ה"א וא"ו ה"א**, כְּאִלּוּ אַפְרִיד בֵּיהּ.

וּלְפִי שהא"ס מְלֻבָּשׁ בְּאֵלּוּ הָעֶשֶׂר סְפִירוֹת מִבִּפְנִים, שֶׁבָּהֶם בָּרָא וְצִיֵּר וְעָשָׂה אֶת כָּל הָעוֹלָמוֹת, לָכֵן שָׂם אֶת יִחוּדוֹ בִּשְׁמוֹ הַגָּדוֹל הוי"ה הַכּוֹלֵל בּוֹ אֶת כָּל הַסְּפִירוֹת, כְּדֵי לָדַעַת וּלְהַכִּיר אוֹתוֹ שָׁם, וְכָל מִי שֶׁמַּפְרִיד אֵיזוֹ סְפִירָה מֵחֲבֶרְתָּהּ מֵאֵלּוּ עֶשֶׂר סְפִירוֹת, שֶׁנִּקְרָאוֹת - יו"ד הֵ"א וָא"ו הֵ"א, נֶחְשָׁב לוֹ כְּאִלּוּ הִפְרִיד בּוֹ ח"ו.

וְאִיהוּ דְּמְיַיחֵד **י' בְּה' ו' בְּה'**, וְלָא אִתְקְרִיאוּ **יהו"ה**, אֶלָּא בֵּיהּ. וְכֵן אדנ"י. וְכֵן **אהי"ה**. וְכֵן **אלהי"ם**. וּמִיַּד דְּאִסְתַּלַּק מִתַּמָּן, לֵית לֵיהּ שֵׁם יְדִיעַ. וְאִיהוּ דְּקָשִׁיר כָּל מֶרְכָּבוֹת דְּמַלְאֲכַיָּיא, וְקָשִׁיר לוֹן כַּחֲדָא. וְסָבִיל עִילָּאִין וְתַתָּאִין. וְאִם הוּא אִסְתַּלַּק מִנַּיְיהוּ, לֵית לוֹן קִיּוּמָא, וְלָא יְדִיעָה, וְלָא חַיִּים. לֵית אֲתַר דְּלָאו

אִיהוּ תַּמָּן, לְעֵילָא עַד אֵין סוֹף, וּלְתַתָּא עַד אֵין תַּכְלִית, וּלְכָל סִטְרָא לֵית אֱלוֹהַ בַּר מִנֵּיהּ.

וְהָא"ס מְיַחֵד **י' בַּה' ו' בַּה'**, וְאֵלּוּ אַרְבָּעָה אוֹתִיּוֹת אֵינָן נִקְרָאוֹת **הוי"ה**, וְכֵן **אדנ"י**. וְכֵן **אהי"ה**. וְכֵן **אלהי"ם**. וּמִיָּד שֶׁאוֹר הָא"ס מִסְתַּלֵּק מִן הַשֵּׁמוֹת וְהַסְּפִירוֹת, אֵין לוֹ שֵׁם יָדוּעַ. וְהוּא מְקַשֵּׁר אֶת כָּל הַמֶּרְכָּבוֹת הַמַּלְאָכִים, וְקוֹשֵׁר אוֹתָם יַחַד בְּכָל הָעוֹלָמוֹת, וְהוּא הַסּוֹבֵל אֶת הָעֶלְיוֹנִים וְהַתַּחְתּוֹנִים, וְאִם אוֹרוֹ מִסְתַּלֵּק מֵהֶם, אֵין לָהֶם קִיּוּם, וְלֹא יְדִיעָה, וְלֹא חַיִּים, וְאֵין מָקוֹם שֶׁהוּא אֵינוֹ שָׁם, לְמַעְלָה עַד אֵין סוֹף, וּלְמַטָּה עַד אֵין תַּכְלִית, וְכָל צַד אֵין אֱלוֹהַּ חוּץ מִמֶּנּוּ.

אֲבָל עִם כָּל דָּא דְּאִיהוּ בְּכָל אֲתָר, בְּרִיאָה יְצִירָה וַעֲשִׂיָּה דִּילֵיהּ לָא שָׁוֵי, לָא בְּכוּרְסַיָּיא, וְלָא בְּמַלְאֲכַיָּא, וְלָא בִּשְׁמַיָּא, וְלָא בְּאַרְעָא וּבְיַמָּא, וְלָא בְּשׁוּם בְּרִיָּה בְּעָלְמָא. בְּגִין לְאִשְׁתְּמוֹדְעָא לֵיהּ כָּל בִּרְיָין, אֶלָּא בִּסְפִירָן.

אֲבָל עִם כָּל זֶה שֶׁהָא"ס הוּא בְּכָל מָקוֹם, כִּי אֲפִלּוּ בְּרִיאָה יְצִירָה וַעֲשִׂיָּה שֶׁלּוֹ, ר"ל בִּי"ע דַּאֲצִילוּת. כָּל הַפְּעֻלּוֹת שֶׁלּוֹ לֹא נִתַּן לְיַחֵסָם לֹא בְּעוֹלַם הַכִּסֵּא שֶׁהוּא עוֹלַם הַבְּרִיאָה, וְלֹא בְּעוֹלַם הַמַּלְאָכִים, שֶׁהוּא עוֹלַם הַיְצִירָה, וְלֹא בְּשׁוּם בְּרִיָּה בְּעוֹלַם הַתַּחְתּוֹן, שֶׁהוּא עוֹלַם הָעֲשִׂיָּה. וְהַסִּבָּה שֶׁבָּרָא אֶת כָּל הָעוֹלָמוֹת הִיא כְּדֵי שֶׁיַּכִּירוּ אוֹתוֹ כָּל הַבְּרִיּוֹת, כָּל אֶחָד לְפִי כֹּחַ הַשָּׂגָתוֹ, אֵלֶּה בַּסְּפִירוֹת.

וְלֹא עוֹד, אֶלָּא כָּל בְּרָיָין אִינוּן, מִנַּיְיהוּ עַל יְדֵי בְּרִיאָה, וּמִנַּיְיהוּ עַל יְדֵי יְצִירָה, וּמִנַּיְיהוּ עַל יְדֵי עֲשִׂיָּה. וּסְפִירָאן, אַף עַל גַּב דְּכֹלָּא בְּרָא וְיָצַר וַעֲבַד בְּהוֹן, לָא אִתְקְרֵי בְּהוּ בְּרִיאָה וִיצִירָה וַעֲשִׂיָּה כְּתַתָּאֵי, אֶלָּא אִינוּן בְּאוֹרַח אֲצִילוּת. וּבְגִין דָּא, כֶּתֶר וְחָכְמָה וּבִינָה וְדַעַת דִּשְׁאָר בְּרָיָין, לָא דָּמֵי לוֹן, הֲדָא הוּא דִכְתִיב - וְאֶל[33] מִי תְדַמְּיוּנִי וְאֶשְׁוֶה יֹאמַר קָדוֹשׁ. כְּגַוְונָא דְאוֹרַיְיתָא דְּאִתְּמַר בָּהּ - יְקָרָה[34] הִיא מִפְּנִינִים וְכָל חֲפָצֶיךָ לֹא יִשְׁווּ בָהּ. וּבוֹרֵא וְיוֹצֵר וְעוֹשֶׂה כֹּלָּא. אַף עַל גַּב דְּאִשְׁתְּמוֹדְעָא לִבְנֵי נָשָׁא בְּעֶשֶׂר סְפִירָאן, דְּאִינוּן כֶּתֶר עֶלְיוֹן חָכְמָה וּבִינָה וכו', אִתְּמַר בֵּיהּ, דְּאִיהוּ חַכִּים, וְלָא בְחָכְמָה יְדִיעָא. מֵבִין, וְלָא בְּבִינָה יְדִיעָא. חָסִיד, וְלָא בְּחֶסֶד יְדִיעָא. גִּבּוֹר, וְלָא בִּגְבוּרָה יְדִיעָא. אִיהוּ פְּאֵר בְּכָל אֲתַר, וְלָא בַּאֲתַר יְדִיעָא. אִיהוּ הוֹד וְהָדָר בְּכָל אֲתַר, וְלָא בַּאֲתַר יְדִיעָא. אִיהוּ צַדִּיק, וְלָאו בַּאֲתַר יְדִיעָא. אִיהוּ מֶלֶךְ, וְלָאו בְּמַלְכוּתָא יְדִיעָא.

אִיהוּ אֶחָד, וְלָא בְּחוּשְׁבָּן. כְּגוֹן אֶחָד, דְּסָלֵיק תְּלַת עֲשַׂר מְכִילָן. וְאַף עַל גַּב דְּלָאו אִיהוּ לְבַר מִכֹּלָּא, אִיהוּ סָבִיל עִילָּאִין וְתַתָּאִין, וְסָבֵיל כָּל עָלְמִין, עַד דְּלֵית סוֹף וְלֵית תַּכְלִית, וְלֵית מַאן דְּסָבֵיל לֵיהּ.

הוּא אֶחָד וְלֹא בְּחֶשְׁבּוֹן, כְּגוֹן אֶחָד הַמֻּרְכָּב כְּמוֹ **אח"ד** שֶׁמִּסְפָּרוֹ י"ג, כְּנֶגֶד י"ג מִדּוֹת הָרַחֲמִים, וְאַף עַל פִּי שֶׁהוּא אֵינוֹ לַחוּץ מִכָּל הַסְּפִירוֹת, עִם כָּל זֹאת הוּא סוֹבֵל וְנוֹשֵׂא אֶת

33 ישעיהו מ כה
34 משלי ג טו

הָעֶלְיוֹנִים וְהַתַּחְתּוֹנִים, וְנוֹשֵׂא אֶת כָּל הָעוֹלָמוֹת, עַד אֵין סוֹף וְאֵין תַּכְלִית, וְאֵין מִי שֶׁסּוֹבֵל וְנוֹשֵׂא אוֹתוֹ.

כָּל מַחְשַׁבְתִּין לָאָן לְמֶחֱשַׁב בֵּיהּ, וְלֵית חַד מִנַּיְיהוּ דְּיָדַע לְאַשָּׂגָא לֵיהּ. וַאֲפִילּוּ שְׁלֹמֹה דְּאִתְּמָר בֵּיהּ - וַיֶּחְכַּם[35] מִכָּל הָאָדָם, בָּעָא לְאַשָּׂגָא לֵיהּ בְּמַחְשַׁבְתֵּיהּ, וְלָא יָכֵיל. וּבְגִין דָּא אֲמַר - אָמַרְתִּי[36] אֶחְכָּמָה וְהִיא רְחוֹקָה מִמֶּנִּי. לְמַאן דְּאִיהוּ מְחַיֶּה בְּהוי"ה, לֵית מַאן דְּקָטֵיל לֵיהּ, וּלְמַאן דְּאִיהוּ מֵמִית בְּאדנ"י, לֵית מַאן דִּמְחַיֶּה לֵיהּ. וְאִלֵּין אַתְוָון לֵית בְּהוּ חַיֵּי וּמִיתָה. בַּר מִנֵּיהּ. וְאַף עַל גַּב דִּבְהוֹן מִיתָה וְחַיֵּי, וְלֵית בְּהוֹן קְרִיבוּ וְיִיחוּדָא, בַּר מִינֵיהּ. שְׁמָא לָא אִתְקְרֵי שְׁלִים, אֶלָּא בֵּיהּ. וְלָא אַפֵּיק פְּעוּלָה לַפּוֹעֵל אֶלָּא בֵּיהּ. וְסִטְרִין אָחֳרָנִין דְּאִינוּן מִסִּטְרָא אָחֳרָא, כָּלְהוֹ בִּרְשׁוּתֵיהּ, לְמֶעְבַּד בְּהוֹן רְעוּתֵיהּ. וַעֲלַיְיהוּ אִתְּמָר - וְכָל[37] דָּיְרֵי אַרְעָא כְּלָה חֲשִׁיבִין וּכְמִצְבְּיֵהּ עָבֵד בְּחֵיל שְׁמַיָּא. וְלָא אִיתַי דִּי יְמַחֵא בִידֵהּ וְיֵאמַר לֵהּ מָה עֲבַדְתְּ. הוּא תָּפֵיס בְּכָל מַחְשַׁבְתִּין, וְלֵית מַחֲשָׁבָה יְדִיעָא בֵּיהּ. וְלָא צָרִיךְ לְרָשְׁמָא אֲתַר לְמֶחֱשַׁב בֵּיהּ, וְלָא לְמִנְדַּע בֵּיהּ. אֲבָל לְבִרְיָין, בְּגִין דְּלָא יָכֵיל מַחֲשַׁבְתָּא דִילְהוֹן לַאֲשָׂגָא לֵיהּ בְּכָל אֲתַר, בְּגִין דְּאִית לֵיהּ עָלְמִין אֲפִילּוּ לְעֵילָא מִן סְפִירָן. כְּנִימִין דְּשַׂעֲרָא דְּלֵית לוֹן חוּשְׁבְּנָא. וּבְגִין דְּיִנְדְּעִין לְמִקְרֵי לֵיהּ בַּאֲתַר יְדִיעַ, רְשִׁים לוֹן סְפִירָן לְאִשְׁתְּמוֹדְעָא לֵיהּ בְּהוֹן, בְּגִין

---

[35] מלכים-א ה יא

[36] קהלת ז כג

[37] דניאל ד לב

דְּאִינּוּן קְשִׁירָן בְּעִילָּאִין וְתַתָּאִין, וּבְרָא בְּהוֹן כָּל בְּרִיָּין, לְאִשְׁתְּמוֹדְעָא לֵיהּ בְּהוֹן. עַד כָּאן, עַיֵּן שָׁם.

כָּל הַמַּחֲשָׁבוֹת נִלְאוֹת מִלַּחְשֹׁב בְּמַהוּתוֹ וְאַחְדּוּתוֹ, וְאֵין אֶחָד מֵהֶן שֶׁיּוֹדַעַת לְהַשִּׂיג אוֹתוֹ, וַאֲפִלּוּ שְׁלֹמֹה הַמֶּלֶךְ נֶאֱמַר בּוֹ - וַיֶּחְכַּם מִכָּל הָאָדָם. רָצָה לְהַשִּׂיג אֶת הָא"ס בְּמַחְשַׁבְתּוֹ, וְלֹא הָיָה יָכוֹל, וּבִשְׁבִיל זֶה נֶאֱמַר - אָמַרְתִּי אֶחְכָּמָה וְהִיא רְחוֹקָה מִמֶּנִּי. לְמִי שֶׁהָא"ס מְחַיֶּה מְחַיָּה בְּשֵׁם הוי"ה, שֶׁהוּא מִדַּת הָרַחֲמִים, אֵין מִי שֶׁיָּכוֹל לַהֲרֹג אוֹתוֹ, וּלְמִי שֶׁהוּא מֵמִית בְּשֵׁם אדנ"י, שֶׁהוּא מִדַּת הַדִּין, אֵין מִי שֶׁיָּכוֹל לְהַחֲיוֹת אוֹתוֹ, וְאֵלּוּ הָאוֹתִיּוֹת שֶׁל הַשֵּׁמוֹת **הוי"ה ואדנ"י** אֵין בָּהֶם מִכֹּחַ עַצְמָם לְהַחֲיוֹת אוֹ לְהָמִית, וְאַף עַל פִּי שֶׁיֵּשׁ בָּהֶם מִיתָה וְחַיִּים, ר"ל בַּסְּפִירוֹת שֶׁל זו"ן שֶׁהֵם סוֹד ב' שְׁמוֹת **הוי"ה אדנ"י**, כָּל זֶה הָיָה חוּץ מִמֶּנּוּ, וְלָכֵן אֵין בַּהֲשָּׁמוֹת כֹּחַ הַקֵּרוּב וְהַיִּחוּד חוּץ מִכֹּחוֹ, כִּי הַשֵּׁם אֵינוֹ נִקְרָא שָׁלֵם אֶלָּא בְּכֹחַ הִתְלַבְּשׁוּתוֹ בּוֹ, וְאֵינוֹ מוֹצִיא פְּעֻלָּה פְּעוּלָּה לְפוֹעֵל אֶלָּא בְּכֹחוֹ. וּצְדָדִים הָאֲחֵרִים שֶׁהֵם מִסִּטְרָא אַחֲרָא, כֻּלָּם הֵם בִּרְשׁוּתוֹ לַעֲשׂוֹת בָּהֶם רְצוֹנוֹ, וַעֲלֵיהֶם נֶאֱמַר כָּל יוֹשְׁבֵי הָאָרֶץ נֶחֱשָׁבִים לְכֻלָּם כְּנֶגְדּוֹ, וְכִרְצוֹנוֹ עָשָׂה בִּצְבָא הַשָּׁמַיִם, וְאֵין מִי שֶׁיִּמְחֶה וִיעַכֵּב בְּיָדוֹ מִלַּעֲשׂוֹת כִּרְצוֹנוֹ, וְאֵין מִי שֶׁיֹּאמַר לוֹ מֶה עָשִׂיתָ. הוּא תּוֹפֵס וְיוֹדֵעַ הַמַּחֲשָׁבוֹת, וְאֵין מַחֲשָׁבָה שֶׁיּוֹדַעַת בּוֹ וּמַשֶּׂגֶת גְּדֻלָּתוֹ, וְלֹא הָיָה צָרִיךְ לִרְשֹׁם וּלְצַיֵּן מָקוֹם לַחֲשֹׁב בּוֹ וְלֹא

לָדַעַת בּוֹ, כִּי אֵין מָקוֹם קָבוּעַ וְיָדוּעַ, כִּי הוּא אֵינוֹ בַּעַל גְּבוּל אֲבָל בִּשְׁבִיל הַבְּרִיּוֹת, לְפִי שֶׁמַּחְשַׁבְתָּן אֵינָהּ יְכוֹלָה לְהַסִּיג בּוֹ בְּכָל מָקוֹם, ר"ל אִם לֹא יִהְיֶה לוֹ מָקוֹם מְצֻמְצָם לֹא יוּכְלוּ יוּכְלוּ לִלְמֹד וְלִדְרֹשׁ בְּיִחוּדוֹ, וְלָדַעַת אֵיךְ לְהִתְפַּלֵּל אֵלָיו, לָכֵן הֻצְרַךְ לִרְשֹׁם לוֹ מָקוֹם בְּעֶשֶׂר סְפִירוֹת, וְלִתֵּן רְשׁוּת לִבְנֵי אָדָם לְהִתְפַּלֵּל אֵלָיו דֶּרֶךְ הַסְּפִירוֹת, לְפִי שֶׁיֵּשׁ לוֹ עוֹלָמוֹת, אֲפִלּוּ לְמַעְלָה מִן הַסְּפִירוֹת שֶׁל הָאֲצִילוּת, כָּל כָּךְ הַרְבֵּה עוֹלָמוֹת, כְּחוּטֵי הַשְּׂעָרוֹת שֶׁאֵין לָהֶם מִסְפָּר וְחֶשְׁבּוֹן, וְשָׁם אֵין מַחֲשֶׁבֶת הָאָדָם מַשֶּׂגֶת, לָכֵן הֵם נֶעֶלְמוּ מִבְּנֵי אָדָם, לָכֵן כְּדֵי שֶׁבְּנֵי אָדָם יָדְעוּ לִקְרֹא אוֹתוֹ בַּמָּקוֹם יָדוּעַ, רָשַׁם לָהֶם עֶשֶׂר סְפִירוֹת לָדַעַת וּלְהַכִּיר אוֹתוֹ בָּהֶם, לְפִי שֶׁהֵם קְשׁוּרוֹת בָּעֶלְיוֹנִים וּבַתַּחְתּוֹנִים,וּבָרָא בָּהֶם אֶת כָּל הַבְּרִיּוֹת כְּדֵי שֶׁיַּכִּירוּ אוֹתוֹ בָּהֶם.

וְעוֹד שִׂים עֵינֶיךָ וְלִבְּךָ אֶל מַאֲמַר רז"ל בַּמִּדְרָשׁ רַבָּה פָּרָשַׁת שְׁמוֹת פֶּרֶק ג' - וַיֹּאמֶר אלהי"ם אֶל מֹשֶׁה, אָמַר רַבִּי אַבָּא בַּר מַמָּל, אָמַר לֵיהּ הַקָּדוֹשׁ בָּרוּךְ הוּא לְמֹשֶׁה, שְׁמִי אַתָּה מְבַקֵּשׁ לֵידַע, לְפִי מַעֲשַׂי אֲנִי נִקְרָא, פְּעָמִים שֶׁאֲנִי נִקְרָא בְּא"ל שַׁד"י, בִּצְבָאוֹ"ת, בֵּאלהי"ם, בַּהוי"ה. כְּשֶׁאֲנִי דָּן אֶת הַבְּרִיּוֹת, אֲנִי נִקְרָא - אלהי"ם, וּכְשֶׁאֲנִי עוֹשֶׂה מִלְחָמָה בָּרְשָׁעִים, אֲנִי נִקְרָא - צְבָאוֹ"ת, וּכְשֶׁאֲנִי תּוֹלֶה עַל חֲטָאָיו שֶׁל אָדָם, אֲנִי נִקְרָא - א"ל שַׁד"י, וּכְשֶׁאֲנִי מְרַחֵם עַל עוֹלָמִי, אֲנִי נִקְרָא ה'וי"ה, שֶׁאֵין הוי"ה אֶלָּא מִדַּת

רַחֲמִים, שֶׁנֶּאֱמַר - הוי"ה[38] | הוי"ה א"ל רַחוּם וְחַנּוּן. הֱוֵי - אהי"ה[39] אֲשֶׁר אהי"ה, אֲנִי נִקְרָא לְפִי מַעֲשַׂי. עַד כָּאן, עַיֵּן שָׁם.

וְעוֹד רְאֵה מַה שֶּׁכָּתוּב בְּתִקּוּנִים דַּף צ"א ע"ב סוֹף תִּקּוּנָא נ"ז וְזֶה לְשׁוֹנוֹ - וְלֵית מַלְאָכָא דְּלָא אִשְׁתַּכַּח בֵּיהּ שֵׁם הוי"ה, דְּאִשְׁתַּכַּח בְּכָל אֲתַר, כְּגַוְונָא דְּנִשְׁמָתָא דְּאִשְׁתַּכְּחַת בְּכָל אֵבֶר וְאֵבֶר, וּבְגִין דָּא אִית לְבַר נָשׁ לְאַמְלָכָא הוי"ה בְּכָל סְפִירָן, וּבְכָל כָּרְסַיָּין, וּבְכָל מַלְאָכִין, וּבְכָל אֵבֶר וְאֵבֶר דְּבַר נָשׁ, דְּלֵית אֲתַר פָּנוּי מִנֵּיהּ לָא בְּעִלָּאִין וְלָא בְּתַתָּאִין, הוי"ה לָא אִתְקְרֵי בְּיִחוּדָא דְּאַרְבַּע אַתְוָון אֶלָּא בְּעִלַּת הָעִלּוֹת דִּמְיַחֵד לוֹן, וּבְגִין דְּאִיהוּ מְיַחֵד אַרְבַּע אַתְוָון, בֵּיהּ אִתְקְרִיאוּ הוי"ה בְּיִחוּדָא חֲדָא הוי"ה אֶחָד וּשְׁמוֹ אֶחָד, וּבְגִין דָּא שַׁוִּי אֱמוּנָה דְּיִשְׂרָאֵל בְּאַרְבַּע אַתְוָון אִלֵּין, וְכָל שְׁמָהָן שַׁוִּי כִּנּוּיִין לִשְׁמָא דָא, לֵית שְׁמָא עַד אֵין סוֹף וְעַד אֵין תַּכְלִית רַבְרְבָא וְשָׁלְטָנָא מִן דָּא, לְעֵילָא עַד אֵין סוֹף, וּלְתַתָּא עַד אֵין תַּכְלִית, וְכָל חַיָּילִין וּמַשִּׁרְיָין מִנֵּיהּ דַּחֲלִין וּמִזְדַּעְזְעִין. עַד כָּאן לְשׁוֹנוֹ.

וְאֵין מַלְאָךְ שֶׁלֹּא נִמְצָא בּוֹ שֵׁם הוי"ה, שֶׁנִּמְצָא בְּכָל מָקוֹם, כְּמוֹ שֶׁהַנְּשָׁמָה שֶׁנִּמְצֵאת בְּכָל אֵיבָר וְאֵיבָר, וּמִשּׁוּם זֶה יֵשׁ לָאָדָם לְהַמְלִיךְ אֶת הוי"ה בְּכָל הַסְּפִירוֹת וּבְכָל הַכִּסְאוֹת וּבְכָל הַמַּלְאָכִים וּבְכָל אֵיבָר וְאֵיבָר שֶׁל הָאָדָם, שֶׁאֵין מָקוֹם פָּנוּי מִמֶּנּוּ, לֹא בָעֶלְיוֹנִים וְלֹא בַתַּחְתּוֹנִים, הוי"ה לֹא נִקְרָא בְּיִחוּד שֶׁל אַרְבַּע

---

[38] שמות לד ו

[39] שמות ג יד

הָאוֹתִיּוֹת, אֶלָּא בְּעִלַּת הָעִלּוֹת שֶׁמְּיַחֵד אוֹתָם, וּמִשּׁוּם שֶׁהוּא מְיַחֵד אַרְבַּע אוֹתִיּוֹת, נִקְרָאוּ בּוֹ הוי"ה בְּיִחוּד אֶחָד הוי"ה אֶחָד וּשְׁמוֹ אֶחָד, וּמִשּׁוּם זֶה שָׂם אֶת אֱמוּנַת יִשְׂרָאֵל בְּאַרְבַּע הָאוֹתִיּוֹת הַלָּלוּ, וְאֶת כָּל הַשֵּׁמוֹת שָׂם כִּנּוּיִים לַשֵּׁם הַזֶּה, אֵין שָׁם עַד אֵין סוֹף וְעַד אֵין תַּכְלִית גָּדוֹל וְשַׁלִּיט מִזֶּה, לְמַעְלָה עַד אֵין סוֹף, וּלְמַטָּה עַד אֵין תַּכְלִית, כָּל הַחֲיָלוֹת וְהַמַּחֲנוֹת מִמֶּנּוּ פּוֹחֲדִים וּמִזְדַּעְזְעִים.

וּפֵרֵשׁ הרש"ד[40] בְּגִלָּיוֹן הַכַּוָּנָה שֶׁלְּעוֹלָם לֹא תִּמְצָא שׁוּם חַד מִשְּׁמוֹת הַקְּדוֹשִׁים בִּכְלָלוּת כּוֹלֵל כָּל עוֹלָם הָאֲצִילוּת כֻּלּוֹ, וּמָה גַּם כָּל אַרְבָּעָה עוֹלָמוֹת אבי"ע, כִּי אִם שֵׁם הוי"ה הַקָּדוֹשׁ, שֶׁהוּא כּוֹלֵל כָּל עוֹלָם הָאֲצִילוּת, קוֹץ הַיּוּ"ד כֶּתֶר, א"א. יוּ"ד חָכְמָה, אַבָּא. ה' בִּינָה, אִמָּא. ו' ז"א, ו"ק. ה' אַחֲרוֹנָה מַלְכוּת[41]. הֲרֵי כָּל הָאֲצִילוּת נִכְלָל בהוי"ה אֶחָד, וְזֶהוּ לְעֵלָּא עַד א"ס, כִּי הַכֶּתֶר עוֹלֶה עַד א"ס בָּרוּךְ הוּא, וּלְתַתָּא הַיּוּ"ד בַּאֲצִילוּת, ה' בִּבְרִיאָה, ו' בִּיצִירָה, ה' בַּעֲשִׂיָּה, וַהֲרֵי לְתַתָּא עַד אֵין תַּכְלִית. עַד כָּאן לְשׁוֹנוֹ[42].

---

40 הרב רבינו שלמה הכהן

41 **היב"ש** - נראה לעניות דעתי שצריך כאן להוסיף את פרצוף הנוקבא, כמו בשאר הספירות והפרצופים.

42 תרשים לדברי הרש"ד

קוץ של י'

הויה	ספירות	פרצופים	עולמות
י	כתר	א"א	א"ק
י	חכמה	אבא	אצילות
ה	בינה	אימא	בינה
ו	חג"ת נה"י	ז"א	יצירה
ה	מלכות	נוקבא	עשיה

וְהֵא לְךָ לְשׁוֹן רַבֵּנוּ הָאֲרִ"י ז"ל בְּשַׁעַר הַפְּסוּקִים, פָּרָשַׁת בְּרֵאשִׁית, בְּפָסוּק - וּמֵעֵץ הַדַּעַת, דְּרוּשׁ ב' וְזֶה לְשׁוֹנוֹ - הִנֵּה מָה שֶׁכָּתוּב בְּסֵפֶר הַתִּקּוּנִים דַּף קט"ו ע"ב כִּי חֵטְא אָדָם הָרִאשׁוֹן, הָיָה דְּשׁוּי חֹשֶׁךְ בֵּין עִלַּת הָעִלּוֹת אֶל הַכֶּתֶר, הָעִנְיָן יוּבַן כְּמוֹ שֶׁכָּתוּב בַּזֹּהַר הַקָּדוֹשׁ, פָּרָשַׁת בְּרֵאשִׁית, דַּף כ"ב ע"ב כִּי יֵשׁ עִלַּת הָעִלּוֹת, וְיֵשׁ עִלַּת עַל כָּל הָעִלּוֹת, וְהָעִנְיָן הוּא כִּי הָא"ס שֶׁהוּא לְמַעְלָה מֵעַתִּיק יוֹמִין דְּעוֹלָם הָאֲצִילוּת, הוּא הַנִּקְרָא עִלַּת עַל כָּל הָעִלּוֹת, לְפִי כִּי הוּא הָעִלָּה הָרִאשׁוֹנָה, שֶׁכָּל שְׁאָר הָעִלּוֹת נִמְצְאוּ מִמֶּנָּה, וְהוּא הַמְּצִיאָם, וְכָל שְׁאָר הַבְּחִינוֹת שֶׁלְּמַטָּה מֵעִלַּת כָּל הָעִלּוֹת נִקְרָאִים עִלּוֹת סְתָם, כִּי הֵם עֲלוּלוֹת וְנֶאֱצָלוֹת מִן הָא"ס, אָמְנָם דֶּרֶךְ פְּרָט נוּכַל לִקְרֹא לְכָל בְּחִינָה מֵהֶם עִלַּת הָעִלּוֹת, לְפִי שֶׁמִּן הָעִלָּה הַהִיא נֶאֶצְלוּ שְׁאָר הָעִלּוֹת שֶׁתַּחְתֶּיהָ, וְכָל בְּחִינָה נִקְרֵאת עִלָּה לַבְּחִינָה שֶׁתַּחְתֶּיהָ, אֲבָל עִלַּת כָּל הָעִלּוֹת הוּא בָּא"ס כַּנִּזְכָּר. נִמְצָא כִּי אִמָּא עִלָּאָה נִקְרֵאת עִלַּת הָעִלּוֹת בְּעֵרֶךְ ז"א, כִּי הִיא הָעִלָּה אֲשֶׁר הַמְּצִיאָה כָּל הָעִלּוֹת אֲשֶׁר בְּז"א, עַד כָּאן לְשׁוֹנוֹ.

וְהִנְנִי מַעְתִּיק לְךָ דִּבְרֵי הָרָמָ"ק ז"ל בְּסֵפֶר הַפַּרְדֵּ"ס שֶׁלוֹ, שַׁעַר ה' פֶּרֶק ד', וְזֶה לְשׁוֹנוֹ - קֹדֶם אֲצִילוּת הַנֶּאֱצָלִים הָיָה הָא"ס הַפָּשׁוּט בְּתַכְלִית הַפְּשִׁיטוּת נֶעֱלָם תַּכְלִית הַהֶעְלֵם, וְלֹא הָיְתָה אֱלֹהוּתוֹ מִתְגַּלָּה אֶל זוּלָתוֹ, לְהֶעְדֵּר הֲוָיוֹת אֲשֶׁר עַל יָדָם קְצָת גִּלּוּי רוֹמְמוּת אַחְדוּתוֹ, וְהָיוּ הַסְּפִירוֹת בְּכֹחָם נֶעֱלָמִים בּוֹ

בְּכוֹחוֹ בִּמְצִיאוּת דַּק וְנֶעֱלָם כַּאֲשֶׁר רָאוּי אֶל אַחְדוּתוֹ, וְאַל יִתְמַהּ לֵב אָדָם עָלָיו בְּאָמְרֵנוּ שֶׁהָיוּ נֶעֱלָמִים בּוֹ וְאַל יִתְבַּהֵל לְהָשִׁיב. אִם כֵּן נִמְצָא שֶׁכְּבָר הָיוּ הַסְּפִירוֹת בּוֹ, יִתְחַיֵּב מִזֶּה הָרִבּוּי וְהַשִּׁנּוּי, כִּי אֵין זֶה מִכְּלַל שְׁאֵלַת הַחֲכָמִים כִּי אִם מִפִּתּוּי הַשֵּׂכֶל לִכְאוֹרָה, וְהַטַּעַם כִּי עִם הֱיוֹתֵנוּ אוֹמְרִים שֶׁהָיוּ הַסְּפִירוֹת נֶעֱלָמוֹת בּוֹ, אֵין כַּוָּנָתֵנוּ בְּעִנְיָן זֶה לוֹמַר שֶׁהָיוּ הַסְּפִירוֹת מַמָּשׁ כְּמוֹ שֶׁהֵן עַתָּה, אֲבָל הָיוּ מִתְיַחֲדִים בְּאַחְדוּת יִחוּד הָאֲמִתִּי וְחָזָק.

וְנַמְשִׁיל מָשָׁל נָאֶה אֶל אֶבֶן הַחַלָּמִישׁ, שֶׁמּוֹצִיאִין מִמֶּנָּה אֵשׁ עַל יְדֵי הַכָּאַת הַבַּרְזֶל בָּהּ, וּמִן הָאֵשׁ יוֹצֵא בָרָק, וְעַתָּה לְפִי הָאֱמֶת יִצְדַּק שֶׁהָאֵשׁ הַהוּא מַמָּשׁ הָיָה בְּתוֹךְ הָאֶבֶן, וְהָיָה הָאֶבֶן נֶחֱלָק לְרִבּוּי הַחֲלָקִים כְּפִי חֶלְקֵי הַנִּיצוֹצוֹת הַנִּתָּזִים מִמֶּנּוּ, זֶה וַדַּאי לֹא יִשְׁפֹּט שֵׂכֶל הַמַּשְׂכִּיל, אֶלָּא אַדְּרַבָּא הָאֵשׁ הַהוּא נֶעֱלָם בְּתוֹךְ הָאֶבֶן וּמְיֻחָד בּוֹ יִחוּד אֲמִתִּי וְחָזָק, בְּאֹפֶן שֶׁאֵין בֵּין הָאֶבֶן וְהָאֵשׁ שֶׁבְּתוֹכָהּ חִלּוּק וּפֵרוּד כְּלָל, כֵּן הַדָּבָר בְּעֶצֶם האלהו"ת הַפָּשׁוּט קֹדֶם הִתְפַּשְּׁטוּ, לְנַהֵל הַתַּחְתּוֹנִים הָיוּ הַסְּפִירוֹת מִתְיַחֲדִים אִישׁ בְּאָחִיו, וְכֻלָּם מְיֻחָדִים בְּעַצְמוּתוֹ, וּקְשׁוּרִים בּוֹ קֶשֶׁר אַמִּיץ וְחָזָק, עַד שֶׁכִּמְעַט לֹא יִצְדַּק בּוֹ שֵׁם מְצִיאוּת הַסְּפִירוֹת כְּלָל, אֶלָּא יִחוּד הָאֲמִתִּי, וְהַיִּחוּד הַזֶּה וְהַדַּקּוּת הַנִּזְכָּר הוּא מְקוֹר הַסְּפִירוֹת הַנֶּעֱלָמִים בְּתוֹכוֹ, הַנִּקְרָאִים צַחְצָחוֹת עֶלְיוֹנוֹת, אֲשֶׁר מֵהֶם נֶאֱצְלוּ עוֹד צַחְצָחוֹת אֲחֵרוֹת שֶׁלֹּא יִצְדַּק בָּהֶן עֲדַיִן אֲפִלּוּ לְשׁוֹן צַחְצָחוֹת, כַּאֲשֶׁר יִתְבָּאֵר בְּשַׁעַר הַצַּחְצָחוֹת בְּסִיַּעְתָּא דִּשְׁמַיָּא. עַד כָּאן לְשׁוֹנוֹ זלה"ה.

וְהִנֵּה הָרַב מוֹרֵנוּ הָרַב יִשְׂרָאֵל אִירְגַאס זַ"ל, בְּסִפְרוֹ שׁוֹמֵר אֱמוּנִים דַּף י"ט, אַחַר שֶׁהֵבִיא הַמָּשָׁל הַנִּזְכָּר שֶׁל הַפַּרְדֵּ"ס זַ"ל, כָּתַב וְזֶה לְשׁוֹנוֹ - וְעַתָּה עַל יְדֵי הַמָּשָׁל הַמֻּרְגָּשׁ תַּעֲלֶה אֶל הַמֻּשְׂכָּל וְתָבִין כִּי מָה שֶׁאָנוּ אוֹמְרִים שֶׁהָיוּ הַסְּפִירוֹת נֶעֱלָמוֹת בּוֹ, אֵינוֹ אֶלָּא לְפִי שֶׁהוּא סִבַּת כָּל נִמְצָא, וְהָעִנְיָן כִּי צָרִיךְ אַתָּה לָדַעַת שהא"ס יוֹדֵעַ אֶת עַצְמוֹ בִּידִיעָה שֶׁאֵינָהּ חוּץ מִמֶּנּוּ אֶלָּא הוּא יְדִיעָתוֹ וִידִיעָתוֹ הוּא עַצְמוֹ, וְכֵיוָן שֶׁהוּא יוֹדֵעַ וּמַכִּיר אֶת עַצְמוֹ יוֹדֵעַ כָּל הַנִּמְצָאוֹת שֶׁהֲרֵי הַכֹּל נִמְצָא מֵאֲמִתַּת עַצְמוּתוֹ, אֲבָל לֹא תִּהְיֶה יְדִיעָתוֹ בְּנִמְצָאוֹת מִצַּד הַנִּמְצָאוֹת עַצְמָן כְּמוֹ שֶׁהִיא יְדִיעָתֵנוּ, שֶׁאִם כֵּן נִמְצָא יְדִיעָתוֹ מִתְחַלֶּקֶת לְפִי חִלּוּק הַנִּמְצָאוֹת וּמְצוּיָה בָּהֶם, וְזֶה אִי אֶפְשָׁר בְּחֹק שְׁלֵמוּתוֹ, אֶלָּא הוּא יוֹדֵעַ בַּדְּבָרִים וְיַשְׂכִּיל בָּהֶם מִצַּד הַשְּׂכָלַת עַצְמִי, וְלֹא נִתְחַדֵּשׁ לוֹ שׁוּם יְדִיעָה בְּהִתְחַדֵּשׁ הַנִּמְצָאוֹת, כִּי הוּא יוֹדֵעַ אוֹתָם קֹדֶם הֱיוֹתָם, כִּידִיעָתוֹ אוֹתָם אַחַר הֱיוֹתָם, דְּחִדּוּשׁ הוֹיָתָם הוּא בָּהֶם בְּעַצְמָם, אָמְנָם הַמַּמְצִיאָם לֹא נִתְחַדֵּשׁ דָּבָר בִּידִיעָתוֹ אַחַר שֶׁחָדֵשׁ אוֹתָם וְכוּ'.

אַךְ חָלִילָה וְחָלִילָה לְהַאֲמִין וּלְהַעֲלוֹת עַל לֵב שֶׁהַסְּפִירוֹת הֵם חֵלֶק מהא"ס שֶׁיָּצָא מִמֶּנּוּ וְנִשְׁתַּלְשֵׁל מְעִילָה לְעָלוּל, כִּי הוּא עָוֹן פְּלִילִי, דְּהָא מָה שֶׁהוּא א"ס אִי אֶפְשָׁר לִהְיוֹת סְפִירוֹת, וְהַלֹּא אֶחָד מֵעִקְּרֵי הָאֱמוּנָה הוּא שֶׁאַחְדּוּת הא"ס אֵינוֹ מִתְחַלֵּק לַחֲלָקִים וְאֵינוֹ מְקַבֵּל תּוֹסֶפֶת וְלֹא מִגְרַעַת אֶלָּא מְצִיאוּתוֹ תָּמִיד קַיָּם בְּלִי שִׁנּוּי כְּלָל, וּכְמוֹ שֶׁמְּבֹאָר בַּזֹּהַר בְּכַמָּה מְקוֹמוֹת, וְאִם אַתָּה אוֹמֵר שֶׁהַסְּפִירוֹת אוֹ הַנֶּאֱצָל הָרִאשׁוֹן הוּא חֵלֶק מֵעַצְמוּתוֹ, שֶׁיָּצָא בִּמְצִיאוּת

סְפִירָה וַאֲצִילוּת, נִמְצָא שֶׁהָא"ס מִתְחַלֵּק ח"ו לַחֲלָקִים, וּמְקַבֵּל מִגְרַעַת חָלִילָה.

אֲבָל הָעִנְיָן הוּא כְּמוֹ שֶׁאָמַרְתִּי כִּי כָּל הַנִּמְצָאִים הֵם מֻשְׂכָּלִים וּמְצֻיָּרִים בִּידִיעָתוֹ בְּצִיּוּר אֶחָד פָּשׁוּט בְּתַכְלִית הַפְּשִׁיטוּת אֲשֶׁר אֵיךְ הַצִּיּוּר הַהוּא דָּבָר אַחֵר זוּלַת עַצְמוּתוֹ הַפָּשׁוּט, כִּי הוּא הַיּוֹדֵעַ הוּא הַדַּעַת וְהוּא הַיָּדוּעַ, וְזֶה הַצִּיּוּר הַמֻּשְׂכָּל הוּא מָה שֶׁאוֹמְרִים הַמְקֻבָּלִים עַל הַסְּפִירוֹת הָעֶלְיוֹנוֹת שֶׁהֵם סִבַּת כָּל הַנִּמְצָאִים הָיוּ מִתְיַחֲדִים אִישׁ בְּאָחִיו כֻּלָּם בְּעַצְמוּתוֹ בְּלִי שִׁנּוּי, וּכְמוֹ שֶׁצּוּרַת הַבַּיִת אֲשֶׁר בְּשֵׂכֶל הָאֻמָּן הוּא סִבָּה לִמְצִיאוּתָם מִחוּץ לַשֵּׂכֶל, כְּמוֹ כֵן הַמְּצִיאוּת הַמֻּשְׂכָּל אֲשֶׁר לִסְפִירוֹת בִּידִיעָתוֹ הוּא סִבַּת הַמְצָאָם וְקִיּוּמָם, כִּי הַסְּפִירוֹת וְכָל הַנִּמְצָאִים מִמֶּנּוּ נִמְצְאוּ וְנִתְפַּשְּׁטוּ, וְאֵין הַכַּוָּנָה לוֹמַר שֶׁנִּתְפַּשְּׁטָה יְדִיעָתוֹ וְנִפְרְדָה מִמֶּנּוּ ח"ו, שֶׁהֲרֵי אֵין יְדִיעָתוֹ עִנְיָן אַחֵר זוּלַת עַצְמוּתוֹ הַפָּשׁוּט, וּמַה שֶּׁהוּא עַצְמוּתוֹ מֵעוֹלָם לֹא יִהְיֶה נִפְרָד לִהְיוֹת אֲצִילוּת כִּי אַחְדּוּתוֹ אֵינוֹ מִתְחַלֵּק לַחֲלָקִים ח"ו, אֶלָּא הָעִנְיָן הוּא שֶׁבֵּין סְפִירוֹת א"ק בֵּין סְפִירוֹת עוֹלָם הָאֲצִילוּת כֻּלָּם הֵם מְחֻדָּשׁוֹת נִתְחַדְּשׁוּת מִמֶּנּוּ בְּחִדּוּשׁ גָּמוּר, וְלֹא שֶׁיָּצְאוּ מִמֶּנּוּ אֶלָּא שֶׁנִּתְחַדְּשׁוּ מֵאַמֶּתֶת עַצְמוּתַי, וּפֵרוּשׁ הָעִנְיָן הוּא כְּמוֹ שֶׁכָּתְבוּ הַקַּדְמוֹנִים וְכֵן אִיתָא בְּתִקּוּנֵי זֹהַר חָדָשׁ שֶׁהוּא כְּמַדְלִיק נֵר מִנֵּר וְאֵין הָרִאשׁוֹן חָסֵר דָּבָר, וְרָצוּ בְּמָשָׁל הַזֶּה לְהוֹדִיעֵנוּ שֶׁהַסְּפִירוֹת נִמְצְאוּ מִמֶּנּוּ וּמִכֹּחוֹ כְּמוֹ נֵר הַמֻּדְלָק מִנֵּר, שֶׁהַנֵּר הַשֵּׁנִי נִמְצָא מִכֹּחַ נֵר הָרִאשׁוֹן, וְגַם הוֹדִיעוּנוּ בְּזֶה שֶׁהֵם מְחֻדָּשׁוֹת כְּמוֹ שֶׁהַנֵּר הַשֵּׁנִי מְחֻדֶּשֶׁת מְצִיאוּת מְחֻדָּשׁ, וְגַם הוֹדִיעוּנִי

שֶׁאֵינָם חֵלֶק מֵעַצְמוּתוֹ שֶׁהֲרֵי אָמְרוּ וְאֵין הָרִאשׁוֹן חָסֵר דָּבָר, בְּאֵלּוּ הַשְּׁלוֹשָׁה עִנְיָנִים הִמְשִׁילוּ הַמָּשָׁל הַזֶּה, וְהוּא אֱמֶת קָבוּעַ יַכְזִיב, וְכַאֲשֶׁר הֶאֱרִיךְ בְּזֶה הָרָמָ"ק זַ"ל בְּסֵפֶר אֵלִימָה.

מִיָּהוּ, דַּע אֵין הַמָּשָׁל הַנִּזְכָּר דּוֹמֶה לְנִמְשָׁל בְּכָל צְדָדָיו, וְהוּא כִּי אַף עַל פִּי שֶׁבַּמָּשָׁל הִנֵּה נֵר הַשֵּׁנִי הוּא מִמַּהוּת הַנֵּר הָרִאשׁוֹן וְדוֹמֶה אֵלָיו. בַּנִּמְשָׁל אֵינוֹ כֵּן שֶׁכְּבָר הוֹדַעְתִּיךָ כִּי הַנֶּאֱצָל לִהְיוֹת שֶׁקָּדַם לוֹ הֶעְדֵּר אֶחָד, אִפְשַׁר לוֹ לְהִשְׁתַּוּוֹת אֶל הַמַּאֲצִיל, אֲבָל יִתְעַלֶּה הַמַּאֲצִיל מֵהַגָּדוֹל שֶׁבְּנֶאֱצָלִים עִלּוּי רַב, וְלָכֵן אִי אֶפְשָׁר לְהַעֲרִיךְ וּלְדַמּוֹת מַהוּת הַסְּפִירוֹת אֶל מַהוּת הָא"ס, וַהֲכִי אִיתָא בְּזֹהַר פָּרָשַׁת בָּא - וַוי[43] לֵיהּ, מַאן דְּיַשְׁוֶה לֵיהּ, לְשׁוּם מִדָּה, וַאֲפִילוּ מֵאִלֵּין מִדּוֹת דִּילֵיהּ. עַיֵּן שָׁם.

אוֹי לְמִי שֶׁיַּשְׁוֶה אוֹתוֹ לְשׁוּם מִדָּה, וַאֲפִלּוּ מֵעֶשֶׂר הַמִּדּוֹת הַלָּלוּ שֶׁלּוֹ.

גַּם עוֹד לֹא יַעֲלֶה בְּדַעְתְּךָ לוֹמַר, דְּהַגַּם דְּאֵין שָׁוֶה לוֹ מִכָּל מָקוֹם יִהְיֶה דּוֹמֶה לוֹ הַנֶּאֱצָל הָרִאשׁוֹן כְּעֵרֶךְ הַטִּפָּה אֶל הַיָּם, כִּי גַּם זֶה הַדָּבָר טָעוּת הוּא, יַעַן כִּי הַיָּם אַף עַל פִּי שֶׁהוּא גָּדוֹל מֵהַטִּפָּה, עִם כָּל זֶה מַהוּתָם הוּא שָׁוֶה, כִּי שְׁנֵיהֶם הֵם מַיִם, וְהַחִלּוּק בֵּין הַיָּם לַטִּפָּה הוּא בְּגֹדֶל וּבְקֹטֶן, מָה שֶּׁאִי אֶפְשָׁר לוֹמַר כֵּן בָּא"ס כִּי מַהוּתוֹ אֵינוֹ מְקֻבָּץ מְחֻלָּקִים לֹא שָׁוִים וְלֹא בִּלְתִּי שָׁוִים, וְלָכֵן אִם יֵשׁ ח"ו דּוֹמֶה לְמַהוּתוֹ כְּחֵלֶק בְּעֵרֶךְ הַטִּפָּה אֶל הַיָּם, יִהְיֶה שָׁוֶה בַּכֹּל מֵאַחַר

[43] זוהר פרשת בא דף מ"ב ע"ב

דְּאֵין בּוֹ חֲלָקִים.

גַּם עוֹד לֹא יַעֲלֶה בְּדַעְתְּךָ לוֹמַר, דְּהַגַּם דְּאֵין שָׁוֶה לוֹ מִכָּל מָקוֹם יִהְיֶה דּוֹמֶה לוֹ הַנֶּאֱצָל הָרִאשׁוֹן כְּעֵרֶךְ הַטִּפָּה אֶל הַיָּם, כִּי גַּם זֶה הַדָּבָר טָעוּת הוּא, יַעַן כִּי הַיָּם אַף עַל פִּי שֶׁהוּא גָּדוֹל מֵהַטִּפָּה, עִם כָּל זֶה מֵהוּתָם הוּא שָׁוֶה, כִּי שְׁנֵיהֶם הֵם מַיִם, וְהַחִלּוּק בֵּין הַיָּם לַטִּפָּה הוּא בְּגֹדֶל וּבְקֹטֶן, מָה שֶׁאִי אֶפְשָׁר לוֹמַר כֵּן בא"ס כִּי מֵהוּתוֹ אֵינוֹ מְקֻבָּץ מְחֻלָּקִים לֹא שָׁוִים וְלֹא בִּלְתִּי שָׁוִים, וְלָכֵן אִם יֵשׁ ח"ו דּוֹמֶה לְמַהוּתוֹ כְּחֵלֶק בְּעֵרֶךְ הַטִּפָּה אֶל הַיָּם, יִהְיֶה שָׁוֶה בַּכֹּל מֵאַחַר דְּאֵין בּוֹ חֲלָקִים.

וְדַע, כִּי אַף עַל פִּי שֶׁאָמַרְנוּ עַל הַסְּפִירוֹת, בֵּין סְפִירוֹת א"ק וּבֵין סְפִירוֹת הָאֲצִילוּת, שֶׁאֵין מַהוּתָם מֵעֶצֶם מַהוּת הא"ס, עִם כָּל זֶה אִי אֶפְשָׁר לֵידַע וּלְהַשִּׂיג מַהוּתָם, וְלֹא מִבָּעֵא מַהוּת הא"ק, אֶלָּא אֲפִלּוּ הַסְּפִירוֹת שֶׁל עוֹלַם הָאֲצִילוּת וּבְרִיאָה, יְצִירָה, עֲשִׂיָּה. הִסְכִּימוּ הַמְקֻבָּלִים שֶׁאֵין מַהוּתָם מֻשָּׂג לִבְנֵי אָדָם, כְּפִי מָה שֶׁהֵם עַל אֲמִתּוּתָם, וְאַף אִם נֶאֱמַר זוֹ דִּין, וְזוֹ רַחֲמִים, וְכַיּוֹצֵא כָּל זֶה, מֻשָּׂג אֵלֵינוּ מִתּוֹךְ פְּעֻלָּתָם, אֲבָל מִתּוֹךְ עַצְמוּתָם הֵן בְּלִימָה, כִּדְשָׁנֵינוּ בְּסֵפֶר יְצִירָה - עֶשֶׂר[44] סְפִירוֹת בְּלִימָה. וּפֵרוּשׁוֹ הוּא בְּלִי מַהוּת מֻשָּׂג. וְזֶה לְשׁוֹן הַפְּלִיאָה דַּף ג' - יְלוּד אִשָּׁה לֹא יוּכַל לְהַשִּׂיג בְּמִדּוֹת הָאֵלּוּ, כִּי לֹא אֶפְשָׁר וַאֲפִלּוּ הַמִּדּוֹת אֵינָם מַשִּׂיגִים כָּל מִדָּה לָמָּה שֶׁלְּמַעְלָה מִמֶּנָּה,

[44] ספר יצירה א ו

כָּל שֶׁכֵּן לא"ס, הַמְחַיֶּה אֶת כֻּלָּם, שֶׁלֹּא יוּכְלוּ לְהַשִּׂיגוֹ וְכוּ'. הֲרֵי שֶׁהַשָּׂגָה בְּמַהוּת הַנֶּאֱצָלִים הִיא נִמְנַעַת, וְכָל הַמֻּשָּׂג אֵלֵינוּ מֵעִנְיָנָם אֵינוֹ אֶלָּא מִצַּד פְּעֻלָּתָם כִּי מִצַּד הַסְּפִירוֹת עַצְמָן אֵין אָנוּ מַשִּׂיגִים בָּהֶם, רַק שֶׁהֵם כֹּחוֹת אלהיו"ת שֶׁהֶאֱצִיל הא"ס, כְּדֵי לְהַמְצִיא וּלְהַנְהִיג בָּהֶם הָעוֹלָמוֹת הַתַּחְתּוֹנִים.

וְדַע, כִּי מָה שֶּׁשָּׁנִינוּ בְּפִרְקֵי הֵיכָלוֹת - אָמַר רַבִּי יִשְׁמָעֵאל לִפְנֵי תַּלְמִידָיו, אֲנִי וְרַבִּי עֲקִיבָא עֲרֵבִים בְּדָבָר הַזֶּה, שֶׁכָּל מִי שֶׁיּוֹדֵעַ שִׁעוּר קוֹמָה שֶׁל יוֹצֵר בְּרֵאשִׁית, מֻבְטָח לוֹ שֶׁהוּא בֶּן עוֹלָם הַבָּא, וּבִלְבַד שֶׁהוּא שׁוֹנֶה אוֹתוֹ, בְּמִשְׁנָה כָּל יוֹם וָיוֹם, עַיֵּן שָׁם. הִנֵּה דָּבָר פָּשׁוּט הוּא שֶׁלֹּא עָלָה בְּדַעְתָּם ז"ל לְיַחֵס שִׁעוּר וּמִדָּה לאלו"ה ח"ו, אֲבָל בֶּאֱמֶת אָמְרוּ רַב שְׁרִירָא גָּאוֹן, וְרַב הָאִי גָּאוֹן בְּנוֹ, בִּתְשׁוּבָה שֶׁהֵשִׁיבוּ לְחַכְמֵי פָּאס, שֶׁאֵין הַדְּבָרִים הָאֵלּוּ כִּפְשׁוּטָם, אֶלָּא הֲרֵי הָרִים שֶׁל צְפוּנֵי חָכְמוֹת גְּדוֹלוֹת תְּלוּיִים בָּהֶם, וּכְמוֹ שֶׁהוּבָא לָשׁוֹן זֶה בַּסֵּפֶר תּוֹרַת הָעוֹלָה חֵלֶק ב' פֶּרֶק ב', כִּי בְּוַדַּאי יְדִיעַת סוֹד שִׁעוּר קוֹמָה בִּפְרָטוּת הִיא יְדִיעַת כָּל חָכְמַת הַקַּבָּלָה. אָמְנָם אוֹדִיעֲךָ דֶּרֶךְ כְּלָל עִנְיָנוֹ אֵצֶל הַמְקֻבָּלִים, שֶׁהֵם פֵּרְשׁוּ דְּהוּא שִׁעוּר קוֹמָה רוּחָנִית, דְּהַיְנוּ כִּי הא"ס עַל יְדֵי סְפִירוֹת א"ק הוּא מְקֻשָּׁר בְּעוֹלַם הָאֲצִילוּת, כִּנְשָׁמָה בַּגּוּף, וְעוֹלַם הָאֲצִילוּת בִּכְלָלוֹ הוּא שִׁעוּר קוֹמָה דְּמוּת אָדָם אֶחָד, כִּי כְּמוֹ שֶׁגּוּף הָאָדָם הוּא שִׁעוּר קוֹמָה שֶׁנִּבְרְאוּ בּוֹ אֵבָרִים כְּדֵי צֹרֶךְ פְּעֻלָּתוֹ, כְּגוֹן אֵבֶר שֶׁבּוֹ יִרְאֶה, וְאֵבֶר שֶׁבּוֹ יִשְׁמַע, וִידַבֵּר, וְיָרִיחַ, וְיִקַּח, וְיִתֵּן, וְיַעֲשֶׂה, וִיהַלֵּךְ, וִיהַרְהֵר, וְיִכְעַס, וִירַחֵם, וְכָל שְׁאָר הַפְּעֻלּוֹת

שֶׁבְּאָדָם. כְּמוֹ כֵן הָאָדָם הַנֶּאֱצָל, הוּא שִׁעוּר קוֹמָה וְכֹחוֹת רוּחָנִיּוֹת, כְּדֵי צֹרֶךְ הַפְּעֻלּוֹת לְהַנְהָגַת הַנִּמְצָאִים כֻּלָּם, וְאֵין שׁוּם סְפִירָה אוֹ בְּחִינָה שֶׁלֹּא יִהְיֶה בָּהּ צֹרֶךְ פְּעֻלָּה, כִּי יֵשׁ בָּזוֹ מָה שֶׁאֵין בָּזוֹ, וְתִפְעַל סְפִירָה זוֹ מָה שֶׁלֹּא תִּפְעַל זוֹ, וּכְמוֹ שֶׁבְּאָדָם עִקַּר הַפְּעֻלּוֹת תִּהְיֶינָה תְּלוּיוֹת בַּנְּשָׁמָה, וְלֹא בְּאֵיבְרֵי הַגּוּף, כִּי לֹא תִּהְיֶה פְּעֻלַּת הַיָּד תְּלוּיָה בְּחֹמֶר הַיָּד, שֶׁהֲרֵי כַּמָּה וְכַמָּה יֵשׁ לָהֶם יָדַיִם וְאֵין לָהֶם כֹּחַ פְּעֻלָּתָם, מִפְּנֵי שֶׁאֵין הַחִיּוּת וְהַנְּשָׁמָה מִתְפַּשֶּׁטֶת בַּיָּד הַהוּא, אִם כֵּן נִמְצָא עִקַּר הַפְּעֻלָּה תָּלוּי בַּנְּשָׁמָה הַמְּאִירָה בַּיָּד הַהוּא. כְּמוֹ כֵן הָעִנְיָן הוּא בַּסְּפִירוֹת, שֶׁהֵם כְּדִמְיוֹן גּוּף אֶל הַנְּשָׁמָה שֶׁהוּא הא"ס הַמֵּאִיר בָּהֶם וְנוֹתֵן לָהֶם כֹּחַ לִפְעֹל דָּבָר וּתְמוּרָתוֹ, וּכְמוֹ שֶׁהָאָדָם שִׁנּוּי הַפְּעֻלּוֹת תָּלוּי בְּאֵבָרִים וְלֹא בַּנְּשָׁמָה, כִּי נֶפֶשׁ הַיָּד וְנֶפֶשׁ הָעַיִן אַחַת הִיא מִבְּלִי שִׁנּוּי, וְעִם כָּל זֶה אֵין פְּעֻלָּתָם שָׁוֹת אֶלָּא הַפְּעֻלּוֹת מִשְׁתַּנּוֹת כְּפִי מְצִיאוּת הָאֵבֶר, שֶׁהָעַיִן פְּעֻלָּתוֹ הָרְאִיָּה, וְהַיָּד פְּעֻלָּתוֹ הַמִּשּׁוּשׁ וְכַיּוֹצֵא, כְּמוֹ כֵן בָּאָדָם הַנֶּאֱצָל הַשִּׁנּוּיִים אֵינָם מִצַּד הַנְּשָׁמָה כִּי אִם מִצַּד הַסְּפִירוֹת וְהַכֵּלִים וַאֲפִלּוּ בָּהֶם אֵין הַשִּׁנּוּי בְּעֶצֶם אֶלָּא בְּעֵרֶךְ הִתְלַבְּשָׁם בְּעוֹלַם הַבְּרִיאָה, וְהַבְּרִיאָה בַּיְצִירָה, וְהַיְצִירָה בַּעֲשִׂיָּה, וְעַל יְדֵיהֶם יִפְעַל הַשִּׁנּוּי.

הֲרֵי לְךָ בֵּאוּר סוֹד שִׁעוּר קוֹמָה, שֶׁהַכַּוָּנָה לוֹמַר דְּכוֹחוֹת הַפְּעֻלּוֹת וְהַנְהָגַת האלהי"ת, הַמִּתְגַּלּוֹת בְּעוֹלַם הָאֲצִילוּת, הֵם כִּדְמוּת אָדָם אֶחָד, עַל דֶּרֶךְ מָשָׁל, וּבוֹ מִתְלַבֵּשׁ הַבּוֹרֵא עַל יְדֵי אֶמְצָעוּת א"ק, כִּנְשָׁמָה הַמִּתְלַבֶּשֶׁת בַּגּוּף, וְעַל יְדֵי זֶה מַמְצִיא

הַנִּמְצָאִים, וּמַשְׁפִּיעָם, וּמַנְהִיגָם, בְּשִׁעוּר וּמִדָּה. וְגַם עוֹלָם הַבְּרִיאָה הוּא שִׁעוּר קוֹמָה שְׁנִיָּה, דְּהַיְנוּ לְבוּשׁ שֵׁנִי לְהַנְהָגָה. וְכֵן יְצִירָה וַעֲשִׂיָּה, כִּי כָּל הָעוֹלָמוֹת הֵם דְּמוּת וְחוֹתָם, זֶה מִזֶּה, כִּדְאִיתָא בְּזֹהַר פָּרָשַׁת יִתְרוֹ דַּף פ"ב ב' - תָּאנָא, כְּגַוְונָא דִּלְעֵילָּא, אִית לְתַתָּא מִינַּיְיהוּ, וְכֵן בְּכֻלְּהוּ עָלְמִין, כּוּלְּהוּ אֲחִידָן דָּא בְּדָא, וְדָא בְּדָא.

שָׁנִינוּ, כְּמוֹ שֶׁלְּמַעְלָה יֵשׁ לְמַטָּה מֵהֶם, וְכֵן בְּכָל הָעוֹלָמוֹת כֻּלָּם אֲחוּזִים זֶה בָּזֶה וְזֶה בָּזֶה.

הֲרֵי שֶׁכָּל הָעוֹלָמוֹת הֵם דְּפוּס וְצֵל זֶה מִזֶּה, וְכָל הַנִּמְצָאִים בָּעוֹלָם הַתַּחְתּוֹן כְּמוֹ כֵן, יֶשְׁנוֹ בָּעוֹלָם הָעֶלְיוֹן, בְּאֹפֶן רוּחָנִי וּמְשֻׁבָּח.

וְדַע, עוֹד כִּי אֵלּוּ הַסְּפִירוֹת עִם הֱיוֹת שֶׁהֵם עֲשָׂרָה בְּמִנְיָן, הֵם אֶחָד בְּאַחְדוּת, שֶׁהֵם מְיֻחָדוֹת בְּמַאֲצִילָם בְּלִי פֵּרוּד כְּלָל, וְהֵם נִכְלָלוֹת בִּבְחִינַת הוי"ה אַחַת, כִּי קוֹץ הַיּוּ"ד הוּא כֶּתֶר, וְהַיּוּ"ד חָכְמָה, וְהַ**ה'** בִּינָה, וְה**ו'** ו"ק, וְ**הַ'** אַחֲרוֹנָה מַלְכוּת. וְשָׁנִינוּ בְּסֵפֶר יְצִירָה - עֶשֶׂר[45] סְפִירוֹת בְּלִימָה נָעוּץ סוֹפָן בִּתְחִלָּתָן וּתְחִלָּתָן בְּסוֹפָן כְּשַׁלְהֶבֶת קְשׁוּרָה בְּגַחֶלֶת. וּפֵרֵשׁ הָרַמְבָּ"ן זלה"ה, וְזֶה לְשׁוֹנוֹ - פֵּרוּשׁ, אַף עַל פִּי שֶׁהַדְּבָרִים נֶחֱלָקִים בְּחָכְמָה וּבִתְבוּנָה וּבְדַעַת, אֵין הֶפְרֵשׁ בֵּינֵיהֶם, שֶׁהַסּוֹף קָשׁוּר בִּתְחִלָּתוֹ, וְהַהַתְחָלָה בְּסוֹף וְהָאֶמְצַע כָּלוּל מֵהֶם, וְסִימַן לַדָּבָר שַׁלְהֶבֶת וְגַחֶלֶת חוֹק, כְּמָה דְּאִתְּמַר - רְשָׁפֶיהָ[46] רִשְׁפֵּי אֵשׁ שַׁלְהֶבֶת

---

[45] ספר יצירה א ו
[46] שיר השירים ח ו

י"ה. כְּלוֹמַר שֶׁהַכֹּל מִתְיַחֵד כְּלַהַב אֵשׁ הַמִּתְיַחֵד בִּגְוָנִין, וְכֻלָּם שָׁוִין בְּעִקָּר אֶחָד, עַד כָּאן לְשׁוֹנוֹ.

וְכֵן אָמְרוּ בַּזֹּהַר[47] - וְאַף עַל גַּב דְּאִנּוּן חַד אִתְפַּרְשָׁן בִּגְוָונִין וְעִם כָּל דָּא אִנּוּן חַד דִּכְתִיב יוֹם אֶחָד.

וְאַף עַל גַּב שֶׁהֵם אֶחָד, נִפְרָדִים בִּגְוָנִים, וְעִם כָּל זֶה הֵם אֶחָד, שֶׁכָּתוּב יוֹם אֶחָד.

כִּי כְּמוֹ שֶׁיֵּשׁ בְּשַׁלְהֶבֶת שִׁנּוּי גְּוָנִן - לָבָן, אֻכָּם, אָדֹם, וּתְכֵלֶת, וְעִם כָּל זֶה הֵם אֶחָד שֶׁהֵם מְיֻחָדוֹת וְכֻלָּן שָׁוִין בְּעִקָּר אֶחָד. כְּמוֹ כֵן בַּסְּפִירוֹת, כִּי אַף עַל פִּי שֶׁנֶּאֱצְלוּ לֹא נִפְרְדוּ ח"ו, וּמָה שֶׁנִּגְיַחֵס לָהֶן מִסְפָּר וְרִבּוּי וַחֲלָקִים אֵינוֹ מִצַּד עַצְמָן, כִּי אִם בְּעֵרֶךְ פְּעֻלָּתָן בָּעוֹלָמוֹת הַתַּחְתּוֹנִים.

וְזֶהוּ שֶׁאָמַר בַּזֹּהַר פָּרָשַׁת תְּרוּמָה דַּף קע"ו - מָאנָא כּוּלֵּי הַאי לָא אִתְקְרֵי אֶלָּא מִסִּטְרָא דִּילָן, וּמִסִּטְרָא דִּילָן אִשְׁתְּמוֹדַע כֹּלָּא. וּלְעֵילָּא כֹּלָּא בְּחַד מַתְקְלָא סַלְקָא. לָא שָׁנֵי, וְלָא יִשְׁתָּנֵי, כְּמָה דִכְתִּיב - אֲנִי[48] הוי"ה לָא שָׁנִיתִי.

כָּל זֶה לֹא נִקְרָא אֶלָּא מִצַּד שֶׁלָּנוּ, וּמִצַּד שֶׁלָּנוּ הַכֹּל נוֹדָע. וּלְמַעְלָה הַכֹּל עוֹלֶה בְּמִשְׁקָל אֶחָד, לֹא שׁוֹנֶה וְלֹא יִשְׁתַּנֶּה, כְּמוֹ שֶׁכָּתוּב - אֲנִי הוי"ה לֹא שָׁנִיתִי.

---

[47] זוהר בראשית דף לב א

[48] מלאכי ג ו

אָמַר רַבִּי יְהוּדָה, כֻּלְּהוֹן בּוּצִינִין [פֵּרוּשׁ סְפִירוֹת עוֹלָם הָאֲצִילוּת] נְהִירִין מֵחַד [הוּא א"ק], וּמֵחָד תַּלְיָין [כֶּתֶר דא"ק], וּבוּצִינִין אִינְהוּ חַד כֹּלָּא. דְּהָא לָא בָּעוּ לְאִתְפָּרְשָׁא, וּמַאן דְּפָרִישׁ לוֹן, כְּאִלּוּ אִתְפְּרַשׁ מִן חַיֵּי עָלְמָא. עַד כָּאן לְשׁוֹנוֹ.

אָמַר רַבִּי יְהוּדָה, כָּל הַמְּנוֹרוֹת [פֵּרוּשׁ סְפִירוֹת עוֹלָם הָאֲצִילוּת] מְאִירוֹת מֵאֶחָד [הוּא א"ק] וּתְלוּיוֹת מֵאֶחָד [כֶּתֶר דא"ק], וְהַמְּנוֹרוֹת הֵן הַכֹּל אֶחָד, שֶׁהֲרֵי לֹא רָצוּ לְהִפָּרֵד, וּמִי שֶׁמַּפְרִידָם כְּאִלּוּ נִפְרָד מֵחַיֵּי הָעוֹלָם.

הֲרֵי מְבֹאָר כִּי הָרִבּוּי וְהַשִּׁנּוּי הַמְּיֻחָס אֶל הַסְּפִירוֹת הוּא מִסִּטְרָא דִּלָּן דְּהַיְנוּ מִצַּד הַשְׁפָּעָתָן שֶׁהֵם כּוֹלְלִים כָּל דַּרְכֵי הַהַנְהָגָה, אֲבָל מִצַּד עַצְמָן הֵם אַחְדוּת מְיֻחָד.

וּמִכָּאן אַתָּה דָּן קַל וָחֹמֶר, אִם סְפִירוֹת עוֹלָם הָאֲצִילוּת שֶׁהֵם הָעֲנָפִים יִיָחֲדוּ כָּךְ, קַל וָחֹמֶר הַשָּׁרָשִׁים שֶׁהֵם חבת"ם[49] דא"ק, וְקַל וָחֹמֶר בֶּן בְּנוֹ שֶׁל קַל וָחֹמֶר נִשְׁרַשׁ הַשָּׁרָשִׁים, שֶׁהוּא כֶּתֶר דא"ק שֶׁכּוֹלֵל בְּאַחְדוּת גָּמוּר וּבְלִי שׁוּם שִׁנּוּי כְּלָל כָּל הַהַנְהָגָה, וְאֵין צָרִיךְ לוֹמַר בא"ס שֶׁהוּא סֵתֶר הַהַנְהָגָה, דְּכוֹלֵל כָּל הַנִּמְצָאִים בְּעַצְמוּתוֹ הַפָּשׁוּט, מִבְּלִי שׁוּם רִבּוּי וְשִׁנּוּי כְּלָל, וּמִכּוֹחוֹ מִשְׁתַּלְשֵׁל כָּל הַמְּצִיאוּת, וְכָל הַפְּעֻלּוֹת וְהַהַנְהָגוֹת, וְלֹא יַגִּיעַ לוֹ מִזֶּה שׁוּם רִבּוּי וְשִׁנּוּי. וְהוּא כְּמָשָׁל הַנְּשָׁמָה בַּגּוּף, כִּי הִנֵּה

---

49 שיעור קומה בכל פרצוף, חכמה, בינה, תפארת הכולל את כל ו"ק, ומלכות.

הָאָדָם הוּא גוּף, וְיִתְעַלֶּה מִן הַגּוּף אֶל דַּקּוּת הַלֵּחוּת עַד הֲדַס הַנֹּגַהּ הַיָּפֶה, שֶׁעָלָיו רוֹכֵב הַחַיּוּת הַדַּק, שֶׁעָלָיו רוֹכֵב הַנֶּפֶשׁ, שֶׁעָלֶיהָ רוֹכֶבֶת הַנֶּפֶשׁ הַמַּשְׂכֶּלֶת, שֶׁעָלֶיהָ רוֹכֶבֶת הַנֶּפֶשׁ הַקְּדוֹשָׁה, שֶׁעָלֶיהָ רוֹכֵב הָרוּחַ הַטָּהוֹר, שֶׁעָלָיו רוֹכֶבֶת הַנְּשָׁמָה הָרוּחָנִית, שֶׁעָלֶיהָ רוֹכֶבֶת נְשָׁמָה לַנְּשָׁמוֹת. כַּיָּדוּעַ שֶׁיֵּשׁ בָּאָדָם כַּמָּה מַדְרֵגוֹת.

וְהִנֵּה הַגּוּף לֹא יִפְעֹל שׁוּם פְּעֻלָּה שֶׁאֵינָהּ בְּכֹחַ הַנֶּפֶשׁ כִּי בְנֶפֶשׁ יֵשׁ כֹּחַ כָּל הַפְּעֻלּוֹת שֶׁבְּגוּף כְּאִלּוּ תֹאמַר כֹּחַ שֶׁבּוֹ יִשְׁמַע, וִידַבֵּר, וְיִרְאֶה, וְיִקַּח, וְיִתֵּן, וְיַעֲשֶׂה, וִיהַלֵּךְ, וִיהַרְהֵר, וְיִכְעַס, וִירַחֵם, וְכָל שְׁאָר הַפְּעֻלּוֹת שֶׁבְּאָדָם יֶשְׁנָם בְּנֶפֶשׁ בַּאַחְדוּת וּמִתְפַּשְּׁטוֹת וְיוֹרְדוֹת מִבְּחִינָה לִבְחִינָה עַד הַגּוּף שֶׁמִּתְפָּרְדוֹת בְּחוּשִׁים שׁוֹנִים וּבְאֵבָרִים רַבִּים שֶׁמּוֹצִיאִים פְּעֻלּוֹת הַנֶּפֶשׁ מִדַּקּוּתָם וְאַחְדוּתָם אֶל פְּעֻלּוֹת רַבּוֹת וְגַשְׁמִיּוּת, כְּמוֹ כֵן בְּכֶתֶר א"ק כָּל הַפְּעֻלּוֹת וְהַנִּמְצָאִים הֵם שָׁם בְּכֹחַ וּבְאַחְדוּת גָּמוּר וּמִתְפַּשְּׁטוֹת מִמֶּנּוּ בְּהִסְתַּעֲפוּת וְהִשְׁתַּלְשְׁלוּת מִבְּחִינָה לִבְחִינָה עַד עוֹלַם הָאֲצִילוּת, שֶׁהוּא הַמּוֹצִיא הַפְּעֻלּוֹת מִדַּקּוּת וַאֲחֵרוּת כֶּתֶר א"ק, אֶל פְּעֻלּוֹת עָבוֹת וְנִבְדָּלוֹת אֵלּוּ מֵאֵלּוּ, וְהַכֹּל חַי וְטֶבַע מֵהַפּוֹעֵל הָאֲמִתִּי הִיא הָא"ס נְשָׁמָה לַנְּשָׁמוֹת, אֲשֶׁר עַל יְדֵי הַכֶּתֶר דא"ק מְהַוֶּה כָּל הַהֲוָיוֹת, וּפוֹעֵל כָּל הַפְּעֻלּוֹת וּמְקַיֵּם כָּל הַנִּמְצָאוֹת, כִּי בְּהֶשְׁפֵּעַ הָא"ס אֶל כֶּתֶר א"ק, יוֹרֵד הַשֶּׁפַע מִמֶּנּוּ אֶל הַשָּׁרָשִׁים שֶׁהֵם שְׁאָר הַסְּפִירוֹת דא"ק, וְאֶל הָעֲנָפִים שֶׁהֵם סְפִירוֹת עוֹלַם הָאֲצִילוּת, וּכְמוֹ הַשְׁקָאַת הָאִילָן, שֶׁאֵין מַשְׁקִין הָעֲנָפִים אֶלָּא מִכֹּחַ לַחוּת הַשָּׁרָשִׁים, אָז מִתְעָרִים

כְּאֶזְרָח רַעֲנָן הָעֲנָפִים, וְעַל יְדֵי כָּךְ עוֹשֶׂה פְּרִי לְמַעְלָה.

בְּאֹפֶן כִּי הַהַשְׁגָּחָה הָעֶלְיוֹנָה הַפְּשׁוּטָה מִכָּל רִבּוּי וְשִׁנּוּי וּפֵרוּד וְדִין תִּתְפַּשֵּׁט אֶל מְקוֹם הָרִבּוּי וְהַשִּׁנּוּי וּפֵרוּד וְדִין וְכַיּוֹצֵא וְלֹא יַגִּיעֵהוּ שׁוּם רִבּוּי וְשִׁנּוּי וְכַיּוֹצֵא. וּכְמוֹ שֶׁמְּבֹאָר בְּזֹהַר פִּנְחָס דַּף ר"ל סוֹף ע"ב - אִיהוּ [פֵּרוּשׁ הָא"ס הָעֶלְיוֹן] דִּמְיַחֵד לְכֹלָּא [פֵּרוּשׁ בְּכֶתֶר דא"ק], וּמְסַדֵּר לְכֹלָּא [פֵּרוּשׁ בחבת"ם דא"ק], וְנָהִיר בְּכֹלָּא [בְּעוֹלַם הָאֲצִילוּת]. נְהוֹרֵיהּ אַעְבַּר בְּנִשְׁמְתָא [עוֹלַם הַבְּרִיאָה], וְגוּפָא [עוֹלַם הַיְצִירָה], וּלְבוּשָׁא [עוֹלַם הָעֲשִׂיָּה]. וְלֵית בֵּיהּ שִׁנּוּי וְשׁוּתָּפוּ וְחוּשְׁבָּן וּתְמוּנָה וְדִמְיוֹן מִכָּל מֶרְכַּבְתָּא, וּמַרְאֶה וְדִמְיוֹן דְּאִתְחַזְיָיא בְּעֵין הַשֵּׂכֶל. דַּרְגִּין עִלָּאִין וְתַתָּאִין, אִינּוּן רֶכֶב וּמֶרְכַּבְתָּא לְגַבֵּיהּ, וְעָלֵיהּ לֵית מַאן דְּרָכִיב, עַד כָּאן לְשׁוֹנוֹ.

הוּא [פֵּרוּשׁ הָא"ס הָעֶלְיוֹן] הַמְיַחֵד לַכֹּל [פֵּרוּשׁ בְּכֶתֶר דא"ק], וּמְסַדֵּר לַכֹּל [פֵּרוּשׁ בחבת"ם דא"ק], וּמֵאִיר בַּכֹּל [בְּעוֹלַם הָאֲצִילוּת]. אוֹרוֹ עוֹבֵר בַּנְּשָׁמָה [בְּעוֹלַם הָאֲצִילוּת]. וּבַגּוּף [עוֹלַם הַיְצִירָה]. וּבַלְּבוּשׁ [עוֹלַם הָעֲשִׂיָּה]. וְאֵין בּוֹ שִׁנּוּי וְשֻׁתָּפוּת וְחֶשְׁבּוֹן וּתְמוּנָה וְדִמְיוֹן מִכָּל הַמֶּרְכָּבוֹת וּמַרְאֶה וְדִמְיוֹן שֶׁנִּרְאֶה בְּעֵין הַשֵּׂכֶל. מַדְרֵגוֹת עֶלְיוֹנוֹת וְתַחְתּוֹנוֹת הֵן רֶכֶב וּמֶרְכָּבָה אֶצְלוֹ, וְעָלָיו אֵין מִי שֶׁרוֹכֵב.

הֲרֵי בְּמִלּוֹת קְצָרוֹת רָמְזוּ לָנוּ רז"ל, הִשְׁתַּלְשְׁלוּת כָּל הַנִּמְצָאוֹת מִן הָא"ס עַד עוֹלַם הָעֲשִׂיָּה, אָמְנָם

פְּרָטִיּוּתָם בְּכָל עוֹלָם וְעוֹלָם, אֵין כָּאן מָקוֹם בְּאוֹרָם כִּי הַכֹּל הוּא מְפֹרָשׁ כָּתוּב בְּכִתְבֵי הָאֲרִ"י זלה"ה.

וְעוֹד דַּע לְךָ שֶׁאֲפִלּוּ עַל הַכֶּתֶר דא"ק, אִי אֶפְשָׁר לַחְשֹׁב וְלוֹמַר שֶׁהַכֶּתֶר דא"ק לְבַדּוֹ פּוֹעֵל מִבְּלִי הִצְטָרְפוּת הא"ס, שֶׁזֶּה הַדָּבָר וַדַּאי הִיא עִנְיַן שְׁנִיּוּת וְאִסּוּר גָּמוּר, אֲבָל הָאֱמֶת הוּא שֶׁהַכֶּתֶר פּוֹעֵל פְּעֻלָּתוֹ בְּכֹחַ שֶׁפַע הא"ס הַשּׁוֹפֵעַ בּוֹ וְנוֹתֵן לוֹ כֹּחַ לִפְעֹל, וְכֵן הוּא הָעִנְיָן בְּכָל הַפְּעֻלּוֹת שֶׁאָנוּ מְיַחֲסִים אֶל הַסְּפִירוֹת, דִּלְעוֹלָם הֵם פּוֹעֲלִים הַפְּעֻלּוֹת בְּכֹחַ הא"ס כִּי בִּלְתִּי שִׁפְעוֹ אֵינָם יְכוֹלוֹת לִפְעֹל כְּלָל, נִמְצָא שֶׁהָעִקָּר בַּעַל הַפְּעֻלָּה הוּא הא"ס, וְזֶהוּ עִקָּר מְקֻבָּל אֶצְלֵנוּ שֶׁלֹּא נְסַלֵּק שׁוּם פְּעֻלָּה מהא"ס, אָמְנָם הָאֶמְצָעִיִּים נִרְבֶּה בָּהֶם כְּפִי הַצֹּרֶךְ, אָמְנָם הַנּוֹתֵן פְּעֻלָּה לְשׁוּם סְפִירָה מִבַּלְעֲדֵי כֹּחַ הא"ס, הוּא שְׁנִיּוּת וַדַּאי, וְהִיא כְּפִירָה ח"ו, וְעַיֵּן בְּסֵפֶר אֵלִימָה עַיִן כָּל תָּמָר א' פֶּרֶק ז' עַיֵּן שָׁם.

וְהַשְׁתָּא בְּזֶה תּוּכַל לוֹמַר שֶׁכָּל הַפְּעֻלָּה הִיא נִפְעֶלֶת מהא"ס, וְכֻלָּהּ מֵהַסְּפִירוֹת, הָא כֵּיצַד, מהא"ס בְּסִבָּה עִקָּרִית וּמֵהַסְּפִירָה כְּמוֹ הַכְּלִי, כִּי הַסְּפִירוֹת אֶל הא"ס כְּכֵלִים בְּיַד הָאֻמָּן, וְדֶרֶךְ מָשָׁל הִנֵּה הַסּוֹפֵר שֶׁכָּתַב הַסֵּפֶר, לֹא נֹאמַר שֶׁקְּצָת הַכְּתִיבָה נִמְשֶׁכֶת מֵהַיָּד וּקְצָתָהּ מֵהַקֻּלְמוֹס, כִּי אִם נֹאמַר דְּכָל הַכְּתִיבָה נַעֲשֵׂית עַל יְדֵי הַקּוּלְמוֹס וְכֻלָּהּ עַל יְדֵי הַיָּד, אָמְנָם מֵהַקֻּלְמוֹס בְּאֹפֶן אֶחָד דְּהַיְנוּ כִּכְלִי, וּמֵהַיָּד בְּאֹפֶן אַחֵר דְּהַיְנוּ בְּסִבָּה עִקָּרִית, וְכֵן נַעֲלֶה מֵהַיָּד אֶל שְׁאָר הָאֶמְצָעִיִּים, עַד אֲשֶׁר נַגִּיעַ אֶל הַנֶּפֶשׁ שֶׁהִיא הַסִּבָּה הָעִקָּרִית בֶּאֱמֶת

אֶל פְּעֻלַּת הַכְּתִיבָה, כְּאִלּוּ תֹּאמַר הַכְּתִיבָה נַעֲשֵׂית עַל יְדֵי הַקּוּלְמוּס שֶׁהֵנִיעָה הַיָּד, וְהַיָּד הֱנִיעוּהָ הַמֵּיתָרִים, וְהַמֵּיתָרִים הֱנִיעוּם הָעוֹרְקִים, וְהָעוֹרְקִים הֱנִיעוּם הָעֲצַבִּים, וְהָעֲצַבִּים הֱנִיעוּם הַחֹם הַטִּבְעִי, וְהַחֹם הַטִּבְעִי הֱנִיעַתְהוּ הַנֶּפֶשׁ אֲשֶׁר בּוֹ, וְהִיא בֶּאֱמֶת הַמֵּנִיעַ הָרִאשׁוֹן וְהַסִּבָּה הָעִקָּרִית, אֲשֶׁר אֵלֶיהָ יָאוּת לְיַחֵס פּוֹעַל הַכְּתִיבָה, יוֹתֵר מִלְּיַחֲסָהּ אֶל הַקּוּלְמוּס וְלִשְׁאָר הָאֶמְצָעִים, כִּי אֵלּוּ אֵינָם אֶלָּא כֵּלִים וְאֶמְצָעִיִּים אֶל הַנֶּפֶשׁ, לְהוֹצִיא פְּעֻלּוֹתֶיהָ מֵהַכֹּחַ אֶל הַפֹּעַל, וְכָל כּוֹחָם וּתְנוּעָתָם אֵינוֹ אֶלָּא מִמֶּנָּה. וּכְמוֹ כֵן הָעִנְיָן הוּא בִּפְעֻלּוֹת הַסְּפִירוֹת, שֶׁלֹּא יִצְדַּק בַּאֲמִתּוּת לְיַחֵס הַפְּעֻלָּה אֶל הַסְּפִירוֹת, כִּי אִם אֶל הא"ס, שֶׁהֲרֵי הֵם אֵין כֹּחַ בְּיָדָם לַעֲשׂוֹת פְּעֻלָּה קְטַנָּה אוֹ גְּדוֹלָה בְּלִי הִצְטָרְפוּת וְעֵזֶר הא"ס שֶׁהוּא נִשְׁמָתָם, כִּי כְּמוֹ שֶׁהַסְּפִירוֹת נֶאֱצָלוּ וּמִתְקַיְּמוֹת מִמֶּנּוּ וּמִכּוֹחוֹ, וְאִם יִסְתַּלֵּק מֵהֶם יִשָּׁאֲרוּ כְּגוּפָא בְּלֹא נִשְׁמְתָא, כְּמוֹ שֶׁכָּתוּב בְּתִקּוּנִים דַּף י"ג, וּבַזֹּהַר פָּרָשַׁת בֹּא דַּף מ"ב, כָּךְ פְּעֻלּוֹתֵיהֶם הֵם נִפְעָלוֹת מִכּוֹחוֹ. וּמֵאַחַר שֶׁהֵם צְרִיכוֹת לא"ס לְקִיּוּם עַצְמָם, מִכָּל שֶׁכֵּן שֶׁצְּרִיכוֹת אֵלָיו לִפְעֹל פְּעֻלּוֹתֵיהֶם, בְּאֹפֶן שהא"ס הוּא סִבָּה אֶל פְּעֻלּוֹת הַסְּפִירוֹת יוֹתֵר מִמָּה שֶׁהֵם הַסְּפִירוֹת עַצְמָן, וְהוּא הַפּוֹעֵל הָאֲמִתִּי שֶׁעִקַּר הַפְּעֻלָּה תָּלוּי בּוֹ, וְהַסְּפִירוֹת הֵם בְּמַדְרֵגַת כֵּלִים וְאֶמְצָעִיִּים אֶל הַפְּעֻלּוֹת, וּכְבָר הֶאֱרִיךְ בִּמְשָׁלִים נְכוֹנִים עַל עִנְיָן זֶה הָרָמָ"ק זלה"ה בְּפַרְדֵּ"ס, שַׁעַר עַצְמוּת וְכֵלִים פֶּרֶק ד' עַיֵּן שָׁם. וְהוּא אֱמֶת וֶאֱמוּנָה מְתֻקָּן וּמְקֻבָּל בְּפִי כָּל הַמְקֻבָּלִים הַקַּדְמוֹנִים זלה"ה, עַד כָּאן לְשׁוֹנוֹ ז"ל.

וּבַזֹּהַר בְּהַקְדָּמַת בְּרֵאשִׁית דַּף י"ב ע"א אִיתָא, וְזֶה לְשׁוֹנוֹ - פִּקּוּדָא תְּלִיתָאָה לְמִנְדַּע דְּאִית אֱלָהָא רַבְרְבָא וְשַׁלִּיטָאָה בְּעָלְמָא. וּלְיַיחֲדָא לֵיהּ בְּכָל יוֹמָא יִחוּדָא כִּדְקָא יָאוֹת בְּאִנּוּן שִׁית סִטְרִין עִלָּאִין. וּלְמֶעְבַּד לוֹן יִחוּדָא חֲדָא בְּשִׁית תֵּבִין דִּשְׁמַע יִשְׂרָאֵל וּלְכַוְּונָא רְעוּתָא לְעֵילָא בַּהֲדַיְיהוּ. וְעַל דָּא אֶחָד אִצְטְרִיךְ לְאַרְכָא לֵיהּ בְּשִׁית תֵּבִין. וְדָא הוּא דִכְתִיב יִקָּווּ הַמַּיִם מִתַּחַת הַשָּׁמַיִם אֶל מָקוֹם אֶחָד. יִתְכַּנְּשׁוּן דַּרְגִּין דִּתְחוֹת שְׁמַיָא לְאִתְאַחֲדָא בֵּיהּ לְמֶהֱוֵי בִּשְׁלִימוּ לְשִׁית סִטְרִין כִּדְקָא יָאוֹת. וְעִם כָּל דָּא בְּהַהוּא יִחוּדָא אִצְטְרִיךְ לְקַשְּׁרָא בֵּיהּ יִרְאָה דְּאִצְטְרִיךְ לְאַרְכָא בְּדָלֶ"ת דְּאֶחָד. דְּדָלֶ"ת דְּאֶחָד גְּדוֹלָה. וְהַיְינוּ דִּכְתִיב וְתֵרָאֶה הַיַּבָּשָׁה דְּתִתְחֲזֵי וְתִתְקַשֵּׁר דָּלֶ"ת דְּאִיהוּ יַבָּשָׁה בְּהַהוּא יִחוּדָא.

מִצְוָה שְׁלִישִׁית לָדַעַת שֶׁיֵּשׁ אֱלוֹהַּ גָּדוֹל וְשַׁלִּיט בָּעוֹלָם, וּלְיַחֵד אוֹתוֹ בְּכָל יוֹם יִחוּד כָּרָאוּי בְּאוֹתָם שֵׁשֶׁת הַצְּדָדִים הָעֶלְיוֹנִים, וְלַעֲשׂוֹת אוֹתָם יִחוּד אֶחָד בְּשֵׁשׁ הַתֵּבוֹת שֶׁל שְׁמַע יִשְׂרָאֵל וּלְכַוֵּן רָצוֹן לְמַעְלָה עִמָּהֶם. וְעַל כֵּן צָרִיךְ **אֶחָד** לְהַאֲרִיךְ אוֹתוֹ בְּשֵׁשׁ תֵּבוֹת, וְזֶהוּ שֶׁכָּתוּב יִקָּווּ הַמַּיִם מִתַּחַת הַשָּׁמַיִם אֶל מָקוֹם אֶחָד. יִתְכַּנְּסוּ הַדְּרָגוֹת שֶׁתַּחַת הַשָּׁמַיִם שֶׁתֵּאָחֵז בָּהֶן יִרְאָה לִהְיוֹת בִּשְׁלֵמוּת לְשִׁשָּׁה צְדָדִים כָּרָאוּי. וְעִם כָּל זֶה, בְּאוֹתוֹ הַיִּחוּד צָרִיךְ לְקַשֵּׁר בּוֹ יִרְאָה, שֶׁצָּרִיךְ לְהַאֲרִיךְ בַּדָּלֶ"ת שֶׁל אֶחָד, שֶׁדָּלֶ"ת שֶׁל אֶחָד גְּדוֹלָה. וְהַיְנוּ שֶׁכָּתוּב וְתֵרָאֶה הַיַּבָּשָׁה, שֶׁתֵּרָאֶה וְתִתְקַשֵּׁר דָּלֶ"ת, שֶׁהִיא יַבָּשָׁה, בְּאוֹתוֹ הַיִּחוּד.

וְכָתַב הָרַב בַּעַל מִקְדַּשׁ מֶלֶךְ זַ"ל שָׁם, וְזֶה לְשׁוֹנוֹ אֱלָהָא רַבְרְבָא וְכוּ', הוּא א"ס בָּרוּךְ הוּא, הַמִּתְלַבֵּשׁ בּוּ"ק דז"א, וּבִהְיוֹתוֹ שָׁם נִקְרָא רַבְרְבָא וְשַׁלִּיטָא, כִּי כֹּחַ א"ס בָּרוּךְ הוּא מִתְגַּלֶּה בז"א, וּכְמוֹ שֶׁכָּתוּב - וַיְדַבֵּר הוי"ה אֶל מֹשֶׁה, הוּא א"ס הַנִּקְרָא הוי"ה בְּהִתְלַבְּשׁוּתוֹ בז"א, כִּי קֹדֶם הִתְלַבְּשׁוּתוֹ אֵין לוֹ שֵׁם וְלֹא נְקֻדָּה, אָמְנָם בְּהִתְלַבְּשׁוּתוֹ בז"א שֶׁהוּא אוֹחֵז בְּשִׁעוּר קוֹמָתוֹ אֶת כָּל הָאֲצִילוּת עֵלָּא וְתַתָּא, אָז נִקְרָא אֱלָהָא רַבְרְבָא וְשַׁלִּיטָא בְּעָלְמָא. וּכְמוֹ שֶׁכָּתוּב בַּתִּקּוּנִים - בִּגְדֻלָּה אִתְקְרֵי א"ס גָּדוֹל, וּבִגְבוּרָה גִּבּוֹר, וּבַנֶּצַח מָארֵי נַצְחָן וְכוּ'. הֲרֵי כִּי בְּהִתְלַבְּשׁוּתוֹ בִּגְדֻלָּה אִתְקְרֵי גָּדוֹל, וּבְהִתְלַבְּשׁוּתוֹ בִּגְבוּרָה אִתְקְרֵי גִּבּוֹר, וְכֵן בְּהִתְלַבְּשׁוּתוֹ בְּתִפְאֶרֶת אִקְרֵי הוי"ה, וְלֹא נִקְרָא תִּפְאֶרֶת הוי"ה אֶלָּא שֵׁם הא"ס הַמִּתְלַבֵּשׁ בּוֹ, שֶׁהוּא הָיָה הֹוֶה וְיִהְיֶה. וְנִמְצָא כִּי הַכַּוָּנָה לוֹ וְלֹא לְמִדּוֹתָיו, כִּי אֵין אֲנַחְנוּ מְכַוְּנִים לִגְדֻלָּה מִצַּד עַצְמָהּ, אֶלָּא להא"ס הַנִּקְרָא גָּדוֹל, בִּהְיוֹתוֹ מְלֻבָּשׁ בִּגְדֻלָּה, אוֹ להא"ס הַנִּקְרָא גִּבּוֹר בִּהְיוֹתוֹ מְלֻבָּשׁ בִּגְבוּרָה, אֲבָל גַּם כֵּן לְכַוֵּן אֶל הא"ס בְּעַצְמוֹ, זֶה אִי אֶפְשָׁר בְּשׁוּם עִנְיָן, כִּי הא"ס בָּרוּךְ הוּא אֵין בּוֹ לֹא שֵׁם, וְלֹא נְקֻדָּה, רַק בִּהְיוֹתוֹ מְלֻבָּשׁ בְּמִדּוֹתָיו, הוּא נִקְרָא גָּדוֹל גִּבּוֹר וְנוֹרָא, בְּשֵׁם הַבְּחִינָה שֶׁהוּא מְלֻבָּשׁ בָּהּ, וּכְשֶׁאֲנַחְנוּ אוֹמְרִים הַגָּדוֹל הַגִּבּוֹר וְהַנּוֹרָא, הַכַּוָּנָה הוּא עַל אוֹר הא"ס הַמִּתְלַבֵּשׁ בִּגְדֻלָּה אוֹ בִּגְבוּרָה, וּלְפִי זֶה כְּשֶׁאָנוּ אוֹמְרִים הא"ל הַגָּדוֹל וְכוּ', רַחוּם וְחַנּוּן, הַכֹּל הוּא עַל הא"ס הַמִּתְלַבֵּשׁ בַּמִּדָּה הַהִיא, עַד כָּאן לְשׁוֹנוֹ.

וּלְבָאֵר הָעִנְיָן, נֹאמַר נוֹדַע שֶׁבְּכָל סְפִירָה יֵשׁ הוי"ה

אַחַת, כְּמוֹ שֶׁכָּתוּב בְּתִקּוּנִים - כֶּתֶר הוי"ה בְּקָמָץ, חָכְמָה הוי"ה בְּפַתָּח וְכוּ'. וּנְבָאֵר בְּחִינַת הַכֶּתֶר וּמִמֶּנָּה יוּבְנוּ הָאֲחֵרִים, כִּי כָּל סְפִירָה יֵשׁ בָּהּ שֵׁשׁ[50] כֵּלִים - חִיצוֹן אֶמְצָעִי וּפְנִימִי, הַחִיצוֹן בּוֹ מִתְלַבֶּשֶׁת ה' אַחֲרוֹנָה בַּנִּקּוּד קָמָץ, וְהוּא בְּחִינַת נֶפֶשׁ שֶׁל הַכֶּתֶר. הָאֶמְצָעִי בּוֹ מִתְלַבֶּשֶׁת ו' בְּקָמָץ, וְהוּא בְּחִינַת רוּחַ שֶׁל הַכֶּתֶר. הַפְּנִימִי בּוֹ מִתְלַבֶּשֶׁת ה' בְּקָמָץ, וְנִקְרָא נִשְׁמַת הַכֶּתֶר. אַךְ י' בְּקָמָץ אֵין לָהּ כְּלִי, רַק מִתְלַבֶּשֶׁת בְּתוֹךְ כֻּלָּם. וְכֵן הָעִנְיָן בְּחָכְמָה שֶׁהִיא הוי"ה בַּפַּתָּח, וְכֵן בְּבִינָה שֶׁהִיא בְּצֵירֵי, וְכוּ'. וְאֵלּוּ הָאוֹרוֹת הַנִּקְרָאִים נרנח"י[51] שֶׁבְּתוֹךְ הַסְּפִירָה, אֵינָם עַצְמוּת הא"ס בָּרוּךְ הוּא, רַק מִדּוֹת וְעַל אֵלּוּ נֶאֱמַר לוֹ וְלֹא לְמִדּוֹתָיו.

וְזֶה הָעִנְיָן נִרְמַז בְּתִקּוּנִים בְּאָמְרוֹ - לְגוֹ יו"ד ה"א וא"ו ה"א שֶׁקְיוּ דְּאִילָנָא. וְנוֹדַע כִּי עֲשָׂרָה אוֹתִיּוֹת שֵׁם מ"ה, הֵם כְּנֶגֶד עֲשָׂרָה הויו"ת הַמְּנֻקָּדוֹת, שֶׁאָמַרְנוּ שֶׁהֵם שֶׁקְיוּ דְּאִילָנָא כְּמוֹ שֶׁמְּבֹאָר בְּסֵפֶר קְהִלַּת יַעֲקֹב. וּבְתִקּוּן הַהוּא אָמַר קֹדֶם חֶסֶד דְּרוּעָא יְמִינָא, גְּבוּרָא דְּרוּעָא שְׂמָאלָא, תִּפְאֶרֶת גּוּפָא, בְּאֶמְצָעִיתָא לְגוֹ מְכוּלָא יו"ד ה"א וא"ו ה"א וְכוּ'. אֲבָל בְּךָ לֵית דִּמְיוֹן מִכָּל מָה דִּלְגוֹ וּלְבַר, הֲרֵי כִּי כָּל אֵלּוּ הַשֵּׁמוֹת וְהויו"ת אֵינָם עַצְמוּת הא"ס, רַק נִשְׁמַת

---

[50] **היב"ש** - נראה לעניות דעתי שיש כאן טעות סופר, וצריך לגרוס **שלוש כלים**.

[51] נרנח"י - נפש, רוח, נשמה, חיה, יחידה.

הַסְּפִירוֹת, וְאִם כֵּן כָּל אֵלּוּ בִּכְלָל לוֹ וְלֹא לְמִדּוֹתָיו, רַק הַכַּוָּנָה הִיא שֶׁיְּכַוֵּן אֶל אוֹר שֶׁל א"ס בָּרוּךְ הוּא הַשּׁוֹכֵן בְּקִרְבָּם, וּמְחַיֶּה אֶת כֻּלָּם. כִּי גַּם אֵלּוּ הַשֵּׁמוֹת הַנִּקְרָאִים נְשָׁמוֹת, צְרִיכוֹת חַיּוֹת מִן הָא"ס אֶלָּא שֶׁהָא"ס בְּאֶמְצָעוּת אֵלּוּ הַנְּשָׁמוֹת שׁוֹכֵן בְּתוֹךְ מִדּוֹתָיו וּמֵאִיר בָּהֶם, כִּי אֵין הָא"ס שׁוֹכֵן בְּתוֹךְ שׁוּם כְּלִי וַאֲפִלּוּ בִּפְנִימִי. רַק הָא"ס שׁוֹכֵן בְּתוֹךְ הַנְּשָׁמוֹת, וּבְאֶמְצָעוּתָם מֵאִיר אֶל הַכְּלִי, וְזֶה שֶׁכָּתוּב בְּתִקּוּנִים - יו"ד ה"א וא"ו ה"א שֶׁקְיוּ דְּאִילָנָא לְסָלְקָא כּוּלָּא עַד א"ס, כִּי בְּאֶמְצָעוּת שֵׁם מ"ה שֶׁהוּא שֶׁקְיוּ דְּאִילָנָא מַעֲלֶה גַּם אֶת הַכֵּלִים לְקַבֵּל הַחַיּוּת מִן אוֹר א"ס, כִּי הָא"ס שׁוֹכֵן בְּתוֹךְ יְחִידָה דא"ק, וּבָהּ מִתְפַּשֵּׁט אוֹר א"ס, וּבְאֶמְצָעוּת חַיָּה דְּאָדָם קַדְמוֹן מֵאִיר אֶל נר"ן דְּאָדָם קַדְמוֹן, וְאָדָם קַדְמוֹן מִתְלַבֵּשׁ אוֹרוֹ בְּעַתִּיק, וְעַתִּיק בַּאֲרִיךְ, וַאֲרִיךְ בְּאו"א וזו"ן, וְעַל דֶּרֶךְ זֶה עַד סוֹף כָּל הָעוֹלָמוֹת.

וְזֶה לְשׁוֹן הָרַב בְּסֵפֶר קְהִלַּת יַעֲקֹב, שַׁעַר גַּן עֵדֶן וְצִיּוּר הָעוֹלָמוֹת - וְנִמְצָא הַכְּלָל הָעוֹלֶה בִּקְצָרָה, כִּי א"ס בָּרוּךְ הוּא מַקִּיף כָּל הָעוֹלָמוֹת בְּהַשְׁוָאָה גְּמוּרָה, וּמִצַּד הָאֶחָד שֶׁהוּא הַנִּקְרָא עַתָּה רֹאשׁ א"ק נִפְתַּח צִנּוֹר אֶחָד וְנִמְשַׁךְ אוֹר הָא"ס בְּיֹשֶׁר מֵעֵלָּא לְתַתָּא, תּוֹךְ הָאָדָם קַדְמוֹן כֻּלּוֹ, וְשָׁם נִפְסָק בְּסִיּוּם הָאָדָם קַדְמוֹן הַנִּזְכָּר, וְנִמְצָא כִּי הָא"ס מֵאִיר לְכָל הָעוֹלָמוֹת בִּשְׁנֵי אֳפָנִים, מִבַּיִת וּמִחוּץ, כִּי הוּא סָבִיב כָּל הָעוֹלָמוֹת, וּבִפְנִים הוּא תּוֹךְ הָאָדָם קַדְמוֹן הַנִּזְכָּר, אֲשֶׁר הָאָדָם קַדְמוֹן הוּא פְּנִימִי וּמִתְלַבֵּשׁ תּוֹךְ כָּל הָעוֹלָמוֹת כֻּלָּם. וְנִמְצָא כִּי אוֹר הַיֹּשֶׁר הַפְּנִימִי שֶׁל

הָעֲשִׂיָּה, הוּא הַיּוֹתֵר רָחוֹק מִן אוֹר הָא"ס הַפְּנִימִי הַמִּתְלַבֵּשׁ תּוֹךְ א"ק. וְאוֹר הָעִגּוּלִים שֶׁל הָעֲשִׂיָּה, הֵם הַיּוֹתֵר רְחוֹקִים מֵאוֹר א"ס הַמַּקִּיף לְכָל הָעוֹלָמוֹת. וּבָזֶה תָּבִין גִּדְרֵי מַעֲלוֹת כָּל הָעוֹלָמוֹת כְּסִדְרָן, כִּי הָאָדָם קַדְמוֹן בֵּין בְּחִינַת הַפְּנִימִיּוּת וְהַיֹּשֶׁר שֶׁלּוֹ, בֵּין בִּבְחִינַת הָעִגּוּלִים שֶׁלּוֹ, הוּא דָּבוּק בָּא"ס תַּכְלִית הַדְּבֵקוּת, וְאַחֲרָיו הוּא הָאֲצִילוּת הַמִּתְרַחֵק מִן הָא"ס בֵּין בִּבְחִינַת הַיֹּשֶׁר בֵּין בִּבְחִינַת הָעִגּוּלִים, וְאֵינוֹ יוֹנֵק מִמֶּנּוּ אֶלָּא עַל יְדֵי הָאָדָם קַדְמוֹן, עַד כָּאן לְשׁוֹנוֹ.

הֲרֵי מְבֹאָר שֶׁאֵין כָּל הָאֲצִילוּת, וְכָל שֶׁכֵּן מַה שֶּׁלְּמַטָּה מִמֶּנּוּ, יוֹנֵק מִן הָא"ס עַצְמוֹ כִּי אִם בְּאֶמְצָעוּת הָאָדָם קַדְמוֹן שֶׁבּוֹ לְבַד, מִתְלַבֵּשׁ אוֹר הָא"ס תַּכְלִית הַדְּבֵקוּת, וּבְאֶמְצָעוּתוֹ יוֹנְקִים כָּל הָעוֹלָמוֹת, נִמְצָא כִּי בְּאוֹמְרֵנוּ יוֹצֵא אוֹר מֵאָדָם קַדְמוֹן וּמִתְלַבֵּשׁ בְּעַתִּיק, הוּא אוֹר א"ס בְּהִתְלַבְּשׁוּתוֹ תּוֹךְ הָאָדָם קַדְמוֹן, וְיוֹצֵא הָאוֹר מְלֻבָּשׁ בִּלְבוּשׁ הָאָדָם קַדְמוֹן וְנִכְנַס בְּעַתִּיק, וְכֵן יוֹצֵא אוֹר א"ס מְלֻבָּשׁ בִּלְבוּשׁ הָאָדָם קַדְמוֹן, וְעָלָיו מְלֻבָּשׁ מַלְבּוּשׁ אַחֵר שֶׁל עַתִּיק אֶל אֲרִיךְ. וּכְשֶׁיּוֹצֵא אוֹר א"ס אֶל או"א, נוֹסָף עוֹד עָלָיו מַלְבּוּשׁ אַחֵר מֵאֲרִיךְ. וּכְשֶׁיָּצָא אֶל זו"ן, נוֹסָף עוֹד מַלְבּוּשׁ מִן או"א. וְאַחַר שֶׁנִּתְלַבֵּשׁ בְּכָל אֵלּוּ הַלְּבוּשִׁים יוֹצֵא אֶל זו"ן, וְאַחַר כָּךְ נַעֲשִׂית פַּרְסָא עָבָה בֵּין הָאֲצִילוּת לַבְּרִיאָה, וְאָז יוֹצֵא אוֹר הָאֲצִילוּת מְלֻבָּשׁ בְּתוֹכוֹ אוֹר א"ס בְּכָל אוֹתָם הַלְּבוּשִׁים הַנִּזְכָּרִים לְעֵיל, וְיוֹרֵד דֶּרֶךְ הַפַּרְסָא.

וְאִם כֵּן, מַה שֶּׁתִּמְצָא בְּדִבְרֵי הָאֲרִ"י ז"ל שֶׁאוֹר א"ס,

לֹא הִגִּיעַ אֶלָּא עַד הַחָכְמָה, שֶׁהוּא אַבָּא. וּמִשָּׁם וָאֵילָךְ אַבָּא מֵאִיר דֶּרֶךְ לְבוּשׁוֹ אֶל הָעוֹלָמוֹת, אֵינוֹ רוֹצֶה לוֹמַר שֶׁאוֹר א"ס מַמָּשׁ מַגִּיעַ אֶל אַבָּא, רַק אוֹר אֲרִיךְ קְרָאוֹ א"ס בְּעֶרֶךְ אַבָּא, שֶׁעִם הֱיוֹת שֶׁנִּתְלַבֵּשׁ בְּכַמָּה לְבוּשִׁים קֹדֶם הַגִּיעוֹ אֶל אֲרִיךְ, עֲדַיִן יִקָּרֵא אוֹר א"ס בִּהְיוֹתוֹ בַּאֲרִיךְ, כִּי כָּל אֵלּוּ הַלְּבוּשִׁים הֵם דַּקִּים וְכִמְעַט שֶׁאֵינָם נִגְלִים מֵחֲמַת רִבּוּי אוֹר א"ס הַמֵּאִיר בָּהֶם, וּמִזְדַּכְּכִים עַד שֶׁכִּמְעַט אֵין רָאוּי שֶׁיִּקָּרְאוּ כֵּלִים וּלְבוּשִׁים, שֶׁהֲרֵי אֲרִיךְ עַצְמוֹ נִקְרָא **אַיִן**, לִהְיוֹת שֶׁאֵין הַמַּחֲשָׁבָה תּוֹפֶסֶת בּוֹ, וְלָכֵן בִּהְיוֹת אוֹר א"ס בְּתוֹךְ כָּל אֵלּוּ הַלְּבוּשִׁים שֶׁמֵּאָדָם קַדְמוֹן עַד אֲרִיךְ, שֶׁהֵם זַכִּים הַרְבֵּה, אֵינוֹ נִרְאֶה כִּי אִם אוֹר א"ס, וּבִהְיוֹת אוֹר אֲרִיךְ בְּתוֹךְ אַבָּא, נִקְרָא הָאוֹר הַהוּא אוֹר א"ס, אָמְנָם מֵאַבָּא וָאֵילָךְ נִתְעַבָּה הָאוֹר קְצָת מֵחֲמַת לְבוּשׁ אַבָּא, הַנִּקְרָא **יֵשׁ מֵאַיִן**, לְפִיכָךְ אָמַר הָרַב ז"ל שֶׁעַד אַבָּא הוּא אוֹר א"ס וְלֹא יוֹתֵר. אֲבָל וַדַּאי שֶׁבִּהְיוֹתוֹ מְלֻבָּשׁ בְּמַלְבּוּשׁ אַבָּא עוֹד נִכְנָס וּמִתְלַבֵּשׁ תּוֹךְ אִמָּא, וְעוֹד מִתְלַבֵּשׁ תּוֹךְ זו"ן, אָמְנָם קֹדֶם הִתְלַבְּשׁוּתוֹ בְּאַבָּא נִקְרָא אוֹר א"ס כְּאִלּוּ אֵין עָלָיו שׁוּם לְבוּשׁ, יַעַן שֶׁאֵינָם נִכָּרִים לְרֹב דַּקּוּתָם וְזַכּוּתָם:

וּבְכָל מָקוֹם שֶׁאָנוּ מְכֻוָּנִים בְּשׁוּם שֵׁם מִשְּׁמוֹת הַקֹּדֶשׁ, צָרִיךְ לְכַוֵּן אֶל הָא"ס הַמִּתְלַבֵּשׁ תּוֹךְ אוֹתוֹ הַשֵּׁם, שֶׁהוּא הַמְּחַיֶּה אוֹתוֹ, וְלֹא נִקְרָא שֵׁם הוי"ה אוֹ אדנ"י וְכַיּוֹצֵא, אֶלָּא מֵחֲמַת אוֹר א"ס שֶׁבְּתוֹכוֹ, שֶׁהוּא הָאָדוֹן וְהאלו"ה הָאֲמִתִּי, וְאִם יְצֻיַּר ח"ו שֶׁיִּסְתַּלֵּק הֶאָרַת א"ס מֵאוֹתוֹ הַשֵּׁם, יִתְפָּרְדוּ הָאוֹתִיּוֹת, וְלֹא יִשָּׁאֵר אוֹתוֹ הַשֵּׁם כְּלָל, וְאִם כֵּן כְּשֶׁאָנוּ מְכַוְּנִים בְּשֵׁם

מֵהַשֵּׁמוֹת, אָנוּ מְכַוְּנִים אֶל הָא"ס שֶׁבְּתוֹכָם, כִּי לֹא נִצְטָרֵף וְנִקְרָא הַשֵּׁם, אִם לֹא בְּכֹחַ הָא"ס שֶׁבְּתוֹכוֹ, כְּמוֹ שֶׁכָּתוּב בְּתִקּוּן נ"ז - וְלֵית מַלְאָכָא דְלָא אִשְׁתְּכַח בֵּיהּ שֵׁם הוי"ה, דְּאִשְׁתְּכַח בְּכָל אֲתַר, כְּגַוְונָא דְנִשְׁמָתָא דְאִשְׁתַּכְחַת בְּכָל אֵבֶר וְאֵבֶר, וּבְגִין דָּא אִית לְבַר נַשׁ לְאַמְלָכָא הוי"ה בְּכָל סְפִירָן [פֵּרוּשׁ דַּאֲצִילוּת], וּבְכָל כָּרְסַיָּין [פֵּרוּשׁ דִּבְרִיאָה], וּבְכָל מַלְאָכִין [פֵּרוּשׁ דִּיצִירָה], וּבְכָל אֵבֶר וְאֵבֶר דְּבַר נַשׁ, דְּלֵית אֲתַר פָּנוּי מִנֵּיהּ לָא בְּעִלָּאִין וְלָא בְתַתָּאִין, הוי"ה לָא אִתְקְרֵי בְּיִחוּדָא דְאַרְבַּע אַתְוָון אֶלָּא בְעִלַּת הָעִלּוֹת דִּמְיַחֵד לוֹן, וּבְגִין דְּאִיהוּ מְיַחֵד אַרְבַּע אַתְוָון, בֵּיהּ אִתְקְרִיאוּ הוי"ה בְּיִחוּדָא חֲדָא יהו"ה אֶחָד וּשְׁמוֹ אֶחָד, וּבְגִין דָּא שַׁוִּי אֱמוּנָה דְיִשְׂרָאֵל בְּאַרְבַּע אַתְוָון אִלֵּין, וְכָל שְׁמָהָן שַׁוִּי כִּנּוּיִין לִשְׁמָא דָא, לֵית שְׁמָא עַד אֵין סוֹף וְעַד אֵין תַּכְלִית רַבְרְבָא וְשָׁלְטָנָא מִן דָּא, לְעֵילָא עַד אֵין סוֹף, וּלְתַתָּא עַד אֵין תַּכְלִית, וְכָל חֲיָילִין וּמַשִּׁרְיָין מִנֵּיהּ דַּחֲלִין וּמִזְדַּעְזְעִין, עַד כָּאן לְשׁוֹנוֹ.

וְאֵין מַלְאָךְ שֶׁלֹּא נִמְצָא בּוֹ שֵׁם הוי"ה, שֶׁנִּמְצָא בְּכָל מָקוֹם, כְּמוֹ שֶׁהַנְּשָׁמָה שֶׁנִּמְצֵאת בְּכָל אֵיבָר וְאֵיבָר, וּמִשּׁוּם זֶה יֵשׁ לָאָדָם לְהַמְלִיךְ אֶת הוי"ה בְּכָל הַסְּפִירוֹת [פֵּרוּשׁ דַּאֲצִילוּת], וּבְכָל הַכִּסְאוֹת [פֵּרוּשׁ דִּבְרִיאָה], וּבְכָל הַמַּלְאָכִים [פֵּרוּשׁ דִּיצִירָה], וּבְכָל אֵיבָר וְאֵיבָר שֶׁל הָאָדָם, שֶׁאֵין מָקוֹם פָּנוּי מִמֶּנּוּ, לֹא בָּעֶלְיוֹנִים וְלֹא בַּתַּחְתּוֹנִים, הוי"ה לֹא נִקְרָא בַּיִּחוּד שֶׁל אַרְבַּע הָאוֹתִיּוֹת, אֶלָּא בְּעִלַּת הָעִלּוֹת שֶׁמְּיַחֵד אוֹתָם, וּמִשּׁוּם שֶׁהוּא מְיַחֵד

אַרְבַּע אוֹתִיּוֹת, נִקְרְאוּ בּוֹ הוי"ה בְּיִחוּד אֶחָד הוי"ה אֶחָד וּשְׁמוֹ אֶחָד, וּמִשּׁוּם זֶה שָׂם אֶת אֱמוּנַת יִשְׂרָאֵל בְּאַרְבַּע הָאוֹתִיּוֹת הַלָּלוּ, וְאֶת כָּל הַשֵּׁמוֹת שָׂם כִּנּוּיִים לַשֵּׁם הַזֶּה, אֵין שֵׁם עַד אֵין סוֹף וְעַד אֵין תַּכְלִית גָּדוֹל וְשַׁלִּיט מִזֶּה, לְמַעְלָה עַד אֵין סוֹף, וּלְמַטָּה עַד אֵין תַּכְלִית, כָּל הַחֲיָלוֹת וְהַמַּחֲנוֹת מִמֶּנּוּ פּוֹחֲדִים וּמִזְדַּעְזְעִים.

הֲרֵי מְבֹאָר דְּשֵׁם הוי"ה לֹא אִתְקְרֵי בְּיִחוּדָא דְּאַרְבַּע אַתְוָן, אֶלָּא בְּעִילַּת הָעִלּוֹת דִּמְיַחֵד לוֹן, וּבְגִין דְּאִיהוּ מְיַחֵד לוֹן בְּיָהּ אִתְקְרִיאוּ הוי"ה, דְּלָא אִתְקְרֵי שֵׁם הוי"ה, כִּי אִם עַל יְדֵי אוֹר א"ס הַמְּחַבְּרָן וּמְיַחֲדָן.

וְכֵן אָמְרוּ בְּרַעְיָא מְהֵימָנָא פָּרָשַׁת בְּהַר דַּף ק"ט, וְזֶה לְשׁוֹנוֹ - הָכִי יִחוּד קוּדְשָׁא בְּרִיךְ הוּא וּשְׁכִינְתֵּיהּ [פֵּרוּשׁ זו"ן], אַף עַל גַּב דְּאִינּוּן כְּנִשְׁמָתִין לְגַבֵּי כּוּרְסְיָיא וּמַלְאָכִין [פֵּרוּשׁ לִבְרִיאָה וִיצִירָה], הָכִי אִינּוּן לְגַבָּךְ עִלַּת הָעִלּוֹת, כְּגוּפָא, דְּאַנְתְּ הוּא דִּמְיַיחֵד לוֹן, וּמְקָרֵב לוֹן, וּבְגִין דָּא אֱמוּנָה דִּילָךְ בְּהוֹן, וְאַנְתְּ לֵית עֲלָךְ נִשְׁמְתָא, דְּתֶהֱוֵי אַנְתְּ כְּגוּפָא לְגַבָּהּ, דְּאַנְתְּ הוּא נִשְׁמָה לַנְּשָׁמוֹת, וְלֵית נִשְׁמָה עֲלָךְ, וְלָא אֱלָהָא עֲלָךְ, אַנְתְּ לְבַר מִכֹּלָּא, וּלְגָאו מִכֹּלָּא, וּלְכָל סִטְרָא, וּלְעֵילָּא מִכֹּלָּא, וּלְתַתָּא מִכֹּלָּא. וְלֵית אֱלָהָא אָחֳרָא, עֵילָּא וְתַתָּא, וּמִכֹּל סִטְרָא, וּמִלְּגוֹ דְּעֶשֶׂר סְפִירָן, דְּמִנְּהוֹן כֹּלָּא, וּבְהוֹן כֹּלָּא תַּלְיָא וְאַנְתְּ בְּכָל סְפִירָה, בְּאָרְכָּהּ וְרָחְבָּהּ, עֵילָּא וְתַתָּא, וּבֵין כָּל סְפִירָה וּסְפִירָה, וּבְעוֹבִי דְּכָל סְפִירָה וּסְפִירָה.

כָּךְ יִחוּד הַקָּדוֹשׁ בָּרוּךְ הוּא וּשְׁכִינָתוֹ [פֵּרוּשׁ זו"ן], אַף עַל גַּב שֶׁהֵם כִּנְשָׁמוֹת לְגַבֵּי הַכִּסֵּא וְהַמַּלְאָכִים [פֵּרוּשׁ לִבְרִיאָה וִיצִירָה], כָּךְ הֵם לְגַבֶּיךָ עִלַּת הָעִלּוֹת, כְּגוּף, שֶׁאַתָּה הוּא שֶׁמְּיַחֵד אוֹתָם וּמְקָרֵב אוֹתָם, וְלָכֵן אֱמוּנָתְךָ בָּהֶם, וְאַתָּה אֵין נְשָׁמָה עָלֶיךָ, שֶׁתִּהְיֶה אַתָּה כְּגוּף אֵלֶיהָ, שֶׁאַתָּה הוּא נְשָׁמָה לַנְּשָׁמוֹת, וְאֵין נְשָׁמָה עָלֶיךָ, וְלֹא אֱלוֹהַּ עָלֶיךָ. אַתָּה מִחוּץ לַכֹּל, וּבְתוֹךְ הַכֹּל, וּלְכָל צַד, וּלְמַעְלָה מֵהַכֹּל, וּלְמַטָּה מֵהַכֹּל. וְאֵין אֱלוֹהַּ אַחֵר לְמַעְלָה וּלְמַטָּה וּמִכָּל צַד, וּמִתּוֹךְ עֶשֶׂר הַסְּפִירוֹת, שֶׁמֵּהֶם הַכֹּל, וּבָהֶם הַכֹּל תָּלוּי, וְאַתָּה בְּכָל סְפִירָה, בְּאָרְכָּהּ וְרָחְבָּהּ, לְמַעְלָה וּלְמַטָּה, וּבֵין כָּל סְפִירָה וּסְפִירָה, וּבְעֳבִי כָּל סְפִירָה וּסְפִירָה.

הֲרֵי שהא"ס הוּא הַמְּיַחֵד לְקֻדְשָׁא בְּרִיךְ הוּא וּשְׁכִינְתֵּהּ, וְכֵן לְכָל הַשֵּׁמוֹת, וְכֵן לְכָל הָעוֹלָמוֹת הַכֹּל הוּא בְּכֹחַ אוֹר א"ס הַמֵּאִיר בְּתוֹכָם וְהוּא נִשְׁמָתָם, עַד כָּאן לְשׁוֹן מוֹרֵנוּ זַ"ל, כָּךְ כֵּן בְּסֵפֶר מִקְדַּשׁ מֶלֶךְ הַנִּזְכָּר, וְאַתָּה הַקּוֹרֵא שִׂים עֵינֶיךָ וְלִבְּךָ אֶל הַדְּבָרִים הַיְקָרִים הָאֵלֶּה, וְיָאִירוּ עֵינֶיךָ - יִשְׁמַע[52] חָכָם וְיוֹסֶף לֶקַח.

52 משלי א ה